古蹟入門

增訂版

THE ULTIMATE GUIDE TO HISTORICAL SITES OF TAIWAN

李乾朗 著
俞怡萍

黃崑謀、李乾朗 等 繪
台灣館 製作

目錄

|增訂版前言|
古蹟反映立體的
歷史書寫———4
如何使用本書———6
圖錄———8

18 觀察篇

原住民聚落———20
城郭———26
寺廟———34
祠堂———50
孔廟———56
書院———64
宅第———68
街屋———78
園林———86
牌坊———96
古墓———100
砲台———104
燈塔———112
領事館、洋行———116
教堂———122
博物館———128
官署———132
火車站———138
銀行———142
學校———146
醫院———152
法院———156
產業設施———160
日式住宅———170
橋樑———182

188 認識篇

原住民建築 —— 190

傳統建築 —— 194

近代建築 —— 204

日本式建築 —— 214

242 走遊篇

精選全台600處古蹟必遊點

台灣古蹟八問 —— 279

延伸閱讀 —— 282

名詞索引 —— 283

後記一 —— 285

後記二 —— 286

圖片來源‧致謝 —— 287

222 形成篇

史前‧原住民時期 —— 224

荷西時期 —— 226

明鄭時期 —— 228

清代初期 —— 230

清代中期 —— 232

清代末期 —— 234

日治前期 —— 236

日治後期 —— 238

戰後初期 —— 240

古蹟反映
立體的歷史書寫

　　古蹟是人類的物質文化，可以承載或貯藏文字所無法記錄的歷史。各國法規對古蹟的定義或許有些差異，基本上均涵蓋三項要素，包括：「歷史意義」、「科學技術發展」與「藝術審美取向」三種價值。易言之，新近落成且未經時間考驗的不能列入。要具備人類克服自然而孕育出來的智慧，或者出自傑出的天才之手，為人類文明向前推進或向上疊高作出貢獻。

　　總之，如同並非每件物品都可成為博物館的收藏，古蹟是特定時空條件下的價值判斷的選擇，包括人類在地球表面生存與生活的痕跡，如耕作、開渠、築水壩或建造房屋、城堡、教堂與寺廟等人工造物，它們與自然成形的高山、大河或森林、沙漠形成明顯的對比，這些古蹟是人類歷史奮力搏鬥的忠實證物，要了解一個地區，觀察古蹟便可明瞭，所以每個地方都有自己的歷史與古蹟，無法被代替，這是古蹟被視為文化遺產的基本價值。

　　古蹟既是人類文明與文化的軌跡，它具備地點意義並佔有空間，不免涉及相關權益的衝擊，觸及許多公共議題，例如歷史意義之詮釋或意識型態之議論，因而保存與維護的操作是非常複雜的，需由專業來解決。文明先進國家如英國、法國、義大利、美國與日本皆不遺餘力保護古蹟。在羅馬，我們看到馬路繞過一處斷垣殘壁；在美國，我們看到二十世紀的現代建築只要具有特色，也被指定為歷史紀念建築而受到保護。因此千萬不要將古蹟視為現代建設的阻礙，相反地，古蹟就如同一座圖書館、博物館或美術館，不僅提供了研究與欣賞的對象，也兼具娛樂與觀光功能，更是人類文明往前邁進的基礎與動力。

　　台灣的土地上，從史前至十七世紀大航海時期，再經明鄭、清代漢人與原住民、平埔族人之墾拓，以迄十九世紀近代文明之洗禮，各個階段皆保存下來一些古蹟。然而由於天災人禍頻繁，同一地點常有前世今生的建築存在過，今天猶可見到的建物可能並非最具代表性的，但透過考古學家及歷史學者的詮釋，仍可以建構一篇連續的台灣史。

　　歸結起來，台灣古蹟的各種類型實際上反映了不同時代的生活方式與社會組織，並有其發展特質，當外來的文化能力較強，延續時間較久，它的數量與文化積澱也較豐厚。明清的二百多年中，閩粵漢人入墾平原地帶，並有與原住民通婚之現象，宅第、寺廟出現增多，建築品質也較高。甚至到了日治時期，隨著社會與經濟之嬗

4

變，台灣的寺廟建築形塑出自身的特質，表現細緻多彩的華麗風格。庶民生活的市鎮、街屋，接觸世界的現代運動，融合了西洋與日本特色，也許反映了殖民色彩，但無疑地也型鑄了新本土特質。

台灣在日治時期曾依「史蹟名勝天然紀念物保存法」進行紀念物的指定，可謂台灣法定古蹟之始，至1982年正式公布實施「文化資產保存法」、1984年發布「施行細則」後，台灣古蹟有了法定地位，對相關內容、指定方式亦有明確規定，才使其發展漸趨穩定，重要性逐漸為台灣人民所認識。文化資產保存法歷經七次修定，其中因九二一大地震引發各地受損且具保存價值構造物的搶救問題，而導致2000年調整古蹟分級並增加歷史建築一類，使保護範圍擴大，是影響最大的一次修定，近年又針對緊急狀況的暫定古蹟概念、增加提報的方便性、及獎罰明確等修增條文，期待給予台灣古蹟更大的保護傘。台灣至今有94處國定古蹟、809處直轄市定與縣市定古蹟具備法定地位（依據文化部文化資產局2018年3月公布的資料統計），另外也有許多「歷史建築」、「聚落」或「文化景觀」等類型也得到登錄。

回顧台灣的古蹟，我們應該採取文化平權的態度，不同時期的不同族群所留下來的古蹟，在台灣文化史上的價值是無分軒輊的。我們可以想像地表如同一塊黑板，不同老師寫的字，會在不同課上被擦掉重寫；我們現在看到的古蹟建物，就是最後那一次沒擦的黑板！雖然沒有人可以凝結任何建物，但至少可以延長它的壽命，讓下一代子孫能看見人類在不同時代的智慧結晶。多元的古蹟類型，可以豐富台灣的文化內涵，而為後代所共享。

本書就是在1999年九二一大地震一個月後出版的，那一年我們看到許多優美的、有價值的老建築毀於一旦，心中的不捨與耗時年餘完成的書籍問世的興奮心情複雜交織，也算是對世紀浩劫的一種紀念吧！

古蹟是立體的歷史書寫。本書的撰寫方式，係以觀察與認識入手，在古蹟與讀者之間構築橋樑，希望透過歸納與分析，引領讀者登臨台灣的文化殿堂。我們選擇當時在法定古蹟中佔比高、特殊性強的二十餘種類型，其中原住民聚落因文化多樣、個人研究侷限，在撰寫上困難度最高，故只能摘要簡述，成果不足望讀者見諒。

古蹟入門初版迄今二十年，期間伴隨台灣社會環境的變革，古蹟不僅在數量上有數倍的增長，在保存觀念及類型上也有多元的發展。為了讓這本書繼續發揮讀者與古蹟間的橋樑角色，本次增訂版針對台灣古蹟現況，於觀察篇增加近年指定數量較多的產業設施、日式住宅及橋樑三類，於認識篇增列日本式建築，於形成篇將時間軸拉至戰後初期，以便給讀者台灣古蹟更全觀的面向，建構較完整的台灣歷史；並希望以走遊篇幫助愛好者脫離網路轄制，實際親臨古蹟現場，體驗它、欣賞它及愛護它，這是我們撰寫此書的由衷目的。

如何使用本書

《古蹟入門》是一本觀察古蹟的方法書，以圖解的方式將各類型古蹟的觀察要點逐一歸納，延伸剖析，有了清楚的觀察通則，到任何古蹟現場皆可舉一反三。

全書分成觀察篇、認識篇、形成篇及走遊篇四個部分：觀察篇是最常見的二十五類古蹟之觀察重點與延伸知識；認識篇是台灣四大古蹟建築系統的基本概念整理（史前遺址部分因自成一專業體系，本書不列入討論）；形成篇是圖文並茂的台灣古蹟年表；走遊篇則精選全台古蹟必遊點並有專家評介。

建議先直接閱讀觀察篇，以認識篇與形成篇為輔助參考，書末的名詞索引則有助於全書各篇內容之查閱參照。以下是各篇章的體例說明。

觀察篇

導言：簡述此類古蹟之淵源、特色及主圖特點。

古蹟跨頁主圖：選擇此類古蹟中最具代表性者，以俯瞰、剖視或其他特殊角度呈現，加上拉線註記，以與觀察重點參照引證。

主圖簡介

延伸知識：運用簡明文字，配合平面圖、照片、小圖解，將觀察重點所延伸的知識予以歸納整理。

觀察重點：歸納各類古蹟的觀察重點，附頁碼者代表此要點後有延伸知識。

古蹟類型色碼：方便同類古蹟之查索。

歷史隧道：此類古蹟之歷史背景說明

形成篇

導言：該時代之歷史發展、社會背景與建築特色。

古蹟年表：彙整該時代重要的古蹟相關大事記。

時代分期色碼

代表性古蹟圖片：以古圖、老照片、手繪圖及今貌照片等，呈現該時代具代表性之古蹟風貌。

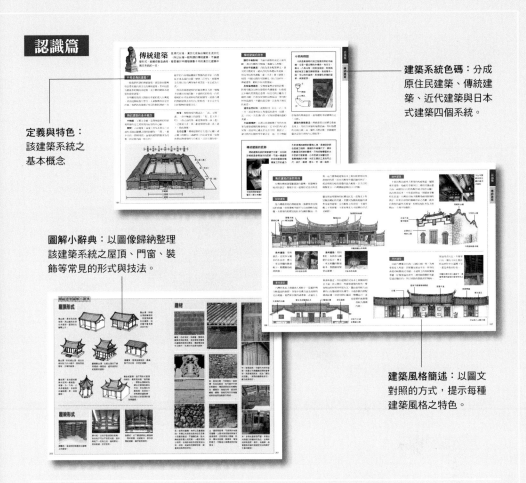

定義與特色：
該建築系統之
基本概念

建築系統色碼：分成
原住民建築、傳統建
築、近代建築與日本
式建築四個系統。

圖解小辭典：以圖像歸納整理
該建築系統之屋頂、門窗、裝
飾等常見的形式與技法。

建築風格簡述：以圖文
對照的方式，提示每種
建築風格之特色。

必遊古蹟名錄：精
選全台600處古蹟
之名稱、類型、等
級、位置與作者之
簡短評介。

名詞索引：按筆
畫排序之專有名
詞檢索

圖錄

以下十頁，展列本書所介紹的二十五種台灣的古蹟類型，只要按頁碼查索，即可輕易打開古蹟的大門，進而登堂入室，一窺堂奧。

原住民聚落 ◊P.20

城郭 ◊P.26

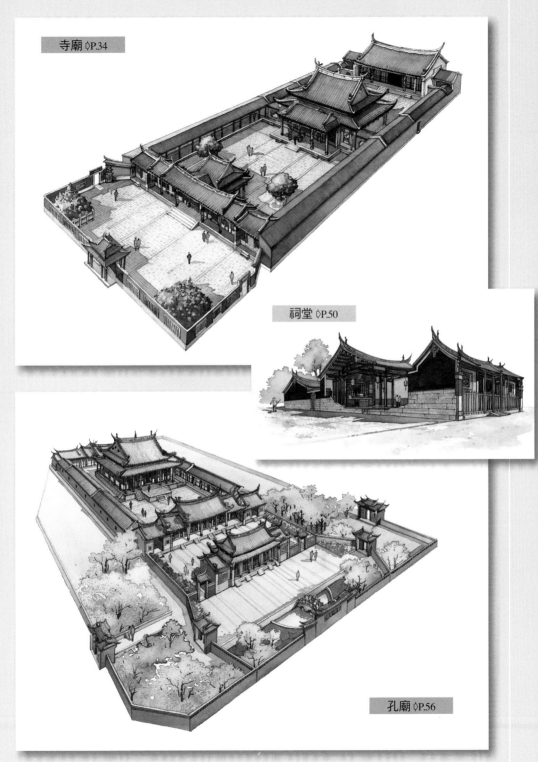

寺廟 ▷P.34

祠堂 ▷P.50

孔廟 ▷P.56

書院 ◊P.64

宅第 ◊P.68

街屋 ◊P.78

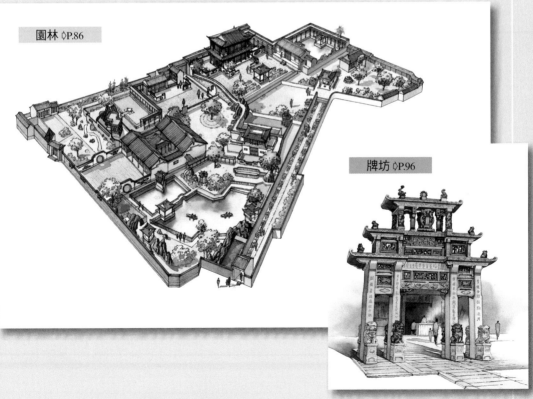

園林 ◊P.86

牌坊 ◊P.96

古墓 ◊P.100

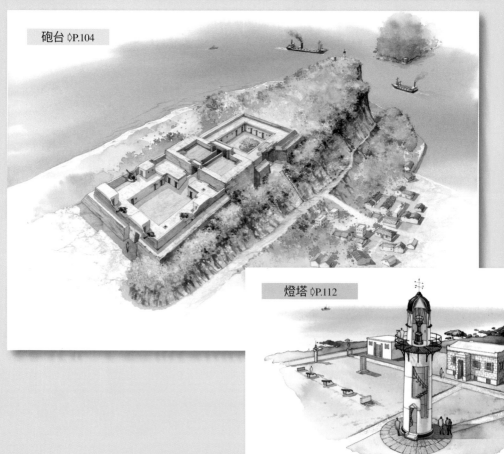

砲台 ◊P.104

燈塔 ◊P.112

領事館、洋行 ◊P.116

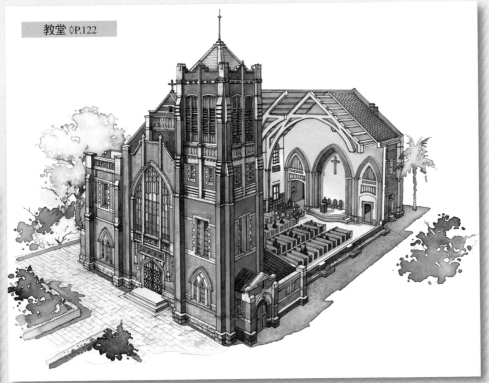

教堂 ◊P.122

博物館 ▷P.128

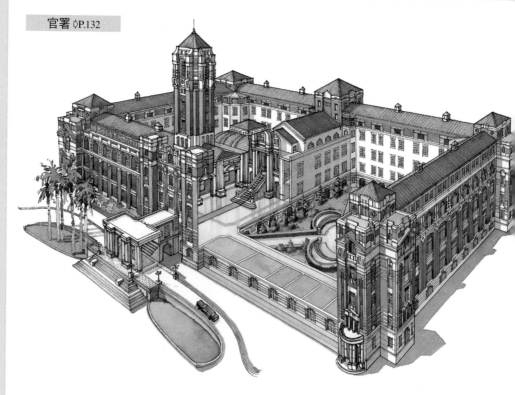

官署 ▷P.132

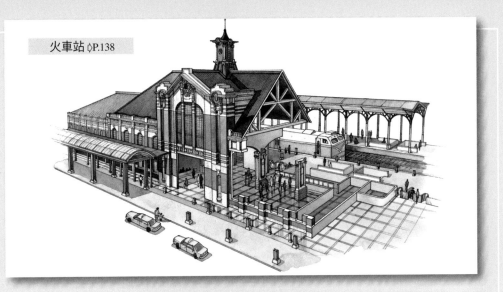

火車站 ◊P.138

銀行 ◊P.142

學校 ◊P.146

15

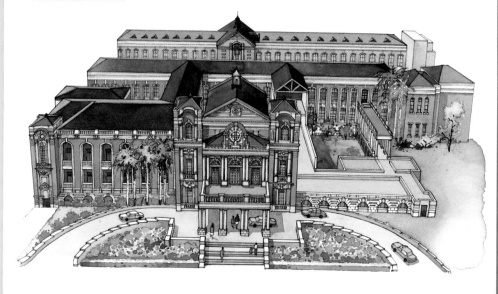
醫院 ⇩P.152

法院 ⇩P.156

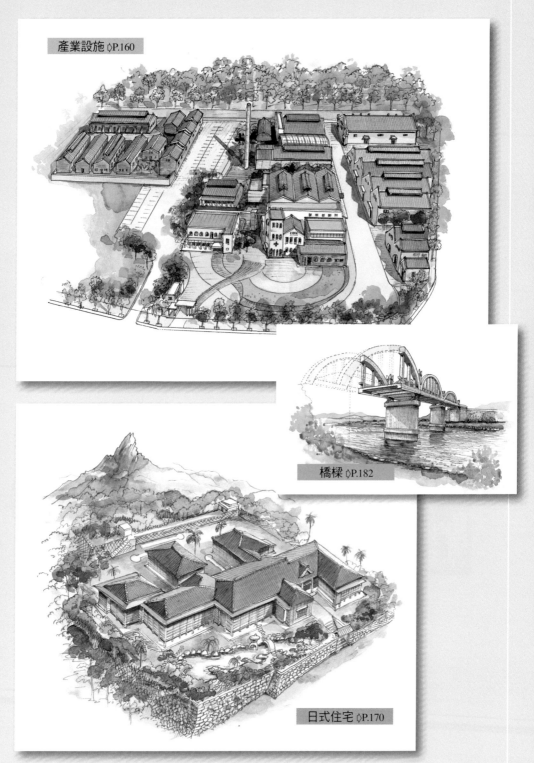

産業設施 ◊P.160

橋樑 ◊P.182

日式住宅 ◊P.170

觀察篇

觀察篇

依各類古蹟特色，帶你掌握觀察重點，
準確學習25種古蹟建築的基本知識

原住民聚落

台灣的原住民文化至為豐富，雖然只是一個海島所孕育出來的文化，但各族皆有特色，尤其在建築技術方面，隨著地形與海拔高度之異，各族因地制宜，就地取材，發展出自己的建築風貌，與現代技術來比較，他們聰明地運用物理學的對流原理來營建家屋，值得借鏡之處頗多。可惜的是，隨著社會文化的變遷，今天已不容易看到完整的原住民聚落了，孤立於蘭嶼小島上的雅美族（達悟族）可說是少數保存較多傳統文化的原住民族，觀察其住屋及聚落，最好能從多方面角度來思考，先了解他們的家庭與社會組織，再研探其生活方式，最後就可理解建築文化了。

看建築形式 ▷P.24

受到地形、天候及使用機能的影響，原住民的建築有多種形態，依室內地坪與戶外地面的高差關係，大致可歸納為四種形式。

船屋

看建築機能 ▷P.22

原住民的建築都是以住屋為中心，再配搭不同功能的附屬建築，以符合其生活習性與需求；而除了私有空間外，還有一些部落共有的建築，具有族群社會組織的象徵意義。

住屋

●雅美族住屋前的靠背石，是全家聚會聊天的重要場所。

看建築材料 ▷P.25

　　質樸的原始風味是原住民建築的共同特性，看似常見的材料及簡單的構造，其實掌握了與自然共存的重要原則，也就是就地取材和因勢制宜。

蘭嶼雅美（達悟）族傳統住屋：雅美族因生活於孤立的外島，是台灣保存自身文化較完整的原住民族。其傳統住居建築主要包括住屋、工作房、涼台等，不同的建築有不同的功能，與族人的生活作息緊緊相扣，也充分展現海洋性民族的特色。

工作房

獨木舟

涼台

飛魚架

靠背石

前埕

建築機能

原住民的聚落多是數戶到數十戶的集居生活，其建築看似相近，但在功能上卻有明確的區分，不同的建築具有不同的機能，不似漢人將所有機能連結在一棟建築之內。各族因為生活習慣及產業形態的不同，建築配置亦有頗大的差異。一般而言，可分為公共建築與私有空間兩大類。

公共建築

集會所：為部落公共集會、防衛組織及訓練少年生存戰鬥技能之訓練中心，白天為男子的共同工作場所，夜晚或為未婚男子的住宿處。平面多為方形，為高架的單室形式，內部有多處爐火。鄒族、魯凱族為一部落單一會所制；阿美族、卑南族則為多會所制，以最大的為總會所，其餘按區域設數個會所。

望樓：為泰雅族各部落普遍設置的瞭望台，以竹或木枝交叉為椿，設在村內展望佳的地方，不過近年已沒有安全的問題，所以守衛的功能已失，反而變成乘涼的好地方。

司令台：排灣族或魯凱族的頭目住家前有

●阿里山鄒族達邦部落的集會所內部

的設石砌司令台及代表身分的木雕柱，為頭目或長老在其上對部落人民講話的地方。

私有空間

住屋：為主要居住空間，是炊煮、飲食、睡覺或儲藏的地方，所以室內有灶及床位，而部分的排灣族、布農族及雅美族屋內還設有穀倉，排灣及魯凱族將廁所及豬舍亦放在住屋內。

工作房：是工作或社交的場所，因為住屋室內通常較暗，不適合進行工作，所以獨立建造較亮敞的房屋，同時不干擾家人作息，如蘭嶼的雅美族即在住屋旁設工作房，為鋪有地板架高式的單室建築，下方可當儲藏空間或新婚夫婦的臨時住所。另外附屬建築最完備的阿美族亦設有工作房。

產室：雅美族有專為產婦而設的產房，主要作為育嬰之用，亦可作為未具建屋能力之年輕夫婦的臨時住所。

涼台：雅美族特有的附屬建築，為面海的

●日治時期排灣族的住屋外觀

●今魯凱族好茶部落的住屋內部

高架式，四面開敞，是休息的地方，也是炎炎夏日主要的活動場所。

前埕：住屋前面的空地，為儀式進行的

地方，或親友聚集的場所，可多用途使用。如排灣族頭目住屋前埕是召聚族人的地方；蘭嶼雅美族住屋前設有靠背石，為面海休息聊天的地方，而曬製魚乾的飛魚架也設在附近的空地。

●雅美族住屋前埕的靠背石及涼台

船屋：雅美人因居住於海島，所以與海洋的關係密切，他們造船的藝術才華，早已遠近馳名。停放船的船屋以石頭為壁，茅草為頂，面向海邊。

穀倉：有附設於主屋內或獨立建造二種，如泰雅族即設架高的獨立穀倉，柱腳上端並裝置如帽簷般的木板，以防止老鼠爬上來偷吃。

●泰雅族的高架式穀倉，柱腳上端有防鼠板設計。

廚房：多數設於住屋內，但部分阿美族則於住屋附近設置獨立的廚房。

畜舍：多數獨立於住屋外，有牛舍、雞舍或豬舍，亦有將豬寮設於屋內並兼作廁所之用者，如排灣族。

住屋的平面形制

住屋是每一個族群都會有的建築，也是基本的生活空間，平面除了鄒族是類似長橢圓形外，其他多為長方形，入口的位置則依各族室內使用情形，有的設在短邊，有的設在長邊。住屋內部的平面配置有複合功能的單室型，及分化功能的複室型兩種。

單室型：多數的族群均採用此形式，即室內不作分隔，但是仍有起居及臥室空間的區別，這種平面反映出原始社會家庭成員中親密的關係，如泰雅族、布農族、卑南族、鄒族、魯凱族、多數排灣族及北部阿美族。

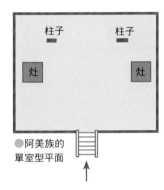

●阿美族的
單室型平面

複室型：將室內隔成不同功能的房間，但多不設門，私密性不高，如雅美族、賽夏族、南部排灣族及南部阿美族。

●排灣族的複室型平面

建築形式

原住民依環境的狀況及其實際需要，建築形式主要可分為平地式、淺穴式、深穴式及高架式四種。

平地式

直接以原始地面為室內地坪，通常室內外一樣高，或室內略高於室外，如鄒族、賽夏族、阿美族、卑南族和部分排灣族的住屋。

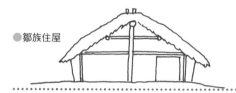

●鄒族住屋

深穴式

室內地面較室外低數公尺，從外觀只見露出的屋頂，挖掘最深的是為預防海邊強風的蘭嶼雅美族，還有中部的泰雅族亦採用深穴式以防風取暖，進入室內要經由木梯走到地板。

●泰雅族住屋

淺穴式

室內略低於室外地坪約半公尺，居於高山地區的布農、排灣和魯凱族住屋均是。山區房舍就坡地整地而建，後壁為整地下掘的泥土砌成的坡坎。向下發展的房子，可以不用搭建過高的屋頂，節省建築材料，同時可以抵擋高山寒冷的氣候。

●排灣族住屋

高架式

又稱干欄式，以木或竹枝交叉為樁，將房舍架高，柱腳較長，可以防潮，多為特殊用途的公共建築使用，如泰雅族的望樓，一、二公尺高的鄒族會所，及三、四公尺高的卑南族會所。其他附屬建築，如泰雅族的穀倉和雅美族的涼台亦採高架式。

●卑南族少年會所

歷史隧道

台灣所謂的信史時代雖是從迄今四百年不到的荷西時期才開始，但在此之前的台灣史也並非一片空白，從近年的考古發掘及原住民文化中的點點滴滴都可看出其延續的關係。

原住民族的歷史脈絡

荷西時期，歐洲人進入台灣，他們為求取經濟上的利益，對原住民展開經濟掠奪。

清初大量漢族移民湧入台灣，因爭奪土地，與原住民衝突頻仍，原住民逐漸成為弱勢的一群，居於平地的平埔族很快的被漢人同化，其他的族群則因為地居偏遠，與漢人聯姻的情形較不頻繁，因此仍能維持族群的完整。

日治時期日人施行高壓統治，造成無數傳述於山間的悲壯故事，不過日人千千岩助太郎深入部落調查建築，卻又成了日後對原住民建築研究的重要史料。

台灣光復後的政策，以把漢族擁有的物質水準直接加諸原住民，當作是一種福利，結果反而加速原住民文化的消失。所謂的文明生活已影響原住民的居住形態，傳統生活的保存難抵外來洪流。所以現在不易看到完整的傳統原住民聚落，除了偏遠山區及外島蘭嶼，其他可能只有在山地文化園區之類的地方，可窺其一二。

原住民族的建築文化

原住民族群之間的語言及文化的差異很大，以社會結構來看，有典型的父系或偏向父系的氏族社會，如雅美、布農、

建築材料

原住民聚落交通不便，與外界的連繫較少，所以建屋材料都是就地取材，使用工具及施工技術較為原始，材料表面的加工程度較低，加工痕跡也極為明顯。常見的建築材料有以下幾種。

石材

板岩是很容易剝裂成片狀的石材，故東部山區的原住民多以此為建材，來製作屋頂及牆體，如布農、排灣、魯凱、泰雅族。而蘭嶼的雅美族前埕則以卵石鋪地。

●屏東七佳部落排灣族的石板屋頂

木材

以木柱為主體結構或以原木、木板作壁面，如排灣、布農族及阿美族。此外，亦有運用樹皮鋪作屋頂者，如部分泰雅族及東部的布農族。

●屏東七佳部落排灣族住屋以木材為壁面結構

茅草

茅草輕便，處理又容易，幾乎每一族都使用茅草鋪屋頂；又以茅草為牆者，有鄒族、阿美及部分雅美族。

●蘭嶼雅美族住屋屋頂以茅草及竹管構成

竹材

以管徑較粗的竹材為骨架，較細者交叉組立成牆面，可用整根竹管或劈成一半使用。屋頂與牆體均使用竹材者，有賽夏及泰雅族，牆體為竹材者有阿美及鄒族。

賽夏、鄒族、泰雅；有典型的母系或偏向母系的氏族社會，如阿美、卑南族，這些對居住文化乃至建築形式，都有很大的影響，如布農族住屋內床鋪特別多，即為父系大家族制度的表現。

原住民房屋的營建工作並不是由一批專業者來完成，而是由族群組織共同來完成的，在建屋之前需經過占卜擇地，完成時也要舉行祭典慶祝。

各族的房屋建材受限於自然環境及製作技術，外觀有許多相同處，但在建築形式及使用精神上，不同族群仍有各自的特點。（參見認識篇P.190）

原住民的生活方式較接近於人類的原始形態，總括來說，他們的建築結構較簡單，但這些建築與大自然的良好關係，正顯出人類在環境條件限制下所展現的智慧，這是大部分久居所謂文明都市的人早已喪失的能力。

●早期依山勢而建的泰雅族聚落，圖中可見高架式的望樓。

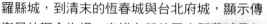

城郭

台灣早在荷蘭與西班牙統治時期，即大事興築城郭，文獻中即曾出現淡水的西班牙城堡被原住民攻毀的記載。

清代二百多年中，台灣各地築城郭未曾中斷，從清初的鳳山縣城、諸羅縣城，到清末的恆春城與台北府城，顯示傳統築城衛民的觀念生根。高雄左營的鳳山縣舊城是如今保存較完整的清代城郭古蹟，登上城牆可以體會古時軍事防禦的嚴肅氣氛。

樓閣式城門樓

城門額

城門座

城門洞

看城形 ▷P.28

台灣的古城池有的呈圓形，有的是長方形，有的像元寶，甚至有的像布袋……，是什麼因素左右城形的變化？而今多數城牆零落殘缺，該如何進行城形的觀察呢？

看城牆 ▷P.29

城郭的「郭」即是城牆，它不僅界定出城的範圍，也是一座古城最重要的防禦線，不管是材質或構造都大有學問。

●今天在高雄左營仍能欣賞到鳳山舊城城牆蜿蜒數里的壯觀場景

看城門 ▷P.30

城門是昔日古城最明顯的地標，觀察時，不妨留意門樓的形式與門洞的構造，也別忽略了城門的命名學，以及有趣的甕城。

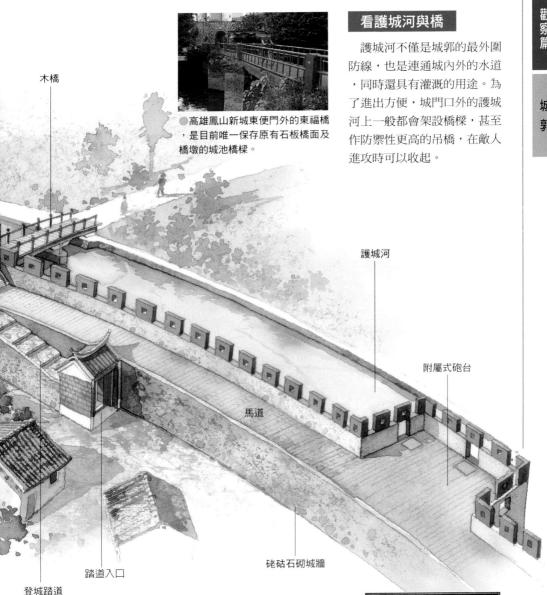

看護城河與橋

護城河不僅是城郭的最外圍防線，也是連通城內外的水道，同時還具有灌溉的用途。為了進出方便，城門口外的護城河上一般都會架設橋樑，甚至作防禦性更高的吊橋，在敵人進攻時可以收起。

●高雄鳳山新城東便門外的東福橋，是目前唯一保存原有石板橋面及橋墩的城池橋樑。

木橋

護城河

附屬式砲台

馬道

踏道入口

登城踏道

硓𥑮石砌城牆

看登城踏道及入口

上下城牆的斜坡踏道通常位於城內靠近城門處，一邊緊靠城牆，另一邊以高牆圍砌，入口設單開間的門樓，以便管制進出。

看砲台 ⇨P.32

為了守護全城居民的安全，每座古城池都設有砲台，其數量不一，形式則有與城牆相連的附屬式砲台，及獨立式砲台兩大類。

鳳山縣舊城：位於今高雄市左營區，創建於清康熙年間，於道光五年（1825）改築石城，是台灣第一座以土石建造的城池，目前現存東、南、北三門及部分城牆、護城河等，被列為國定古蹟。本圖為其東門段，但城樓部分乃考證復原圖。

城形

原有聚落的規模形式、周邊的地理環境、風水以及築城時的動機考量等，都是影響城池的形狀與規模的重要因素。

古城的形狀

台灣的數十座大小城池中，只有台北府城呈長方形，其餘多半為不規則的形狀，這是因為前者是先經規劃設計築城，再發展城內市街，故城形較方整；而其他則多為市街形成在先，城池興建於後，為遷就既有的聚落與周邊地理環境，加上風水的考量，於是產生各種造形。如宜蘭城（噶瑪蘭廳城）近似圓形，彰化城為柚子形，鳳山舊城像個大布袋，而鳳山新城則像一個元寶，最大、最不規則的要屬台南城，然而充滿想像力的古人卻仍賦予它「半月城」的美稱。

復原古城形

由於今天保存城牆的城池不多，因此不容易判斷城形。不過城牆拆除後，多數成了都市中的主要街道，建議利用一張準確的市街地圖，參考文獻上的描述，以現場殘存的城牆、城門，甚至相關路名為指標，試走一趟，即可能勾勒出城郭的形狀來；而當地人熟知的一些蜿蜒老街，則很可能便是城內原有的街道。

城池依層級的不同可分為府級、縣級、廳級、堡級等，通常層級越高規模越大，城內配置的官方建物也依此有很大的差別。

台灣城池形制規模示意圖

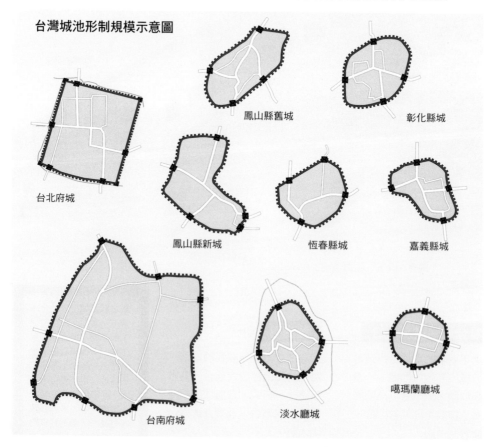

鳳山縣舊城

彰化縣城

台北府城

鳳山縣新城

恆春縣城

嘉義縣城

台南府城

淡水廳城

噶瑪蘭廳城

城牆

古人常用「銅牆鐵壁」來形容一座城池的防禦力，可見城牆的構築是一門很大的學問。下面就從構造與砌法兩方面來了解。

城牆構造

城牆是防禦設施，結構堅固厚實為首要條件，因此以土石造為主；此外，城牆面積廣大，材料用量多，興築時多半就地取材，其構造主要是以內外牆垣夾填夯土層而成，一般城牆高約三至五公尺。由下圖可看出城牆各部分的構造與功能。

雉堞：置於女牆上，為磚砌的凹凸小牆，是外牆垣的防衛設施，中央留有方形射孔，方便射擊者藏躲於後，增加攻守的優勢。

馬道：城牆上面的地坪表面鋪磚，以方便行走偵察及迅速調遣士兵，地面外高內低，以利排水。

女牆：位於外牆垣上，高度及腰，作用相當於欄杆。

排水孔：內外牆垣壁上留有一些不規則的小孔，作為中腹土層的排水孔，以防內部濕氣無法排出，造成牆垣倒塌。

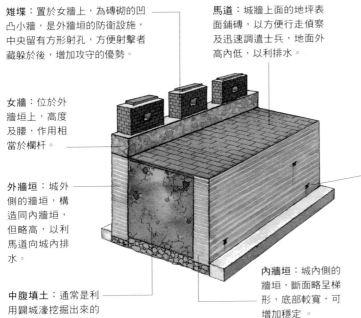

外牆垣：城外側的牆垣，構造同內牆垣，但略高，以利馬道向城內排水。

水關：又稱水洞，是城牆底部連通城內外水道的設施，洞口以石條間隔，以免敵人由此處爬進城內。

中腹填土：通常是利用闢城濠挖掘出來的土密實填入。

內牆垣：城內側的牆垣，斷面略呈梯形，底部較寬，可增加穩定。

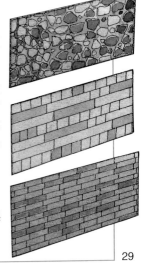

牆垣砌法

牆垣多呈上窄下寬的「收分」作法，且埋入土中數尺，如此結構才穩固。常見的砌法有以下四種。

版築法：以模板圍築，灌注加石灰與沙土的細泥，層層夯實而成。這是一種最古老的施工法，表面可看出明顯水平線條，那是每層夯築時，所留下的模板痕跡，如恆春縣城及台南府城。

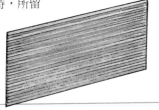

砌硓砧石法：以硓砧石塊砌築，為一種較不具規則性的亂石砌，如鳳山舊城。

砌石條法：將台灣所產的安山岩或砂岩切割成石條狀，以一縱一橫的方式砌築，這是最堅固、最昂貴的作法，如台北城。

砌磚法：以紅磚砌築，因磚塊小，牆體面積大，施工較為費時，如彰化縣城。

城門

一座城池的城門數量是依行政層級與規模而定的，府城可闢八門，一般縣城多開四門。城門通常分置於東西南北四向，再依風水及城內外主要通路的位置稍作調整或增補。城門的構造主要包括城門樓與城門座兩部分，觀察時不能忽略以下五個重點。

城門樓

　　位在城門座上，能登高望遠，與左右城牆馬道聯繫，發揮守衛防禦的功效；它的形式各不相同，因此也成為辨識一座城池的重要地標。

　　城門樓一般可分成樓閣與碉堡式兩類，由於城門屬官方建築，因此屋頂都是燕尾脊，常見的有歇山及重簷歇山兩種屋頂。

樓閣式城門樓：以木結構築造，形如樓閣，立面多為三開間，外觀較為華麗，台灣的城樓多數屬於此類。

碉堡式城門樓：與城門座連成一氣，外形封閉，只留小形的窗孔，防禦性強。昔日台北府城的四個主城門門樓皆屬碉堡式，而今僅存北門孤例。

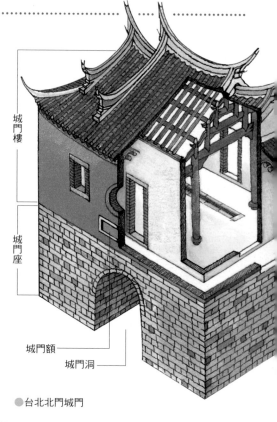

城門樓

城門座

城門額

城門洞

●台北北門城門

城門額

　　通常置於內外門洞的上方，從上面的文字紀錄不但可以判斷方位，還可看出建造的年代及築城有功的相關人士資料，可說是城池興建的一個重要史證。

　　城門的門額有內外之分，朝城內的常直接以方位命名，即「北門」、「南門」、「東門」、「西門」。

　　外門額是進城的門面，所以取名常有特殊的涵意，通常是吉利討彩或寓涵方位的名稱，如北門常稱「拱辰」；東門的額題多與太陽有關，例如「迎曦」、「朝陽」；西邊向海，故西門多帶有海字，如「鎮海」、「奠海」；南門是一個城的正門，所以名稱常帶有正字，如「麗正」，或題與文運相關的名字，如「啟文」。

●台南大東門的門額

●鳳山舊城北門的門額

甕城

某些規模較大的城為增強防禦，會在重要的城門外再圍繞一道城牆，稱為甕城或月城。

甕城門多半不正對主門，也就是說，內、外兩城門的門洞並不位在同一直線上，主要是因為風水的考量，也有一說，認為如此可造成曲折迂迴，使敵人無法長驅直入。

甕城門額的意涵以防衛為主，如台北府城

●台南府城
大南門

北門的甕城門額為「巖疆鎖鑰」；台南府城大南門則是全台現存唯一一附有甕城的城門。

城門洞

城門洞是城門座中央出入城門的孔道，因具有重要的防禦功能，所以結構較為特殊。

構造：它是由內大外小的兩個拱圈及中間的一段平頂組成，外拱圈小可增加防禦性，平頂則是為城門開合所留的空間，上下有門臼孔，左右牆面有大型的方孔，為安放粗大的門栓所用。門板極為厚實，外層再安上鐵皮以防止敵人火攻，目前唯一還保留原有門板的只剩台北北門。

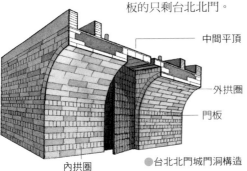

　　中間平頂

　　外拱圈

　　門板

●台北北門城門洞構造

內拱圈

砌法：門洞拱圈的砌築法常見的有下列三種。

磚發卷：磚塊以較窄小的丁面朝外豎放，排砌成半圓拱形。

縱聯石發卷：作法與磚發卷同，石塊以丁面朝外豎放，各石材黏接面多，為較穩固安全的作法。

橫聯石發卷：石塊橫向排列砌成拱圈，但每一塊石頭上下需鑿成弧形，施工不易且較費料，穩固性也不足，通常只用來作表面的裝飾。

城門座

城門座是城池的門面，其結構、材料常較城牆講究，砌工也更為細緻，甚至有特別的裝飾，有些建材還會遠自大陸運來。

城門座上方的城樓若為樓閣式，則朝外的一面為防衛需要仍設有雉堞，城內則只設女牆而無雉堞。

●鳳山舊城北門城門座的兩側以泥塑製作神荼、鬱壘門神，是僅見的孤例。

砲台

為增強防衛性，城池通常於城牆各向的險要處及轉角處設置砲台，規模較大者，如台北城共設有九座，鳳山新城則有六座。

構造

砲台基座與城牆一樣圍繞著女牆與雉堞，不同的是，女牆上留有大型砲孔，以方便砲筒伸出，靈活轉動，擴大射擊範圍。砲位的地坪多以花崗石砌築，因為大砲很重，而花崗石的承載力較佳。

窺口　射孔　女牆　砲孔　雉堞

砲位

●鳳山舊城東門段的砲台，於女牆上設有方形砲孔。

歷史隧道

築城是中國自古即有的傳統，城郭規模比其他國家來得大，通常城內有官衙、市街、廟宇、學校、農田等。

城池的發展

除了少數城池為事先規劃，多數都是聚居在一起的住民，為了共同安全性的考慮，在官方的引導下建立的，可說是在文化、經濟發展到一定程度後的產物，所以台灣地區的城池多是清代所建。以面積而論，台灣的城池數量不少，這與清代台灣地區反清事件頻仍有關，官方為防範層出不窮的民變，於是擴大築城以利固守。

初期的城池多植刺竹或以木柵為牆，屬於較為簡陋的防禦工事，發展至一定程度後，則改以土石或磚為牆，因此若論堅固性，當以清末的石砌台北城為最佳構築。另外，經濟能力及城池的屬　也是影響材料形式的重要因素。

城池環境及選址

台灣的城池延續大陸南方的特點，多為不規則形，常將小山丘包進城內，如鳳山舊城內包龜山，並以自然的河道當作護城河及排水溝渠。建城時，除了要考量其防禦性，其他像土質情況、用水來源及街道的系統，都要謹慎評估。另外，地理風水更是築城時不能忽略的關鍵因素，如台南府城的風水被認為是龍脈，台北城的築造方位與北斗七星有密切關係等，有的雖為附會之說，但基本目的都是為了找一個配合自然形勢，能夠長居久安的好地點。

城池類型的古蹟是中國這個精於築城的民族在台灣開拓史上的最佳見證，不過台灣近百年來發展快速，城池因為佔地不少，且多位於今日都市的精華區，與近代的都市計劃衝突很大，所以易遭拆除，目前已無完整保留的城池，僅能由局部的斷垣殘壁，和孤立在十字路口圓環內的城門，勾勒出當年擔任保護百姓生命財產重責的巍峨城池。

●日治初期在台北北門甕城上所見的北門及城內景象

形式

　　城郭的砲台形式可分為附屬於城牆者及獨立式二類。

　　附屬式砲台：形狀通常為方形，突出於外垣，三面臨空，一面與馬道相連，作戰時機動性高，如鳳山舊城及台北城。

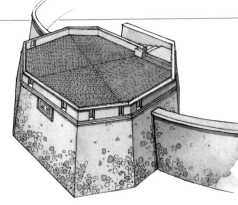

　　獨立式砲台：面積較大，構造獨立，以踏道連通城內，平面形狀不一，有方形、八角形、圓弧形等，如鳳山新城。

城內的街道與設施

　　清代台灣的城池內是什麼景況，今日已很難想像，不過依據文獻記載，通常城內的道路組織是以與各向城門聯繫的街道為主，彼此或呈十字、或呈丁字相交，其他不論是築城前已發展成熟，或築城後新闢的街道，都與這幾條主要道路連接，形成完善的街道系統。

　　除了熱鬧的市街外，城內的基本建設還有負責文官系統及軍事守備的衙署，文教設施如書院、考棚，重要寺廟如文武廟、城隍廟、天后宮等。有些城內建設的興築甚至早於城池，像台北城在決定築城後，即先建考棚，顯示對科考的重視。這些建築多位在城內主要街道，少數還留存至今，所以在觀察城郭的同時，如果對城內的其他古蹟及知名老街有全盤的了解，將有助於勾勒出清朝時繁榮的城內景象。

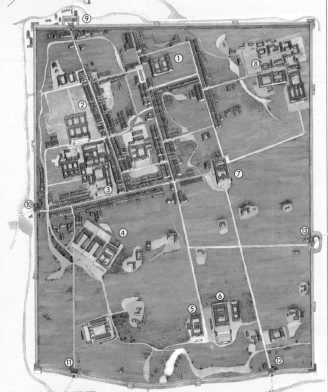

台北城復原圖

①台北府衙　　②巡撫衙門　　③布政使司衙門
④登瀛書院　　⑤武廟　　　　⑥文廟　　　　⑦天后宮　　⑧考棚
⑨北門　　　　⑩西門　　　　⑪小南門　　　⑫南門　　　⑬東門

寺廟

台灣的寺廟包括民間信仰、道教、儒家及佛寺等，它們的建築格局與裝飾各有特色，尤其是年代較早的寺廟表現出儒、釋、道的差異，近代寺廟則互相融合。為敬拜神明，廟宇建築於雕琢彩塑上所下的工夫不遺餘力，石獅、龍柱、木雕、彩繪、剪黏與交趾陶等，皆是台灣寺廟的藝術精華。彰化鹿港龍山寺被公認為台灣寺廟的經典作品，不僅規模宏大，格局嚴謹，而且建築技巧高明，是觀察解讀清代中期寺廟的最佳實例。

戲亭
前殿
前埕
龍柱
門神
山門

看格局 ▷P.36

寺廟的格局與主祀神的神格有很大的關聯；此外，風水、地形環境與建廟經費的多寡也是影響格局的重要因素。

看空間機能 ▷P.37

寺廟是信徒對神明膜拜之所，其空間配置與動線安排，主要是為了完成祭拜的程序及進行相關的寺廟活動，所以各空間有一定的規制與名稱。

看門神 ▷P.40

門神繪於前殿的門板上，作為寺廟的守護者，具有趨吉避凶及威嚇的作用。不同的主祀神祇要搭配不同的門神；這裡同時也是寺廟彩繪匠師的表現焦點。

看彩繪 ▷P.39

寺廟中的裝飾除了雕刻外，還有各式各樣的色彩及圖案，令人眼花撩亂，這就是傳統寺廟發展悠久的「彩繪」藝術。除了門神彩繪以外，主要的表現重點在樑枋與壁堵二處。

脊飾
正殿
後殿
後埕
中埕
拜亭
龍柱
廂廊

看脊飾 ➪P.38

由剪黏、泥塑或交趾陶作成的各種脊飾，可說是豐富寺廟天際線的大功臣。最精彩的脊飾多集中在前殿與正殿的正脊與垂脊處。

看神像 ➪P.46

主祀神明都安置在正殿的中央，配祀神明則置於兩側或後殿。由於每一種神明都有其特殊的造形與配件，加上匠師的藝術風格融入其中，相當值得欣賞。

看龍柱 ➪P.46

前殿與正殿的龍柱，可說是我們對寺廟建築的基本印象。觀察龍柱的外形、材質與雕刻風格，可看出歷史背景與審美角度的轉變。

看碑匾聯 ➪P.48

寺廟中少不了石碑、匾額、聯對，就表現形式而言，它是一種書法藝術；從內容來看，它更是重要的史料。

看石雕 ➪P.44

石雕最常出現的部位是前殿的入口處，重點包括：門枕石、抱鼓石、石獅、雕花柱、壁堵與御路等，觀察時要注意題材的選擇、石材的搭配與技法的變化。

看木雕 ➪P.42

木雕是寺廟中另一個藝術表現的重點，尤其是各殿正面簷下的吊筒、獅座、員光、托木，以及天花板下的藻井等，精華畢現，不容錯過。

彰化鹿港龍山寺：創建於清乾隆年間，主祀觀世音菩薩，歷經多次改建，現在的格局主要為道光年間所完成，其規模宏大，結構精良，比例優美，深具泉州建築的特色，是公認的台灣寺廟經典之作，被列為國定古蹟。

35

格局

興建寺廟要請勘輿專家看風水、定方位，並按主祀神的神格等級決定規模的大小。等級越高的神明在格局上可以享用正南座向的廟、擁有較多的廟門、配置較多的殿宇及較高敞的空間。一般寺廟常見的格局有以下四類。

單殿式

只有一殿，為各種寺廟的原型，最簡單的是一些連人都無法進入的小土地公廟；亦有前帶拜亭或左右帶護龍，形如三合院者，如桃園大溪齋明寺、新北五股西雲寺。

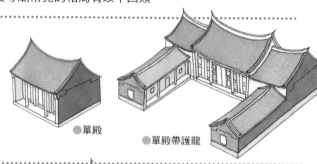

●單殿

●單殿帶護龍

兩殿式

配置有前殿及正殿，兩者間以廊道或拜亭相連。位於市街者常使用「兩殿兩廊」式，形如街屋，如宜蘭昭應宮；另一種左右設護龍，有如民宅的四合院，稱「兩殿兩廊兩護室」，此種格局是台灣常見的中型寺廟格局，如新北淡水鄞山寺。

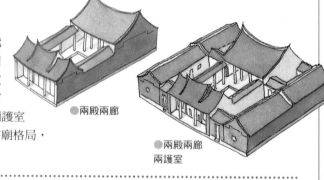

●兩殿兩廊

●兩殿兩廊
兩護室

三殿式

包括前殿、正殿及後殿。其中，有狹長如街屋者，如台南祀典武廟；或正殿獨立在中，呈「回」字形平面者，這是大型寺廟或孔廟才有的格局，如台北萬華龍山寺、台北保安宮。

●狹長形三殿

●回字形三殿

多殿並連式

規模大的寺廟祀奉神祇種類多，配置如同大型宅第，形成左右並置的多個院落，如「曲」字型平面，如雲林北港朝天宮、台南三山國王廟。

●多殿並連

由廟門看規模

由前殿廟門數大致也可看出寺廟的層級規模：土地公祠只能開一門；將軍或王爺級的寺廟以開三門者居多；帝后級的神祇如保生大帝、天后媽祖等，正面可開五門以上。

空間機能

寺廟的空間是依照信徒祭拜的過程，依序排列，以主祀神的位置為中軸，左右對稱配置，以實體的殿宇建築與虛體的廟埕相間，明暗有致，塑造出祭拜神明的虔敬氣氛。以下即依鹿港龍山寺的平面配置圖，一一來認識寺廟常見的空間機能。

山門或牌樓

獨立於寺廟建築前，是界定內外的出入口，也具有地標作用。

廟埕

各殿前鋪設石板的空地，此處可看到完整廟貌，也是廟會活動或搭建臨時戲臺的空間。

前殿

為寺廟的第一殿，整體外觀最華麗，裝飾最繁複，如開三個門又稱三川殿，因「三川」原為「三穿」之意，屋頂通常分三段特稱三川脊。此處是信眾初拜的位置，所以背側開敞面向正殿。

戲臺（亭）

民間有扮戲酬神的風俗，故戲臺一定面朝正殿，因看戲的主賓是神明。其形式有二種，一是與前殿背面連接的戲亭，如鹿港龍山寺及新北淡水福佑宮；另一是位於前埕的獨立戲臺，如台北景美集應廟。

拜亭

位在正殿之前，是供信眾上香祭拜的空間，有時於地面嵌有一塊拜石，為祭拜時站立的特定位置，這裡常放置一個大香爐。

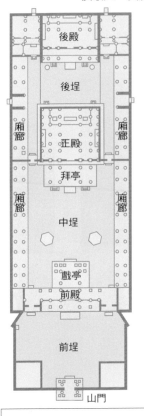

正殿

又稱大殿，為寺廟中的主祀空間，通常面積最大、高度最高、光線最幽暗，神像端坐中央，充分流露出莊嚴神祕的氣氛。內部的器物及文物最多，包括神龕、桌案、香爐、燈座、執事牌、籤筒、鐘鼓等。

護室或廂廊

位於寺廟的左右兩側，可以是陪祀神明所在的偏殿，也可以是寺內僧侶或廟祝居住辦公的空間，早期一些地域觀念強的寺廟，還具有同籍移民的會館功能。若是半開敞式的廂廊，則常有一些重要的石碑立於壁面上。

後殿

為中軸上最後一進的殿宇，空間形式與正殿相同，但因祀奉陪祀神明，所以建築的高度及進深都小於正殿。

鐘鼓樓

所謂「暮鼓晨鐘」，鐘鼓可說是寺廟中不可少的文物，一般將其置於正殿的前廊，左側懸鐘，右側吊鼓。有些寺廟特別興建獨立空間來安放鐘鼓，稱為「鐘鼓樓」。鐘鼓樓多位於兩廂之上，外觀華麗，屋頂形式特別講究。

●台北萬華龍山寺的鐘鼓樓，平面是六角形，屋頂有如轎頂。

脊飾

屋脊的功能是壓住屋面，因位置明顯，也成為裝飾重點。脊飾以剪黏最多，也有以泥塑或交趾陶來裝飾者，三川殿與正殿的題材略有不同。好的脊飾作品構圖疏密有致，且形態立體，姿態生動。常見的脊飾部位有以下四處。

寺廟的屋脊形式

台灣寺廟的屋脊造形通常相當華麗，具有門面性質的三川殿常採用分成三段的「三川脊」，或「假四垂頂」；地位最重要的正殿則採用完整不分段的「一條龍脊」，以示隆重。

一條龍脊

三川脊

假四垂頂

正脊上

三川殿正脊上常見的脊飾題材有：雙龍搶珠、雙龍（或麒麟）護八卦、福祿壽三仙、寶珠、鰲魚等；正殿則多使用雙龍護塔。

脊堵內

脊堵內的裝飾最華麗，其題材多樣，一般中央為雙龍搶珠、人物坐騎、雙鳳或八仙等，兩側或背面則以花鳥較常見。

除中間脊堵外，上下細細的線形堵內常以水果、四獸（虎豹獅象）、麒麟或水族類來裝飾，使用魚、蝦等水族類裝飾意謂防火。

●三川殿正脊上飾以雙龍搶珠剪黏

●具雙層脊堵的西施脊，上層為四獸，下層是精美的武場「黃飛虎戰聞太師」。

牌頭

位於垂脊末端，多以人物故事為題材，背後並襯以山林樓閣，最常使用熱鬧的武場，如三國、封神榜等，文場亦有，但出現機率較少。

●牌頭的脊飾不僅增加屋頂的華麗，也有壓住簷口的作用。

垂脊上

兩側垂脊與正脊一樣具有壓住屋面的作用，其上一般以捲草或鯉魚吐水草等裝飾，使脊線增加彎曲變化。

●捲草流暢的線條，彷彿在水中隨波搖曳。

彩繪

彩繪是寺廟中不可少的裝飾藝術，除了繪於門板上的門神彩繪（見P.40）外，主要分壁堵彩繪及樑枋彩繪兩種，後者同時兼具保護木料的作用，也因為它的功能性，每隔數十年就要重新繪製，使得傳統寺廟中的彩繪不易保存原樣，今天所見多是近代的作品。

樑枋彩繪

寺廟的樑柱底色以朱色為主，這是宮廟專用的色彩。中脊樑多繪太極八卦、雙龍或雙鳳；橫長型的樑枋，除了人物題材外，也有花鳥、瑞獸、山水、書法等，面積雖不大，卻有豐富多變的表現，不過因為高度太高及香火煙燻的結果，常令觀者不易察覺。

壁堵彩繪

多位於殿內的兩側牆面上，繪製時要在白灰牆體未乾之前進行，時間及水分的掌握很重要，考驗匠師功力。題材以人物為主，大部分是歷史演義或佛經故事，因構圖面積大，匠師可以有細膩的表現，是觀察彩繪的好地方。

重要的近代寺廟彩繪匠師

比起其他類型的匠師，彩繪師傅因為能書能畫，具有較濃的文人氣息，他們因著師承及各人的領會，表現出各自的風格，豐富了寺廟的空間。我們以目前較容易看到的彩繪作品，介紹幾位重要的彩繪師傅。

郭新林：為鹿港地區彩繪匠師的代表，他出身彩繪世家，不論是門神，或樑枋上的人物、花鳥、山水的表現俱佳，鹿港龍山寺及彰化節孝祠為其代表作。

陳玉峰：為台南地區的重要彩繪師傅，其作品遍佈全台，大型人物的表現特別細膩，逝世後，作品正在迅速消失中。其子陳壽彝及外甥蔡草如均是台南陳派彩繪的優秀傳人，不過兩人亦於近年過世，但仍有不少作品留存。

潘麗水：其父潘春源與陳玉峰師出同門，潘麗水師承其父，彩繪作品以台南地區分布最多，門神及壁堵表現尤佳，台北保安宮正殿外牆多幅壁堵彩繪為其代表作。

●郭新林的樑枋彩繪作品，彰化節孝祠。

●陳玉峰的壁堵彩繪作品，台南陳德聚堂。

●潘麗水的壁堵彩繪作品，台北保安宮。

門神

在門上繪製圖像以嚇阻鬼魅的習俗，據傳在商周時代就有，演變至今成為寺廟不可或缺的彩繪藝術，並且依照主祀的神祇，繪製不同種類的門神。

神荼、鬱壘

繪於中門。據《山海經》所載，兩人為黃帝所派的鬼門總管，專管陰間的鬼魂，形貌威猛，口如血盆，眼如金燈，使用的武器為鉞斧。

●台南法華寺的神荼、鬱壘門神

韋馱、伽藍

為佛教寺院的護法及守護神，常繪於佛寺中門。韋馱為白面，手執金剛杵；伽藍為黑面，手執鉞斧。

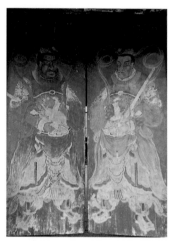

●鹿港龍山寺的韋馱、伽藍門神

秦叔寶、尉遲恭

是最常見的中門門神。他們原是幫唐太宗打天下的名將，傳說唐太宗晚年常作惡夢，後命此二將守於門外才得一夜好眠，故後人將其奉為門神。兩人均為武將打扮，秦叔寶白面鳳眼執鐧，尉遲恭黑面環睛持鞭，兩人通常作撚鬚狀，其貌不怒而威。

●台南府城隍廟的秦叔寶、尉遲恭門神

哼哈二將

亦為佛寺門神，常繪於中門。據《封神演義》所載，二人為商周時期的將軍鄭倫與陳奇，原為對敵，死後同被敕封鎮守西釋山門，保護法寶。哼將為青面、閉口，手執蕩魔杵及乾坤圈；哈將為紅面、開口，手執降魔杵及定風珠。

●台南重慶寺的哼哈二將門神

四大天王

亦佛寺門神，又稱四大金剛，常繪於左右門，包括南方增長天王、東方持國天王、北方多聞天王及西方廣目天王，分別執劍、持琵琶、拿傘與纏蛇，喻「風調雨順」之意，四人臉色各不相同。

●台南法華寺的四大天王門神

文臣

此類門神與前述武將不同，以賜福代替威嚇，手中常捧有冠、鹿、牡丹、爵（酒器），意指「加冠進祿、富貴晉爵」。文臣門神多用於左右門，與中門的武將門神搭配。土地公廟因等級低，不能用朝官，僅能用官位更低的文官門神。

●嘉義朴子春秋宮的文臣門神

太監、宮娥

祀觀世音或媽祖等女神的寺廟，左右門常以太監、宮娥為門神，其手中亦執與文臣相似之吉祥物，但太監無鬚，另一手執拂塵，服飾與文臣不同。

●新北八里天后宮的宮女門神與台北保安宮的太監門神

41

●三川殿入口處稱為「前步口」，是寺廟的木雕與石雕最豐富集中的地方，鹿港龍山寺三川殿更是其中佳例。

木雕

抬頭乍看下，寺廟的木雕常令人眼花撩亂，其實所有的木雕都有結構上的功能，故匠師雕鑿時有其準則，結構性強者僅能淺雕，輔助性的構材才能透雕。木雕的材料以樟木最常使用，因其質地適合雕鑿，不易斷裂。以下是寺廟常見的木雕部位。

①吊筒、豎材　③托木　⑦柱礎
②斗栱　④獅座、員光　⑧抱鼓石
　　　⑤門簪　⑨門枕石
　　　⑥壁堵　⑩御路

豎材

吊筒

●鹿港龍山寺的花籃吊筒與仙人豎材

吊筒、豎材

　　吊筒位於簷口下，是懸在樑下的吊柱，具有傳遞簷口重量的作用，它的末端常被雕成蓮花或花籃樣，所以又稱為垂花、吊籃。

　　豎材是位於吊筒正面的一個小構件，其作用是封住後方構材穿過的榫孔，多以仙人或倒爬獅為題材。

托木

　　又稱插角、雀替，位於樑與柱的交點，是三角形的鞏固構材，題材有鳳凰、鰲魚（龍首鯉魚身）、花鳥、人物等。

●鹿港龍山寺的鳳凰托木

斗

栱

●鹿港龍山寺的碗形斗及素面栱

斗栱

　　斗與栱是傳統建築的基本構件組。斗雖只是一個立方體的構材，但它可以有方形、圓形、六角形、八角形、碗形、菱花形等變化；栱是承接斗的小枋材，就其形可以雕成草花或螭虎（由龍衍生而成的動物），不過它具結構功能，所以通常採用素面或淺雕。

藻井

　　藻井是以不斷向中心懸挑的斗栱，交織成網狀的天花板結構，所以又稱「蜘蛛結網」。其外形絢麗奪目，裝飾性強過結構性，在設計及施工上，是匠師展現高度技巧的地方。常見的有八角形結網、四方形結網及圓形結網。

●鹿港龍山寺戲亭內的八角形藻井

門簪

　　固定門楹（上門臼）與門楣的構件，常雕成龍首狀，或方印及圓印，所以又叫門斗印。

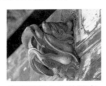

●鹿港龍山寺的螭虎門簪

獅座、員光

　　獅座為斗座的一種，是位於步口通樑上的木雕獅子，為了讓我們看到它，其面容會略朝下，是較立體的木雕。

　　員光則是位於步口通樑下高度最低、面積最大的雕花材，其題材以花鳥或人物為多，尤其是武場人物的表現常令人讚嘆不已。

●鹿港龍山寺前步口通樑下方的員光與上方的獅座

獅座

步口通樑

員光

石雕

豐富的石雕強調寺廟的入口意象，讓人一眼就感受到寺廟建築的重要性。且石雕不易損壞，常常是寺廟中保留最古老的物件，除了藝術價值，對寺廟的興建過程也有重要的說明性。以下是寺廟常見的石雕部位與題材。

御路

位於三川殿與正殿台基前的中軸位置，是神明專用的斜坡道，人不能踩踏，上面通常雕刻正面的雲龍圖案。

●宜蘭昭應宮的四爪雲龍御路石

抱鼓石、門枕石

抱鼓石是穩固門柱及安裝門板的一個構件，位於入口中門兩側，上部形狀如鼓，鼓面常有螺旋紋，下部設台座。門枕石的功能同抱鼓石，雕成枕形，並刻上各種吉祥紋樣，增加其美感。

●鹿港龍山寺的抱鼓石與門枕石，造形渾厚，雕刻典雅。

石獅

多位於入口中門兩側，功能亦同抱鼓石，但同時具有避邪的作用，也有些寺廟的石獅位於廟前空地上。石獅左雄右雌，立於台座，兩隻相望，雄獅通常戲彩球或撥弄雙錢，雌獅則懷抱小獅。台灣石獅的造形源於閩粵，有點像鬆獅狗或北京狗，鼻子大，嘴的弧度也大，鬃毛捲曲，線條優美。

●宜蘭昭應宮的石獅體態修長，玲瓏可愛。

柱礎

又稱柱珠，是柱子的基礎，可防潮及防碰損。早期雕飾簡拙，形如鼓無腰身；發展到後來，配合柱子有圓形、方形、六角形、八角形、甚至蓮座形等多種變化，且頂部、腰身、座腳分明，雕刻圖案豐富。

蓮瓣形

八角形

鼓形

圓形

鼓形

六角形

方形

壁堵

　　指由石雕組成的牆，由上到下，依人體的概念分隔為頂堵、身堵、腰堵、裙堵、櫃台腳，有時可以只有櫃台腳及裙堵作為牆基，上方改為木作。裙堵最常見的題材是麒麟，稱「麒麟堵」，身堵常透雕成「螭虎團爐窗」。壁堵若位於左右相對的兩側牆則合稱「對看堵」，題材常是左雕青龍右雕白虎，所以又稱「龍虎堵」；有時也雕旗、球、戟、磬圖案，取「祈求吉慶」之意。

●彰化鹿港大天后宮的「祈求」堵以軍旗和彩球作隱喻。

●鹿港龍山寺龍虎堵中的降龍石雕

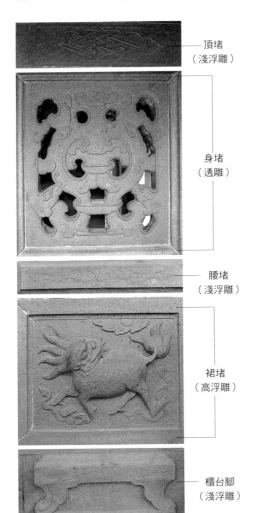

頂堵（淺浮雕）

身堵（透雕）

腰堵（淺浮雕）

裙堵（高浮雕）

櫃台腳（淺浮雕）

●淡水鄞山寺的壁堵可見到透雕、淺浮雕與高浮雕三種石雕技法。

寺廟用哪些石材？

　　台灣早期廟宇的石材大多由大陸隨貨船壓艙運來，特稱「壓艙石」，日治後才逐漸使用本地的石材。大體上，台灣寺廟常見的石材有以下四種。

　　青斗石：色澤帶綠的玄武岩，又稱青草石，產於大陸，質地堅硬細密，適合細緻的雕刻。

　　隴石：色澤略帶黃的花崗岩，亦來自大陸，質地堅硬，但紋理較粗，芝麻點較明顯，鹿港龍山寺與台南武廟都有隴石雕。

　　泉州白石：白色花崗岩，芝麻點小而不明顯，產於福建泉州，產量較少，十分珍貴。

　　觀音山石：台灣本地所產的安山岩，色澤青灰，質地堅硬，但孔隙較大，近年在廟宇中使用廣泛。

龍柱

龍柱又稱「蟠龍柱」，指的是未升天的龍，所以盤繞在柱子上。台灣寺廟龍柱的發展久遠，在風格上可看出時代特色，一般來說，早期的龍柱柱徑較小，雕工較樸拙；愈到近代龍柱愈粗大，雕飾亦趨於繁麗。以下簡略分成四期來說明。

樸拙期

清中葉以前，一柱雕一龍，龍身與柱身結合為一體，整體觀之仍是細瘦的圓柱，周圍綴以少數的淺雕雲朵，雕刻風格樸拙，材質為泉州白石，如嘉義北港朝天宮觀音殿及台南開基天后宮正殿的龍柱。

●台南開基天后宮正殿龍柱

圓融期

清中葉，以圓柱盤單龍為主，不過八角柱體開始出現。龍身與柱體仍結合為一體，但腳爪開始脫離柱身呈鏤空狀，全身扭轉，曲度變大，雕刻不過度強調細節，風格趨於成熟但不失古拙風味，材質多用泉州白石，如鹿港龍山寺三川殿龍柱。

●鹿港龍山寺三川殿龍柱

神像

早期移民的地域觀念很強，來自不同地區的移民帶來家鄉的守護神，所以從寺廟所奉祀的神祇，可以了解當地移民及開發情形。而除了佛、道神祇，不同行業、年齡、性別也都有各自的守護神，如海神媽祖、農神神農大帝、商業神關公等，每種神明也都有特殊的造形與配件，值得細細品味。以下是台灣寺廟最常見的四種神像。

釋迦牟尼佛

釋迦牟尼為佛教的創始人，出生於印度，原是富裕的城主之子，一日離城遠遊，盡見民間的生老病死，於是頓悟世事的無常，經過多年的苦修，終於在菩提樹下悟道成佛，所以祂是佛寺中最主要的神像。其造像莊嚴慈悲，雙目微開，傳說祂出生時墜於蓮花之上，所以神像赤腳盤坐在蓮花座。

- 螺髮
- 白毫
- 三道
- 袈裟

蓮花座

觀世音菩薩

佛教中未成道以前者稱為菩薩，比羅漢高一等級，觀世音是民間信仰中最受歡迎的菩薩，因為祂是大慈大悲菩薩，信眾相信有難時只要念誦祂的名號，觀世音菩薩就會顯現前往搭救，在眾多菩薩之中，觀世音化身也最多。其造像為女像，頭戴寶冠，著瓔珞，手持淨瓶或經卷，面容慈悲祥和，體態優雅。

- 頂圓光
- 寶冠
- 白毫
- 瓔珞
- 經卷
- 蓮花座

成熟期

清末葉，以八角柱取代圓柱，但仍維持一柱一龍的風格，柱徑較粗，龍身比柱體浮突許多，連龍鬚及鬃毛都脫離柱身呈鏤空狀，龍身間裝飾增多，除雲紋外，還有人物、花鳥以及水族等，細節雕刻精彩，動感十足，其高明之處在於不論龍身怎麼盤繞，柱體的線條上下仍一氣呵成。石材除了花崗岩，也使用本地產的觀音山石。如台北萬華清水祖師廟及鹿港龍山寺後殿的龍柱。

●鹿港龍山寺後殿龍柱

繁麗期

日治時期起，龍柱的雕刻風格朝纖巧華麗邁進，有時一柱雕雙龍，點綴的人物及紋飾增多，佈滿整根柱子，上方出現希臘式柱頭。龍身的細部雕刻如眼、口、鱗、鬚、角、爪等線條犀利，由外觀之，柱身約是早期的二倍，已不易看出原有柱身的斷面形式，細節過多，整體給人繁密的感覺。如台北孔廟大成殿及新竹都城隍廟的龍柱。

●台北孔廟大成殿龍柱

關公

又稱關聖帝君，就是三國時代的關雲長，因其一生忠君愛國，守信重義，為人敬仰，所以成為民間的重要信仰。據說關公生前擅於計數，又是守信之人，所以也成為商界的守護神。其造像面容為紅臉帶髯，著袍服或武將服，左右陪祀白臉的義子關平與黑面帶髯的部將周倉。

媽祖

傳說為宋朝湄州人，本名林默娘，因自幼就能預知禍福，拯救百姓，特別是海上的災難，所以深受沿海信眾的愛戴，後演變成民間最受歡迎的信仰之一。其造像面容為黑臉或粉臉，頭戴旒冕冠，冠前有垂珠，身著后服，手執奏板，莊嚴中不失慈祥。因其被封為后，所以左右常配祀宮娥，還陪祀千里眼、順風耳，其為媽祖所制服的妖怪，具明視及遠聽的特異功能，姿態生動活潑。

紅臉　袍服

周倉　關平

垂珠　旒冕冠
后服　奏板

順風耳　千里眼

碑匾聯

古碑、匾額與題聯是寺廟中十分重要的配角，因多刻寫在石材上或是獨立於建築外，所以保存的機會反而比建築本身還高，是我們判斷寺廟創建年代的重要線索。此外，它本身的藝術價值也不容忽視。

古碑

　　碑的內容以記述建廟經過及捐款記錄為主，也有呈現寺廟規模的建築圖碑。材料以石碑最常見，少數嵌於牆內者亦有木質碑。

　　獨立式的石碑較為講究，可分為碑體及碑座兩部分，碑體上首常刻有雙龍護聖旨，周緣刻以淺雕草花裝飾，中間刻主文，在清早期還會出現滿漢兩種文字。碑座簡單者是一個穩固的梯形座，其正面多雕以麒麟；講究者雕以贔屭馱負碑體，相傳贔屭是一種耐馱重物的龜類動物。

- 雙龍護聖旨
- 碑文
- 贔屭碑座

對聯

　　對聯刻寫在門框及柱子上，短短十幾個字卻寓意深長，內容主要為歌頌奉祀的神祇，或說明寺廟的沿革。有些對聯上下聯首字還會帶入廟名或主祀神的名字。

　　對聯通常有落款及年代，是研究寺廟歷代修建的好材料。其字體變化多端，篆書、隸書、楷書或行書都會使用，書法之美值得細賞。

●台南開元寺由林朝英所書之竹葉體對聯；寺古僧閒雲作伴，山深世隔月為朋。

匾額

　　寺廟中的匾額多是達官士紳或商會組織所贈送，內容以歌頌恩德為主，其中最為廟方珍視的就是皇帝御賜的匾額了。匾上除主文外，左右的小字多撰寫捐贈人及其頭銜，和落款年代，有時正上方還會有皇帝的印璽。許多寺廟得以確定其創建年代，即靠幾方古匾。

　　除了廟名匾，一般匾以橫式居多，傾斜地懸掛在樑上。匾額均為木質，形式則有素平底及淺雕底兩種，前者簡樸，後者底紋雕以龍、蝙蝠、雲紋及水浪等，或四圍邊框雕捲草、蟠龍，較為華麗。安放匾額的二個座子固定在樑上，或雕成小獅座，或雕螭虎紋、如意紋，或如印章，是小巧可愛的木雕。

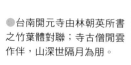

●台南府城隍廟古匾

●淡水鄞山寺道光年間古匾

●台南北極殿的明代古匾

歷史隧道

寺廟是我們最容易看到，也是台灣保存數量較多的古蹟類型，它在信仰上扮演的重要角色，從四百年前至今沒有改變。也因為信眾對神明的尊重，興建當時不論是出錢或出力都極為盡心，所以說寺廟是傳統建築的精華所在，一點也不為過。

移民的信仰

台灣在明末清初來自閩粵的移民逐漸增多，我們可以想像，千里迢迢經過險惡的黑水溝來到此地的移民，在遍地荒煙、前途未卜的情況下，家鄉信仰的慰藉是多麼重要。由此可知台灣民間的信仰根源來自閩粵，但在長期的發展下，也產生屬於台灣本地性的神祇。同時因各地移民匯聚一堂，故神明種類之多，有時且並列一寺廟中，是台灣寺廟信仰的一大特色。

清代各籍移民之間因利害關係，彼此相互競爭且時有衝突，地域的觀念極強，所以在寺廟建築的興建上也各自聘請本籍的匠師。在台灣主要的匠派有來自閩南的漳州、泉州匠師，及來自粵東的客家匠師，匠派的不同直接影響到建築式樣及裝飾細節。

台灣寺廟常見一種特別的營造方法，就是以中軸線為界，左右包給不同的師傅來設計施工，稱為「對場」或「拼場」，但是匠師還是遵循高度或寬度等基本尺寸，所以並不會影響整體性，對場的範圍包括木作、剪黏、彩繪等，匠師為維持自己的聲譽，都是卯足勁，甚至賠錢來作，所以這種寺廟特別華麗，細看下左右細節各異，饒富趣味。如台北保安宮、新莊地藏王廟等。

台灣寺廟的發展

台灣的寺廟發展依移民墾拓的過程可分四期。

草創期：初到台灣的移民，將隨身攜帶的香火或小尊的神像，當作祭祀的對象，或以簡單的草廬供奉，此時期之寺廟均已改建不存。

農業期：開發早期以土地的耕植為主，農耕要等待收成，於是與農業有關的祭祀增多，如神農大帝、雷公、土地公等，寺廟也開始以較堅固的材料建造，但經濟能力有限，形式簡樸，如淡水鄞山寺。

商業期：隨著人口逐漸增多之後，商業行為產生，市街形成，各行各業為了保護自身利益，期望生意興隆，出現了同鄉及同業守護神，加上社會邁向殷富，信眾以錢財來表示對神明的感謝，於是寺廟建築進入華麗階段。如台北保安宮、鹿港龍山寺。

紛呈期：日治時期日人帶來了神道信仰，在各地建築了神社；光復後不論是佛或道教宗派增加，北方建築混入南方建築，再加上現代建築的衝擊，寺廟的形式紛呈。但信眾對神明表達感謝的觀念不變，在經濟狀況提升後，寺廟每隔數十年就要大肆整修一次或予以重建，許多古廟因此消失。

影響台灣寺廟建築的兩位匠師

王益順：居住於泉州惠安以木匠出名的溪底村，因家貧遂隨家鄉木匠習藝。十八歲時即能獨當一面，1919年受聘來台建造萬華龍山寺，聲名大噪。在台灣留下的作品雖不多，影響卻很深遠，台北孔廟亦為其重要作品。

●泉派大木匠師王益順

陳應彬：出身木匠世家，居住於擺接堡（今新北中和、板橋一帶），為晚近漳派匠師的代表，傳人數十。其所設計的寺廟廣佈全台，重要作品包括：北港朝天宮、台北保安宮與木柵指南宮等。漳派的木棟架粗壯有力，而陳應彬特擅長螭虎造形的栱。

●漳派大木匠師陳應彬的手繪稿

祠堂

中國古代封建社會建立在宗族制度之上，宗族成為個人與社會、國家之間不可少的聯繫單位，台灣清代繼承這股傳統，宗祠成為一地區望族必建的建築，而宗祠裡有家法，可以約束及制裁個人的行為，因此不僅能維繫族人的向心力，個人之榮辱也成為宗族之榮辱。宗祠不像寺廟常常翻修，古文物保存較多，且其色彩多尚青、黑，與寺廟明亮朱色不同，予人以嚴肅之感。同一地區因年代久遠，也可分立許多宗祠，如金門的瓊林村即擁有七座蔡氏祠堂，是觀察祠堂的最佳地點。觀察時尤其不能忽略匾聯內容與文字落款，從中可以回顧這個宗祠的背景與顯赫功績。

看屬性 ▷P.52

祠堂依其奉祀的對象，可分為供奉先賢先烈者及宗族先祖兩類，不過前者常被當作寺廟來看，後者才是我們較熟悉的祠堂類型。

正堂（正殿）

後殿

神龕　　　兩廊　　　中埕

看格局及空間機能

▷P.53

祠堂有單殿、兩殿及三殿三種格局，其中以前殿為門廳，第二殿為正堂的兩殿式最常見，這是因為奉祀的對象單純，無須複雜的多殿格局。

看神龕

正堂內的神龕雕刻精細，以隔屏分別內外，龕內常設階梯狀的木架子，層層安放歷代祖先或先賢先烈牌位，中間是最古遠的先祖；無任何神像，是最大特點。龕前的供桌上往往有古老的香爐、燈座等文物。

●金門瓊林蔡氏十一世宗祠正堂的神龕

●台南的陳德聚堂（陳氏祠堂），其外觀樸實，除使用燕尾脊外，與民宅無異。

看建築外觀

　　祠堂的外觀大致可以分為兩類，一類形如合院，較樸實，除了屋脊使用燕尾之外，與一般傳統宅第沒有差別，甚至有的宗祠就是直接使用原來的古厝。另一類經濟能力較佳者，則興建大型祠堂，雕樑畫棟的外觀幾與寺廟無異，具有彰顯家族地位的意味在其中。

門廳（前殿）

看匾聯　▷P.54

　　細讀祠堂中高懸於樑上的匾額及柱上的對聯，一個家族的歷史縮影與對子孫延續昌旺的期許盡在其中，令人發思古幽情，不容錯過。

看彩繪　▷P.52

　　祠堂多採用沈穩的深色系彩繪，與一般寺廟予人的紅豔印象截然不同。有句俗諺：「紅宮烏祖厝」，即意象鮮明地點出寺廟與祠堂外觀上的差別。

　　金門瓊林蔡氏祠堂：金門瓊林村，是以蔡氏宗族為主的傳統血緣性聚落，因明清兩代登科受祿者眾，且人丁興旺，特別注重慎終追遠的觀念，目前村內各世祠堂就有七座，被列為國定古蹟。圖為創建於清道光二十一年（1841）的十一世宗祠，其結構宏偉，雕刻精美，神龕、彩繪、匾聯皆可觀。

屬性

見諸文獻的台灣祠堂，以供奉先賢先烈者為主，各地的宗祠則較少見於方志記載，但是在民間所見的實例，卻以後者為多。對象不同的祠堂，參與祭祀者也不同。

● 彰化節孝祠為台灣僅存獨立建祠的節孝祠

供奉先賢先烈

諸如懷忠祠、名宦祠、鄉賢祠、節孝祠等，有獨立建祠，亦有附設於地方孔廟之內者。如彰化節孝祠祀奉節烈婦女、彰化懷忠祠供奉戰役陣亡的義民，而台南孔廟大成門左右則附設有名宦、鄉賢、節孝及孝子祠。

供奉宗族先祖

諸如家廟及宗祠，雖為以血緣為基礎的私人祠堂，但在地方上不僅數量多，且具有一定的影響力，尤其是地方望族，其宗祠建築規模宏偉，可與寺廟爭豔。

● 台北萬華黃氏家廟建築精美，對提昇家族社會地位，有其意義。

彩繪

祠堂給人們的第一眼印象，通常比寺廟要肅穆許多，造成如此空間氛圍的主要因素是彩繪的用色。按照清朝規制，三品以下的門屋一律使用黑色，祠堂即承襲此一古風。

寺廟內大面積的構材均以朱紅為底，並常有安金的彩繪，兩相輝映更覺紅豔華麗、金碧輝煌。而祠堂的所有樑柱及門板皆以黑色

為底，甚至外側山牆的粉刷也用黑漆，即使木雕或樑枋彩繪再繽紛多采，但是在

● 祠堂的門板以黑色為底，上繪秦叔寶、尉遲恭或神荼、鬱壘門神，亦有不繪門神而繪紅底金字或黑字聯者。

大面積的黑色影響下，似乎所有鉛華都被沈澱下來，典雅肅穆之感油然而生，充分表現傳統彩繪配色的高明之處。

不過台灣有些大型祠堂與寺廟爭輝，並未嚴守用色規制，但在金門地區的祠堂則多能遵守彩繪的用色原則。

● 樑柱均上黑漆，其餘構件的底板才施朱色。

格局及空間機能

不論何種格局，祠堂均以安放祖先或先賢牌位的正堂為最重要的空間 ；規模大的宗祠，則增建奉祀外姓祖先的「花宗祠」。以下就金門瓊林蔡氏十一世宗祠為例，解說空間內涵。

門廳

即前殿，因奉祀的祖先或先賢先烈並不具有神格，所以立面形式多為三開間，開三門或一門。門楣上高懸的門匾、左右門聯或窗楣的題字，一眼就能讓人看出祠堂的屬性，或為哪一姓氏所有。平日大門深鎖，只有在祭典或族中集會時才打開。

●三開間的門廳，中門平日不開，頗具肅穆感。

中埕

正堂前的天井，正式祭典時參與者依序排列於此。平日不像寺廟隨時有人祭拜，所以祠堂中埕沒有大型的香爐。

正堂

即正殿，在宗祠又稱祖先廳或正廳，為安放主祀牌位的空間。內部高敞，掛滿匾額；外觀上，使用一條龍脊的屋頂為其特色。

兩廊或護室

兩廊平常為過道的功能，祭典時可以容納較多的觀禮者。有的祠堂左右設護室，內部分隔成好幾間，可作為居住、辦公、私塾課堂及儲物之用。

後殿

設置後殿的祠堂為少數，有的將主祀者遠祖牌位置於後殿，像孔廟後殿崇聖祠基本上就是一種家祠的觀念。金門地區又將無子嗣而領養外姓者稱之花宗，日後雖發達，卻只能置於後殿不能進入正殿，祭祀時也只能由後殿的側門進出，所以特稱後殿為花宗祠。

[平面圖標示：後殿、廊、後埕、廊、（神龕）、正堂、廊、中埕、廊、門廳]

●正堂為敞廳形式，木結構精美，匾額歷歷。

●後殿（花宗祠）的精雕神龕

匾聯

匾聯文字是祠堂中不可少的裝飾，特別是懸掛在宗祠正堂的匾額，其多寡代表著家族的興盛及家世的顯赫。由於祠堂屬性特殊，匾聯的內容與一般寺廟大異其趣。

匾額

祠堂中常見的匾額依性質可分成三類。

門匾：撰寫的方式有直接把奉祀的主題表示出來，如節孝祠、褒忠祠、某氏家廟或某氏宗祠，或是以該姓氏的衍生地及發跡地為堂號，如張姓為清河、王姓為太原、陳姓為穎川、吳姓為延陵、李姓為隴西、黃姓為江夏、鄭姓為滎陽、游姓為廣平等。

●金門瓊林蔡氏家廟門匾

功名事蹟匾：包括科舉、貢舉匾，如「進士」、「文魁」、「武魁」、「貢元」等；官職匾，如「內閣大臣」、「巡撫」、「御史」等；封贈匾，如「振威將軍」、「光祿大夫」等，這些匾額最能表現子孫光宗耀祖的心意。

●金門瓊林蔡氏十一世宗祠的功名匾

彰顯祖德匾：藉由匾額提醒子孫慎終追遠、重視倫常，常見的有「祖德流芳」、「貽厥孫謀」，後者出自《詩經》，意指今人影響後人，凡事都要為後代子孫著想。撰寫題匾之人通常是家族中有名望者，或是雖不同族卻同姓的當代達官貴人，如新埔劉氏家祠有清總兵劉明燈手書之「本支百世」匾，台南陳氏祠堂則有台廈道陳璸所書之「翰藻生華」匾。

●台南陳氏祠堂台廈道陳璸所書之橫匾

對聯

門框、柱子或神龕都有對聯，在門板或窗楣上也常以四字一句左右相配。其內容不外乎追溯家族先祖的來源，提醒子孫慎終追遠；或歌頌先人的德澤，以期盼子孫克紹箕裘，光宗耀祖，如「衍祖宗一脈相傳克勤克儉，教子孫兩條正路惟讀惟耕」……等。這些都是記錄家族發展的重要史料。

●對聯內容多以勉勵子孫孝悌為主

何謂「左昭右穆」？

「左昭右穆」是宗祠的門板或窗楣上最常見到的字句，其典出《禮記》：「天子七廟，三昭三穆，與太祖之廟而七」，意思是說古代天子的宗廟有七座，以太廟居中，二、四、六世居左，稱昭廟，三、五、七世居右，稱穆廟。所以「左昭右穆」引申為要遵守輩分序位之意，後世編詩句以為輩序，即稱「昭穆」，男子均按此取名，同族相見時就不會把輩分關係弄錯了。

●紅底黑字的「左昭右穆」常書於宗祠的門板上

歷史隧道

一般人常把祠堂與寺廟混為一談,其實寺廟所奉祀的是神明,庇蔭的是所有信眾;祠堂奉祀的則是先賢先烈或宗族先祖的牌位,影響所及具地域性或宗族性。兩者在建築外觀上雖略同,但是整體氣氛卻有極大的差異。

祠堂內平日沒有來往的香客,傳統的祭典是一年春秋兩次祭享,大多在清明及冬至,後裔子孫羅列參加祭祀,莊嚴有序。

祠堂的歷史發展

台灣是一個移墾社會,移民經過數代的努力,在墾拓日廣、人口繁衍、經濟穩定之後,或經商或步上仕途,以建立鄉紳的地位,似乎是每一個望族或富戶發展的步驟。通常到了這個階段,基於傳統的倫理思想,為了飲水思源、慎終追遠

及光宗耀祖,即倡議聚資興建宗祠,這不僅強化宗族的意識及團結,也對家族地位的穩固起了很大的作用。所以說祠堂建築是三百多年來漢人移民社會的里程碑,也是台灣移民史的具體見證,它的存在數量及建築規模,就是社會發展的一項指標。

清末是台灣興建宗祠最盛的階段,因為乾嘉年間的大量移民,至此恰好是家族成長茁壯的時期。日治初期統治者刻意選用台北陳氏及林氏宗祠作為總督府用地,有意漠視漢文化的端倪已見;到了日治末期,日人施行皇民化運動,以高壓政策破壞台灣的傳統文化,更使得祠堂的興建受到了抑制。

光復後社會迅速發展,經濟大步向前,早已破壞了傳統的聚落結構,人口大量移入都會,人際關係不同以往,宗族的力量已經不再具有那麼大的功

效,有時宗祠還成了分產糾紛的因由。受到地價高漲的影響,甚至出現位於大廈頂樓的宗祠。

金門的祠堂

目前在台灣地區,金門是了解祠堂文化的最佳區域。它與台灣本島的歷史背景不同,未曾受到日本長期的統治,且因與中國大陸地緣較近,已有上千年的開拓史,聚落具有牢固的血緣關係,一代一代的在此繁衍,宗族的觀念及影響力更大於移民性格仍強的台灣地區。再加上軍事因素造成近年發展的遲緩,所以至今幾乎每一個村落仍保留有祠堂。有的村莊只有單姓的宗祠,家族昌盛者,甚至還有大宗小宗之分;有的聚落中具數座異姓宗祠,則反映多姓共存共榮之現象。這些聚落以宗祠為中心,組成一個以宗族制度為結構基礎及秩序的社會。

祠堂的多元功能

祠堂除了祭祀功能,在古時還兼具教育、文化與公共活動的多元功能。如設立私塾,作為族中學童啟蒙教育的課堂,或為喜慶及年節慶典的場所。在以往司法不彰的年代,宗祠亦為族人排解糾紛的仲裁之所,還賦有審理判刑及執法的權力,在親族中具有絕對的權威性。有些大型宗祠如霧峰林家祠堂還附建戲台,定時邀請戲班演出酬神敬祖,宗族老小共聚一堂,具敦睦聯誼之效。

●台北萬華的黃氏家廟,也兼作幼稚園,延續古時宗祠肩負啟蒙教育的傳統。

孔廟

孔廟是中國自古以來儒家文化的象徵，宋朝之後，凡官府統治之地都以興建孔廟來代表中原文化所及。明清時期，縣城及府城所在地必建孔廟，其旁常附設學校。鄭成功驅荷復台後，有意宣示中國文化，參軍陳永華創設台南孔廟，為台灣孔廟之始，但其建築精緻程度不及後來的彰化及台北孔廟。台北孔廟建於日治中期，前後共耗費十餘年功夫。其建築屬泉州風格，但與泉州文廟有明顯差異，台灣孔廟建築之裝飾常加入民間信仰及道教的色彩，正反映出儒家在台灣的地位。

崇聖祠　大成殿　通天筒　月台　鴟鴞脊飾

西廡

看格局配置 ▷P.58

孔廟屬於禮制建築，方位多朝南（南方主文運），且具固定的配置。孔廟常與官方所設儒學並列，即所謂「左學右廟」，可惜時代變遷，左學部分多已不存、重建或變更用途。

西入口礱門

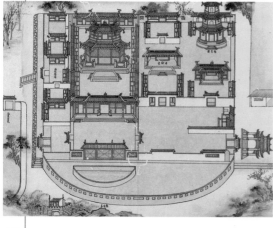

● 台南孔廟古建築圖中可看出「左學右廟」的完整格局

大成門（儀門）

東廡

台北孔廟：1925年由泉州名匠王益順設計建造，規制完備、技巧精良，大成殿內之八角藻井為其特色，是晚近台灣所建規模最大之典型閩南式木構建築，被列為直轄市定古蹟。

看裝飾特色 ⇨P.61

孔廟主體建築上的筒狀物有何寓意？為什麼大成殿的垂脊上裝飾著成排的小鳥？孔廟的柱子上無任何題聯，可有什麼顧忌？孔廟乍看之下與一般寺廟相似，但在細部裝飾上卻有獨特之處，不可不察。

東入口泮宮

義路

泮橋

櫺星門

泮池

禮門

萬仞宮牆

看碑區文物 ⇨P.62

大成殿內牌匾歷歷，院落中古碑處處，而殿內或庫房中則陳列著各種造形奇特的禮、樂器物……。這些珍貴文物不僅對歷史研究有重要的意義，本身的藝術價值也不容忽視。

●台南孔廟修建古碑

格局配置

孔廟完整的配置包括「左學右廟」兩部分。「左學」是指以明倫堂為主的建築群，功能相當於今天的公立學校，目前僅存台南孔廟保留了此部分的舊建築；「右廟」則是指以大成殿為中心的孔子廟建築群，由前至後依次是：萬仞宮牆、泮池、欞星門、大成門、大成殿、東西廡、崇聖祠等。以下一一來看孔廟的重要配置。（參照前頁圖）

入口門

孔廟環境清幽，其四周都有圍牆，入口則設在兩側，為門樓或牌坊形式，名稱各處不同，但均有特別的涵意。如台北孔廟的「黌門」與「泮宮」都是古時學校的名稱；台南孔廟的東、西「大成坊」則是取「大成至聖先師」之意。

●台南孔廟的西大成坊造形雄奇，上懸有「全臺首學」匾。

禮門、義路

學、廟之間多以圍牆分隔，要進入孔廟的主軸空間，必須穿越兩側的「禮門」與「義路」，以示對孔子的尊重，建築形式通常為簡樸的單開間門樓。

●台南孔廟的禮門，其兩側圍牆已傾圮。

萬仞宮牆

位於孔廟正前方，是一堵高大的照壁（阻擋中軸線的圍牆），典故出自《論語》子貢言：「夫子之牆數仞，不得其門而入；不見宗廟之美，百官之富，得其門者或寡矣。」意指孔子的學問道德高深，不經潛心學習無法窺其堂奧。

●樹影天光映照下的台北孔廟萬仞宮牆

泮池、泮橋

位於欞星門前，是一座半月形的水池，典故源自周朝禮制：天子的學校稱辟雍，是四面環水的建築，而諸侯的學校只能南半面環水，稱為泮宮，取「半水」之意，因孔子曾受封文宣王，泮池就成為自古孔廟的規制。

有些泮池上設拱橋，稱為泮橋，據說只有及第的狀元祭孔時，方可走泮橋，過欞星、大成門，直上大成殿恭祭。而泮池與宅第或寺廟前的水池一樣，也有防火災的功能。

●台南孔廟的泮池

櫺星門

是孔廟主軸空間特有的前門，「櫺星」據說是文星，按古籍有保佑得士之意。外觀可為牌樓、門樓或殿堂形式，屋頂通常採燕尾脊。各地孔廟的櫺星門面寬不同，台北孔廟多達七開間，彰化孔廟面寬五開間，因只是穿越性空間，進深較淺為其特色。

●台北孔廟的櫺星門

大成門

又稱儀門（意指「有儀可象」）或戟門（古代宮門外有立戟之制），位於大成殿前，有如寺廟的三川殿，面寬至少三開間、開三門。大成門與櫺星門一樣，只有在祭孔時中門才會打開，平時進出只能走左右側門，以示對孔聖的尊敬。

●台南孔廟的大成門

大成殿

「大成」二字來自孔子「大成至聖先師」的謚號，因孟子謂其為「集大成者」。有如寺廟的正殿，主祀孔子的牌位，配祀四配及十二哲。四配是指顏子、曾子、子思及孟子，他們都是奠定儒家思想的重要人物；十二哲中除南宋大儒朱熹外，其餘都是孔子的弟子。

●大成殿內之孔子牌位

大成殿的建築形式

大成殿宏偉壯觀，位於獨立高聳的台基上，前方有月台（又稱丹墀），是祭孔時跳佾舞的地方。其屋頂採用高層級的重簷歇山式，至於屋身部分則有以下兩種形式。

柱廊式：大成殿下簷以柱列支撐，出簷較深，四周形成可環繞一圈的走馬廊，正面設一對龍柱，龐大的建築體因柱廊而增添靈透之感，如彰化孔廟及台北孔廟的大成殿。

無柱廊式：大成殿的下簷以斗栱支撐，出簷較淺，沒有柱廊，外觀樸拙厚實，更顯大成殿的威儀，如台南孔廟大成殿。

●彰化孔廟大成殿　　●台南孔廟大成殿

東西廡

位於左右兩側，其內供奉孔子的重要弟子以及對宏揚儒學有功的歷代先儒牌位。與其他各殿相比，兩廡的外觀形式較簡單，屋頂也較低，室內有如幽深的廊屋，一字排開的柱列，予人強烈的節奏感。

●台北孔廟東西廡的內景與外觀

崇聖祠

是孔廟最後的一個殿堂，內主祀孔子的五代祖先，配祀孔子的兄長、四配及先賢先儒之父輩牌位等，充分表現儒家重視宗族倫理的傳統。建築形式與一般殿宇相似，使用燕尾脊屋頂。左右房多作為禮器庫及樂器庫。

●崇聖祠有如孔子家廟，內祀孔子祖先。

古時候的學校

明倫堂相當於古時官辦儒學的教室，依照禮制，應設於孔廟的左側，也就是東廡的後方。「明倫」出自《孟子》滕文公：「夏曰校，殷曰序，周曰庠學則三代共之，皆所以明人倫也。」校、序、庠學都是古時的學校，員生在此接受倫常之理的教導。台南孔廟的明倫堂舊時即為「台灣府學」，是清朝時全台最高學府。

在明倫堂的後方，常會設置朱子祠、文昌閣或魁星閣，分別祭祀宋儒朱熹、文昌帝君或魁星。朱熹因晚年在中國南方講學，對儒家思想的發揚功不可沒，且明清以後科舉考試多以朱熹的注解為版本，故南方的孔廟多設朱子祠，以資紀念。至於祭祀文人學子信仰的文昌帝君及魁星，則是受到道教信仰的影響，與儒家思想無關。

●台南孔廟明倫堂前設置「入德之門」，涵意深刻。

●台南孔廟的文昌閣除祭祀功能，原另兼作台灣府學的藏書室。

裝飾特色

整體來說，孔廟的裝飾比一般寺廟來得簡樸典雅，表達出一種莊重肅穆之美。為避免被譏為「孔夫子門前賣弄文章」，孔廟內所有的柱子上都見不到題聯。此外一些特有的裝飾，其背後的象徵意義十分耐人尋味。

特有脊飾

通天筒：孔廟屋脊上的筒狀物與一般寺廟所見的脊飾不同，特稱通天筒，一說是朱熹修建孔廟時，為表達對孔子道德的崇敬，以此表示只有孔子的思想才能上通天意；另一說是秦始皇焚書坑儒時，士人以筒狀藏書塔保護經書，故以其藏書有功而立之，又稱藏經塔。

鴟鴞：即梟鳥，大成殿屋頂的垂脊上往往站著一排泥塑的鴟鴞，據說此鳥性情凶猛，當羽翼豐滿後會以母鳥為食，自古以牠為不孝及不祥的鳥類，《詩經》魯頌：「翩彼飛

●台南孔廟大成殿屋脊上的通天筒與鴟鴞

鴞，集於泮林，食我桑黮，懷我好音」，意指梟鳥飛過孔子講學之處亦為其感化，所以將其立於脊上，表現孔子有教無類的精神。

門釘

欞星門與大成門的門板都塗朱紅色，不畫門神，正面多數飾以門釘。門釘左右各五十四顆，合起來是一〇八顆，為九的倍數，九乃陽數之極，一〇八更是禮制中最大者，如此代表著無比的威儀及尊崇；又有一說，指此代表天上的一百零八顆星宿，但這種說法是受到道教思想的影響。

●一〇八顆門釘象徵至高的尊崇

色彩及裝飾題材

色彩以朱色為主，因為孔子出生時的周朝，特別崇尚朱色，且除了雕刻的地方，通常沒有過多的彩繪。在石雕、木雕、剪黏等裝飾題材上，則以教忠教孝、古典演義或是博古架、香爐、多寶格、花鳥等較具文氣的圖案為多，麒麟更是孔廟常有的裝飾圖案，因麒麟是仁獸，正傳達了儒家的精神。

●麒麟圖案是孔廟常見的裝飾

●位於壁堵上的瓶花交趾陶裝飾

●博古架及香爐圖案之壁堵石刻

碑匾文物

歷代當朝者對儒家思想的傳揚相當重視，所以皇帝的獻匾及各朝的立碑在孔廟中時有所見，由這些歷史證物可以解讀出不少背後的故事。而每年祭孔大典時所使用的禮器及樂器，乃沿用古制所製，名稱特別，造形奇特，參觀孔廟時也不宜錯過。

匾額

孔廟中的匾額多是當朝元首的賜匾，意義非凡。以全台首學的台南孔廟為例，清代從康熙到光緒每位皇帝均有賜匾，加上民國後的四位總統，「御匾」竟達十二方之多！不過台北孔廟建於日治時期，故無清代皇帝的獻匾。匾文內容以褒揚孔聖及儒學為主。

●台南孔廟中歷代皇帝所賜的御匾

石碑

石碑記錄了孔廟的修建過程、儒學的校規等重要史料，了解文字的內容之外，碑體的雕刻也具藝術欣賞的價值。孔廟重要的石碑有──

下馬碑：立於廟前，上書「文武官員軍民人等至此下馬」等字樣，意指文武百官經過孔廟都應下馬，以示對孔聖的尊重。

●台南孔廟的下馬碑設立於入口處，有滿、漢兩種文字。

●孔廟內的各式古碑是重要的歷史資料

臥碑：立於明倫堂，為清順治九年通令全國所公布，刻寫校規條文，內容實為「生員守則」。

重修碑：修建孔廟乃國家大事，所以常會立碑撰文述說來龍去脈，如台南孔廟內就有多方重修碑，其中還包括府學建築圖碑，均為珍貴的史料。

禮樂器物

每年九月二十八日的祭孔大典特稱為「釋奠」，是依循古禮舉行的國家大型祭典，進行時，由執事者、禮生、樂生及佾生使用仿古特製的禮、樂器，並按一定的程序行三獻禮及跳佾舞。

平日這些器物放置在禮樂器庫，或陳列在大成殿內。

●陳列在大成殿中的禮樂器

●鼓

●特鐘

歷史隧道

孔廟又稱儒學，源於孔子出生地曲阜，由孔子故居演變而來，自古是對至聖先師孔子祭祀供奉的場所，多為官方所建置，同時也常與書院結合，擔負地方教育的功能，對於崇尚儒家文化的中國人而言，其意義重大。

●舊宜蘭孔廟以擁有全台最美的大成殿著稱，可惜於日治末被拆除。

孔廟的興盛時期

孔廟在古時就是教育、文化的精神所在，同時代表著地方上文化水準的高低，所以在明鄭初期百廢待舉之際，為了安定民心，參軍陳永華即建議鄭成功之子鄭經，於台南興建全台第一座孔廟。這座「先師聖廟」不僅是台灣文教的先聲，也開啟了孔廟建築在台灣的輝煌歷史，到目前為止共有四十餘座，且直到近年還有興建。

清代的統治階層雖為滿人，但是自康熙以降，即對漢人的儒家文化非常重視，除了是對孔孟思想的崇敬之外，也是為了懷柔知識分子，安定民心，

所以各地均有官設的孔廟，並定時舉行春秋祭典，以彰顯為政者對儒家的尊崇。

台灣雖地處邊陲，但是文風亦盛，同時因為天高皇帝遠，反而出現許多民間自行捐地捐錢建的私設孔廟，是異於大陸地區的一點。清代為台灣孔廟興建最多的時期，除了台南孔廟創建於明鄭時期，其他孔廟幾乎都建於清代，而且每年祭祀大典更是知識分子的大事。

孔廟發展的困境

到了日治時期，因為統治階層壓抑殖民地區的本土文化，除了不重視孔廟祭典外，還常

以興建官方建築為由，拆除重要的祠廟，如原有的新竹孔廟及台北孔廟，均遭拆除興建學校，雖說仍維持孔廟的教育功能，但是日人想以文化占駐台灣人心的企圖可見一斑。

台灣光復後孔廟仍然繼續興建，但建築形式以北方宮殿式取代閩南式，結構也以鋼筋水泥為主。此外因教育體制完全不同於前，孔廟儒學的功能盡失，似乎只在每年的教師節祭孔大典時，人們才會想起它。

●日治時期舉行祭孔大典的台南孔廟

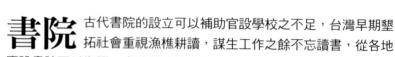

書院

古代書院的設立可以補助官設學校之不足，台灣早期墾拓社會重視漁樵耕讀，謀生工作之餘不忘讀書，從各地廣設書院可以為證。書院的建築常常是四合院房舍，中央為講堂，供奉朱子或文昌帝君，後面為老師住所，兩側學舍則為學生使用，師生共處一起，發揮生活教育之功能。二十世紀初年國民教育普及後，傳統書院被取而代之，今尚存幾座典型的書院可供我們了解清代的學校教育。彰化和美的道東書院格局完整，建築尺度親切，氣氛寧靜，體現了古代優美的學習空間。

看格局

書院的格局屬傳統中軸對稱的形式，規模則隨時代演進而有不同。清初時多建於府治或縣治所在地，格局以三進、四進的大規模為多；道光以後，書院數量增多但規模較小，以兩進式為主，甚至有受限於經費只作單進者。

看惜字亭 ▷P.67

傳統社會對文字極為尊敬，寫過字的紙不能隨處丟棄，必須拿到惜字亭焚化，這種文教類的建築設施常見於書院，是傳統風俗文化的見證。

●道東書院的惜字亭，爐體為四方形。

學舍

惜字亭

門廳

前埕

半月池

照壁

講堂

耳房

內埕

祭祀廳

學舍

門樓

看空間機能 ▷P.66

　　書院是昔日的學校，其空間使用及整體氣氛與其他傳統建築大不相同。中心建築是具有教學及祭祀功能的講堂，環繞著講堂的是師生居住、讀書的院落，生活與教育合而為一。

看裝飾

　　書院在裝飾上特別有文教氣息，如門廳的門板上多半不施彩繪，或是以文字及文官代替一般門神；樑枋彩繪以典雅的靛青或黑色為主；雕刻題材則以花鳥或忠孝故事為多；壁框內以詩文畫裝飾，除了表現文學造詣之外，並將求學目的及人生哲思放入其中。

看匾聯

　　書院與祠廟、宅第的匾聯明顯有別，內容主要在頌讚孔孟、朱熹等大儒，另外也有鼓勵或訓誨學子的話語。

●道東書院講堂高懸的古匾

彰化和美道東書院：
創建於清咸豐七年（1857），為民建書院，格局二進，磚工精緻，環境清幽，是台灣保存原貌最完整的書院，被列為國定古蹟。

空間機能

傳統教育身教與言教並重，教學重點為四書五經，老師就住在書院裡，學生可以隨時請益。整體空間以講堂為重心，且融合祭祀活動在其中，因此，傳統書院的空間機能大致可分成教學、祭祀、居住三部分。

教學空間

主要在講堂，它的建築高度最高，屋頂使用燕尾脊，彰顯出中心建築的重要性。講堂一般常以典雅的格扇門分別內外，其內部格局方正，堂內放置成排的木製桌椅，以便授課；高闊的空間感，營造出令學子潛心向學的靜謐氛圍。而戶外的埕及庭院也是師生討論學問的好地方。

●日治時期於書院講堂內授課的情形

●講堂是教學空間，同時也具有祭祀功能。

祭祀空間

傳統書院都設有供奉宋儒朱熹牌位的祭祀空間。單進或二進的書院，就在講堂內設置神龕；而三進者則設在後堂，或獨立設置朱子祠。另外，護龍的明間亦可設祭祀廳，奉祀先賢的長生祿位。

居住空間

老師及家眷的居住空間設在講堂或後堂兩側的耳房（正身兩側的房間），多以牆門分隔，以維護私密性。此外，若有視察官員或其他訪客，後堂也可作為接待的空間。遠路學生則可住在護龍的學舍中。

●圓洞門後的獨立空間，就是老師及家眷的居所。

魁星閣

在科舉時代，庇佑文運的「魁星」是應試前必先膜拜的神明，這是受到道教影響而產生的風俗。專門供奉魁星的建築就稱為魁星閣或奎閣，均為樓閣形式，平面為四角或八角形，造形優美，可設置於孔廟、書院，或文風鼎盛的聚落，目前唯一留有魁星閣的書院，為澎湖文石書院（已改為孔廟）。

●金門金城鎮的魁星閣，獨立設置於聚落當中。

惜字亭

惜字亭又稱為惜字爐、敬字亭、聖蹟亭，宋代開始有惜字亭的興建，明清時期已十分盛行。除了書院以外，惜字亭也會在其他地點出現；而它的量體雖小巧，外形與用材仍有可觀之處。

設置地點

書院：由於焚燒時會排出濃煙，所以通常放置在前埕或內埕。

衙署：為方便焚燒公文字紙而設置。

園林：園林的主人多是風雅之士，所以也把這種敬字惜字的觀念帶進園林之中，如板橋林家花園。

文昌廟：文昌帝君是文人敬拜的神明，所以在其廟埕設置惜字亭。

村鎮外或城門口：在文風較盛的聚落也會設置惜字亭，通常位於村鎮外緣或城門口。特別是重視耕讀的客家村落，甚至會請專人收集字紙，送至惜字亭焚燒。

爐頂

爐體

台座

●桃園龍潭聖蹟亭是全台規模最大的惜字亭，也是當地人敬字崇文的見證。

外觀及材料

惜字亭的外形遠看有如一座小塔，由台座、爐體和爐頂構成，多以石材或磚材砌築，平面呈四角、六角或八角形。裝飾上，不管是台座的雕刻、爐體的聯對、爐頂的形式，均非常講究。

由於焚燒時會產生高溫，所以壁體要厚實，爐頂設排煙孔使熱氣逸出，才不會導致龜裂。燒完的灰燼落下台座內，由後方的孔洞清運出去，再送至水邊隨流而去。

歷史隧道

在清末劉銘傳建西學堂以前，台灣的教育乃延續明清的制度，以科舉為依歸，地方上的最高學府稱為儒學，多與文廟結合，但發展至後來變成辦理科考的行政單位，對地方的教育實際貢獻不大。

一般地方上的基礎教育則有清初官方於鄉里間設置的社學、官民義捐設立免費教育貧寒生童的義學，及民間私設於自宅授課收費的書房、家族共同聘師授課的私塾等。而書院則是其中發展歷史最悠久、制度最完善、影響也最深遠的一種教育系統。

書院的歷史發展

台灣自從清康熙二十二年（1683）施琅創設西定坊書院始，清廷治台二百多年間，共設立書院六十所。書院的設立也代表地方開發已臻成熟，是當地文風水平的指標，不過清初深恐文人結社發表對朝廷不利的言論，所以限制很多，直至雍正以後，官府設治之地普設書院之風才興起。乾隆以前因南部開發較盛，故書院多設立於南部，尤其是府城台南；之後政經中心逐漸北移，也使得中北部書院大增，特別是在道光及光緒年間。

書院的教學與營運

書院的授課內容以經史子集為主，但受到清廷的監督輔導，早已失去中國宋元時書院的獨立治學精神，學生求學目的與科考及仕途脫離不了關係；但大致來說，書院仍是制度較完善的求學地點，也是延攬人才的好地方。

台灣的書院營運制度源自中國，由官方或民間捐資興建，也有官民合建者。日常開銷除了靠地方士紳的捐輸，有的官方參與的書院每年由政府給予定額補助。規模大的書院購買「院田」，將收租作為維持書院的經費，學生繳交的費用亦是財源之一。

書院內的事務繁多，須有定員編制來從事管理，最重要的是山長，亦稱院長，如同今日學校中的校長，負責主持教務及教學的工作，對整個書院的學風走向影響極大，所以多是聘請名儒宿學或舉人、進士出身者擔任。

宅第

住宅是人類最基本的建築，它的出現早於寺廟與宮殿，觀察住宅可以了解人的生活方式。彰化永靖陳宅餘三館是台灣現存清末光緒年間的代表性民居，它不但格局完整，木雕彩畫藝術水準奇高，最重要的是宅第建築融合了閩南與粵東客家雙重風格，恰與彰化永靖地區閩、客並居的歷史背景一致。觀察宅第，應特別注意門樓與二門的分際，外埕與內埕的分野，軒亭與正廳的延伸關係，外護龍與內護龍的長短不同，這些差異都可自傳統倫理觀念中找到答案。

看格局 ▷P.70

台灣傳統住宅沿續閩粵建築風格，「一條龍」為最基本的格局，而左右對稱的合院則為最常見的類型。但隨著人口增多及社會地位的不同，格局會呈縱向或橫向的增建發展。

看空間機能與陳設

▷P.72

傳統宅第的內外空間設計，從入口設置、空間區分到房間分配，都滿足了家庭生活的各式需求，包括日常起居、產業工作、私密性及防禦性等。此外，更將傳統的倫理思想貫穿於內，完成一個「家」應有的內涵。

看牆的材料與砌法

▷P.74

建造房屋時，一般人家多是就地取材，舉凡草、竹、土、木、石、磚等都可以蓋房子。各種材料及不同的構築方法，建造出外表互異的牆面，由此可見傳統民居的地域性。

右內護龍

右外護龍

看馬背山牆 ▷P.75

　　一般民居的山牆多為「馬背」形式，頂部常開小窗，作為室內通氣之用。馬背的樣式多變，配合山牆的泥塑裝飾，形形色色，非常值得細看。

看門窗 ▷P.76

　　門窗是建築立面不可少的元素，它不僅有界定空間及聯繫空間的功能，各式各樣的造形，更是美化傳統宅第的功臣。

看裝飾 ▷P.77

　　宅第的裝飾種類雖不外雕塑、剪黏、彩繪等，但卻處處傳達著居住者祈求平安吉祥，及教化子孫的用意，同時這些裝飾也是民間工藝的極致展現。

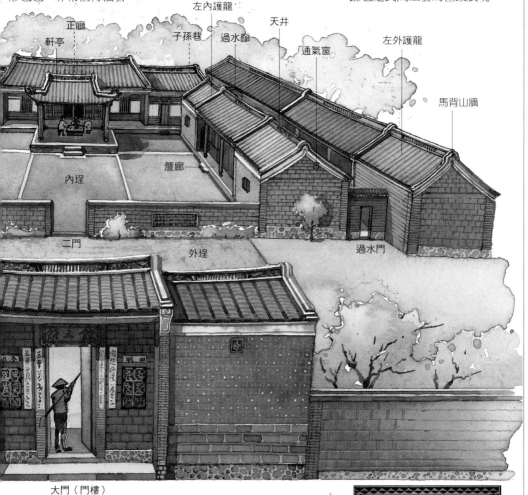

軒亭

正廳

左內護龍

子孫巷　　過水廊

天井

通氣窗

左外護龍

馬背山牆

內埕

簷廊

二門

外埕

過水門

大門（門樓）

水池

彰化永靖餘三館：建於光緒十五年（1889），為陳姓客籍墾戶之宅第。三合院格局，埕分內外，具獨立式的三開間門樓，正廳前帶軒亭的作法是其特色。彩繪、雕飾俱佳，被列為縣（市）定古蹟。此宅外護龍已改建，圖為想像復原。

格局

傳統宅第的格局有許多形式，從最簡單的「一條龍」到多院落多護龍的「大厝」，其規模是按家族的繁衍狀況、經濟能力及社會地位而定。一般人家多採漸進式的擴建，而有雄厚經濟能力的家族則通常在興建之初就規劃妥當了。格局的形式可分為下列數種。

台灣民居的人體意象

傳統的建屋思想受到道教「形、神、氣」的影響，與人體有巧妙的結合。以三合院為例，正身的正廳為頭，左右房為耳，邊間為肩，護龍分為兩節，形如臂與肘，前方的圍牆是腕與指，將住宅空間緊緊環抱，而內埕則是丹田所在。

一條龍

形狀如「一」字形，只有正身而沒有左右護龍，為基本的形態。最小的面寬只有三開間，人口較少的家庭常採用。但也有面寬至九開間的一條龍，特別是在山區，這是因為正身前方腹地太小，只能向兩側擴建所致。

單伸手

形狀如「L」形，似汲水用的搖桿，故又稱「轆轤把」。為正身前加建單邊護龍的格局，閩南人習稱護龍為「伸手」，客家人則稱「橫屋」。通常從俗稱「大邊」的左邊先加建，但有時也依照周圍的腹地來決定。

三合院

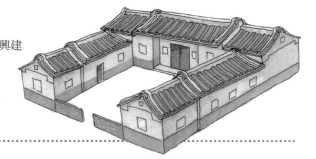

形狀如「ㄇ」字形，正身左右均興建護龍，形成一個圍護的院落空間，俗稱「正身帶護龍」或「大厝身，雙護龍」。有的前方設圍牆或門樓以別內外，是最常見的農宅形式。

四合院

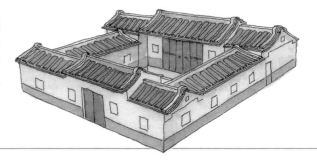

形狀如「口」字形，以前後兩進及左右兩護龍圍出一個較封閉的內埕，俗稱「兩落帶護龍」，與三合院都是台灣民居的常見格局，唯其規模通常較大，較具私密性，為官紳地主所喜用。

多護龍合院

當空間不夠使用時，合院左右可加建數列護龍，通常外護龍要比內護龍長，具包護的作用，農宅的發展擴建多為此類。規模大的左右多達十數條護龍，雖然居住的人口很多，但各護龍有獨自的天井及過水門方便進出。

多院落大厝

以合院為基本格局，作縱向及橫向發展，進深至少三進，多為地方望族或官宅使用。俗語說「大厝九包五，三落百二門」，意即總面寬共九開間，包護著第一進中央五開間的門廳；前後共有三落，房間多到光是門窗就有一百二十個，這就是「三落兩廊兩護室」的深宅大院，而中舉的官宅可於門前設立旗杆座，特稱「旗杆厝」。平日進出常須經過門廳，不如橫向發展的農宅來得自由，但有較好的防禦功能；其內部形成封閉的家族社會，愈內側的院落私密性愈高，是女眷活動的空間。

風水觀念

古人認為有一股「氣」在大地山川間運行，而宅第一定要興建在氣之所聚，居住其內者方能獲得幸福。所以傳統宅第營建前，要由地理師來判斷氣脈走向與屋主的關係，以決定宅第的位置及朝向，這個過程稱「堪輿」，就是看風水。這也是為了尋找適宜的自然環境，創造順天人合的居住條件。基本的風水觀念有：

環抱護衛

氣遇水則聚、遇風則散，所以地勢前低後高，前方開闊面水、後方背山為佳，如此環抱護衛才能聚氣，這就是「前水為鏡，後山為屏」；若在平地，則於前方鑿池，後方種植樹叢、竹林或築坡坎來代替。這種配置的視野、採光及通風俱佳，前方的水亦可取用及調節氣溫，背後的樹叢更有防禦作用。

住宅方位

決定住宅方位，是根據羅盤及八卦等推演而得。但若在山區受環境限制，則須以向陽坡為佳。常見的方位有三種。

坐北朝南：此方位屬吉，不過通常是寺廟或官方建築才能使用的正位，一般宅第都會偏幾度，以示謙遜。台灣冬天吹東北季風，夏天吹西南季風，坐北朝南的方位剛好具冬暖夏涼的效果。

坐東向西：俗語說：「坐東向西，賺錢無人知」。坐東為主位，向西則有面朝大陸家鄉的意味，同時也可避免冬天東北季風的吹襲。

坐西向東：由於太陽於東方升起，所以坐西向東迎接晨光，有「紫氣東來」之意。

●台中潭子摘星山莊的環境完整，前方有水，後方有圍，為典型的好風水。

空間機能與陳設

宅第內的空間是按照長幼有序的倫理觀念來安排，正廳最為尊貴，愈靠近正廳的房間地位愈高，而龍邊（左）又比虎邊（右）高。此外，農宅的空間配置要能滿足農事的需求；而官紳宅第則著重於區隔社交及內眷空間。一般宅第中可留意觀察的重要空間有以下幾處。

大門

大門是宅第的門面，也具有守衛的功能。常見的形式有三種，不過在治安好的地方或是鄉下農家，多不設置大門與圍牆。

牆門：亦即圍牆中的一個門洞，講究的也砌築了門額及小屋頂。

門樓：位於前埕外的獨立屋舍，兩旁與圍牆相連，較講究私密性及防禦性的宅第常會建造，並且設有銃眼（見P.75）。其方位有時會因風水的理由，偏離宅第的中軸線。

門廳：多院落的大宅中，於第一進設門廳，主人在此迎送賓客。兩側房間為僮僕或輩分低的家人所居住。

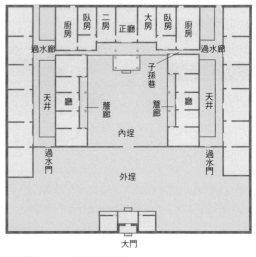

永靖餘三館平面配置圖　　■ 環狀廊道

（廚房、臥房、二房、正廳、大房、臥房、廚房；過水廊、過水廊；天井、廳、簷廊、子孫巷、簷廊、廳、天井；內埕；過水門、過水門；外埕；大門）

●砌有小屋頂的牆門

●單開間的門樓

●三開間的門廳

水池

位於住宅前方，通常為半月形，功能上除了風水的考慮外，亦可養鴨養魚及提供居家用水，或作為雨水匯聚及排放之用，同時還可救火。此外，鑿池挖出的土剛好可作為建屋材料。

埕及天井

埕及天井是各廳房向內的採光處，也是家庭生活的重要場景。埕分內外，兩者用途不同，外埕的私密性較低，通常是產業工作的空間；內埕私密性高，多是婦女做家事或家人乘涼聊天的地方。內外埕以矮牆或是加高內埕台基來區隔，這種分隔是基於居住者的需要而設置，同時也建立了住宅內的空間秩序。

正廳

又稱正堂，位於正身中央的明間，為祭祀祖先神明以及招待賓客之用，也是宅第中空間最為高敞，裝飾最考究的一間。

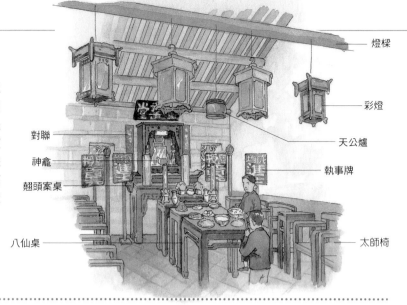

燈樑

彩燈

天公爐

執事牌

太師椅

對聯

神龕

翹頭案桌

八仙桌

臥房

位於正身兩側及護龍。傳統生活中的梳洗、夜晚如廁等都在房內，所以在臥房中除了櫃及床，也可見到一些盥洗設備。

面盆架

梳妝台

五斗櫃

紅眠床

便桶

腳踏凳

廚房

俗稱灶腳，通常位於後側邊間，取其可兩面開窗以利通風之便。它代表著家庭生計，故在此供奉灶神。家族分家時，廚房歸大房所有，其他各房則要「另起爐灶」，故有時在一幢宅第中會有好幾個廚房。

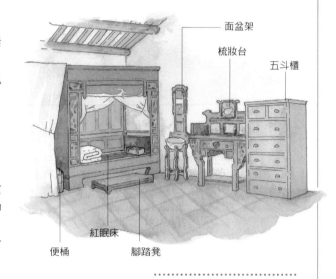

小神龕

磚砌煙囪

菜櫥

爐口

水缸

爐灶

灶孔

環狀廊道

貫穿合院的半戶外環狀廊道，是由廳房外的「簷廊」、正身與護龍相接處之「子孫巷」，以及護龍間的「過水廊」組合而成。這樣一來，雨天時行走於宅內四處也不致淋雨；其中，過水廊的位置較私密，也常是婦女活動的空間。

牆的材料與砌法

除了大戶人家有財力從中國大陸買進價昂質佳的材料，一般民居使用的建材多是因地制宜，例如北部大屯火山群地帶盛產安山岩，利用其砌牆就成為當地民居的特色；南部山區取得竹材容易，因此編竹夾泥牆特別多；而砱砧石房子則是澎湖的最佳標誌。不同的材料有不同的構築方法，也形成多變的組砌美感，常見的牆體有以下幾個種類。

土埆牆

選擇黏著性高的土壤，再摻入稻稈等夯實，以木模製成土磚，曬乾後非常堅硬，但是怕水，所以通常表面要再加保護層。

夯土牆

「夯」是擊打使之密實的動作。以兩片側板圍夾土壤，每隔數十公分夯實一次，即古老的築牆技術「版築法」。牆體的水平線為夯築痕跡。

平砌石牆

大塊規整的石條水平疊砌，上下要錯縫，每隔一段即以丁面石塊拉繫，這樣牆面較為穩固。

順面　丁面

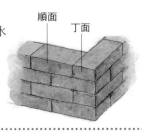

人字砌石牆

又稱「人字躺」。將大小相近的石塊，左右傾斜四十五度交錯疊砌，形成「人」字。這種砌法的施工困難度較高。

亂石砌牆

以灰泥接著卵石或砱砧石砌築牆體，通常將大顆石材置於下方，結構較穩固。亦有位在牆體下段，上段配合其他材料使用，具防潮功能。

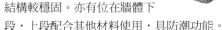

番仔砥砌石牆

方整的石塊以水平或垂直交錯砌築，看似亂石砌其實自有章法。盛行於日治後期的民居，觀其名即知是外來的施工法。

編竹夾泥牆

木樑或竹管屋架之間的空隙，以細竹篾編成網狀固定，兩面再以灰泥粉刷抹平成為白牆。

穿瓦衫

土牆外以層層疊蓋的瓦片保護，瓦片形狀有方形或魚鱗形，每一片瓦以竹釘固定，看上去就好像穿了一件瓦製的衣衫。

斗砌磚牆

用大塊扁形的紅磚，以豎立及平放的方法組立成盒狀，內部再填塞土石碎料。這種作法的牆體很厚實，又可以節省磚材。外觀形成寬窄相間的分隔，在陽光下顯得特別紅豔，散發著傳統建築的魅力。

銃眼

位於聚落邊緣荒僻處的民居，或是富豪大宅，常於門樓或外牆上留設一些孔洞，這可不是匠師施工不良，而是為了防禦盜匪所留置的銃眼，洞口內大外小，以利射擊，且不易從外觀察覺。

●義芳居位於台北市郊區山腳下，外牆設有數個銃眼。

馬背山牆

除了官家及大宅喜採用飛揚起翹的燕尾脊，一般民宅多使用馬背山牆。馬背就是在山牆頂端的鼓起，它與前後屋坡的垂脊相連。馬背的造形多變，依據風水書中對五行圖案的描述：金形圓，木形直，水形曲，火形銳，土形方，故亦有將馬背形狀附合五行的說法，常見的有以下幾種。

◀圓形：呈線條滑順的單弧狀。

▶直形：呈較陡直的單弧狀。

◀曲形：由三個圓弧構成，有如水波般起伏。

▲銳形：由多個反曲線形成，有如燃燒的火焰。

▲方形：頂部呈平頭狀。

門窗

傳統宅第的門窗除了提供進出、採光通風、加強防禦等實用功能，它的大小必須符合木匠手中「門公尺」所記載的吉利尺寸。而在玻璃普遍使用之前，門板及窗扇的多樣化，更具有濃厚的裝飾意味。

門

門的大小與位置有關，如中門要大於邊門，以示尊卑；而外門要略小於正廳中門，有聚財之意。宅第常見的門有三種形式。

板門：以厚實的木板拼成，防衛性較高。

●宜蘭頭城老街街屋的腰門及板門

腰門：又稱福州門，多位於板門前。板門開啟時，關上腰門，有通風採光之效，又可維護孩童安全及防止家禽進入室內。

隔扇：從上到下分隔四部分，名稱為條環板、身板、腰板、裙板。

●餘三館的板門與隔扇，稱為「三關六扇」。

身板多為鏤空的櫺條或雕刻，如此室內便可通風採光。隔扇的裝飾意味較強，故多用於廳堂正面。

窗

窗的材料多是尋常的木、磚、石等，但因不需考慮人的穿越，所以窗框及窗櫺具有很多變化，在傳統建築中有畫龍點睛之妙。常見的窗有以下幾種。

▲**花磚窗**：以鏤空的上釉或素燒花磚組砌而成。

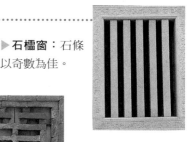
▶**石櫺窗**：石條以奇數為佳。

▲**磚砌窗**：以磚組砌成多種圖案。

▲**竹節八卦窗**：窗櫺為石雕或泥塑做成的竹節樣，窗框為八卦形。

◀**書卷窗**：窗框作成展開的書卷狀。

▲**木櫺窗**：背後多有左右推拉的木窗可開合。

裝飾

宅第的裝飾雖不繁麗，卻常展現出民間質樸的生命力，從裝飾的意涵來看可分為以下三種。

教化子孫

在雕刻或彩繪上，題材多為教忠教孝的故事、或具文人氣息的山水花鳥；或在文字對聯上，記述祖輩的來源和對子孫的期望。

趨吉

以福祿壽或具隱喻的故事及圖案為裝飾題材，如蝙蝠代表「福」，鹿表「祿」，花瓶則有「平安」的寓意。

避凶

設置辟邪物（又稱厭勝物）以求消災解厄，常見的有屋外的石敢當或照壁、屋脊上的蚩尤騎獸、門楣的獅子銜劍或八卦等。

日治時流行的彩瓷裝飾

一九一〇年代以後，日人受西方影響開始使用彩瓷，此種風氣也席捲了台灣。彩瓷多黏貼於牆體或屋脊，圖案以花草或幾何紋樣居多，顏色鮮麗，大面積的連續鑲嵌，形成優雅富麗的感覺。

●台南安平的民居，常見辟邪的「獅咬劍」及太極八卦懸掛於門楣上。

歷史隧道

台灣早在明代就已出現漢族移民，只是早期人口少，再加上生活艱苦，所以居住的房舍都是簡陋的臨時建築，以易取得的竹、草為建材。

到了明鄭時期及清初，大量閩粵移民進入台灣，不僅帶來了擅長的農業文化，也將閩粵的建築形式移植過來。

清中葉時，墾拓事業已穩定，開始出現規模較大的宅第。這時住宅形式被當成倫理精神與身分地位的象徵，在佈局與使用分配上也深受儒家禮教的約束。社會地位及經濟能力影響宅第外觀，所以一般農家與望族宅第就出現了明顯差異。

另一個重要的影響因素是移民者的祖籍。不同籍貫者風俗習慣及產業型態不同，如漳州人擅農，多擇內陸平原而居，泉州人擅漁或商業貿易，故多居於港口及海邊，客家人擅長開墾山區，故居於丘陵地區，雖都屬南方建築的大系統，但因生活方式、居住地點、就地材料及家鄉營造技術的不同，使得各地民居仍具其特殊的風格。如客家地區喜用黑瓦白牆，閩南人多用紅瓦紅磚牆，馬祖地區的福州人使用灰磚等，不過台灣民居本身也發展出不同於閩粵的特點，特別是材料的應用。

日治時期受到外來文化及近代建築風潮的影響，宅第建築有了新的形式出現。常見的有仍以傳統格局為基礎，加入近代建築的裝飾者；有興建洋樓者；或是和洋混合風，甚至完全為日式和風建築者。而材料運用也有大變革，出現鋼筋混凝土，突破了建築高度，傳統的閩南磚也被日式規格的磚塊所取代，還有這時期常見的洗石子處理手法，均改變了民宅建築的外觀。

●宜蘭頭城盧宅為和洋混合風格

77

街屋

台灣古時城市與鄉村的住宅格局不同，鄉村多三合院，即正身帶護龍的式樣；但城市沿街道所建的多採長條式街屋，俗稱為「手巾寮」。街屋也稱為店屋，通常門面的木板可拆卸，直接對外開店，並設騎樓（亭仔腳），方便路人逛街瀏覽貨品。這種沿街店舖與住宅混合式的建築並非台灣特有，在福州、泉州、漳州及廣州也可見到，歐洲的古商店街亦然。台灣的街屋形式依歷史前後而有不同面貌，清初的亭仔腳較窄；清代中期常有街道蓋亭子之例，具遮陽擋雨之功效；至清末及日治中期，多用磚砌拱廊，使亭仔腳有如隧道一般，而街屋的立面也吸收了西洋元素，如今新竹之舊湖口老街即其中保存得相當完整的實例。

新竹舊湖口街屋：一九一〇年代所建，原為客家農村聚落，清末因基隆至新竹之鐵路在此設站，形成繁華的市街，日治後期又因車站遷移至今新湖口，而逐漸沒落。街道兩側的紅磚拱廊騎樓，是目前台灣保留最完整之例。

騎樓

看騎樓形式 ▷P.84

街屋的臨街面設置騎樓，是因應台灣炎熱多雨氣候的產物。連續而深邃的騎樓空間，不僅使逛街的遊人免於風吹日曬之苦，視覺上也給人一種律動的美感。

●台北迪化街的磚拱騎樓，亦是孩子們嬉戲的地方。

堂號或姓氏

房間

神明廳

立面

拱圈

店面

店門

看空間機能 ▷P.82

店名區

排水溝

街屋即店舖住宅，具有店舖及住家兩種功能，每戶都是狹長的格局，所以又稱「手巾寮」或「竹竿厝」。各種機能的空間由前往後依序排開，內部的使用因商品特色而有不同，每日的作息忙碌且生趣盎然。

看立面外觀 ▷P.80

街屋以臨街的店面空間為重點，為了爭取較多的戶數面臨街道，立面多為寬四、五公尺的單開間，其外觀形式隨著各時期的建築風格，而有顯著的差別。

●琳琅滿目的手藝品將店門點綴得異常豐富

立面外觀

做生意的特別講究門面，不過早期的街屋立面較統一，差異性並不大，愈到後期愈強調獨特性，且將店名匾或堂號與立面結合，生動有趣。街屋的立面形式依興建的時代大致有以下四種風格。

傳統的閩南粵東式

通常出現在清末以前，不過比較偏遠的鄉鎮，至日治時期仍有興建。為磚木結構、紅瓦屋頂的一層樓建築，其形式簡樸，以功能性為主。店門多為一門兩窗、左右對稱的木作構造，做生意時可把窗扇拆卸下來，如台北迪化街北段及新北金山的金包里老街。

●台北迪化街北段街屋立面

整齊律動的洋樓式

出現於清末及日治初期，多為磚木結構、二層樓建築。受到洋樓的影響，以紅磚半圓拱砌築立面，常見形式有單拱或三拱，屋簷以女牆或欄杆封住。一樓店門仍以一門兩窗為主，二樓多與街面齊，並開有三個拱窗，或設拱廊。除了女牆裝飾略有不同，整體而言顯得整齊劃一，連續的拱圈亦使街道充滿律動感。如金門金城自強街、舊湖口老街。

●金門金城自強街街屋立面

●台北重慶南路是日治時期
最早改建成歐風立面的街道

華麗的巴洛克式

出現於日治中期（大正年間），除了磚木造，也有水泥結構，開始使用面磚，樓層一至三層皆有。這時的建築流風以仿樣式建築為主流，所以立面趨向繁麗，常以水泥塑造或洗石子作成的巴洛克圖案裝飾，或結合傳統的吉祥圖案，各戶頗有爭奇鬥豔之勢，同時山頭高低起伏，使天際線豐富多變。如台北迪化街、桃園大溪和平路、新北三峽民權街、雲林斗六太平街等。

前衛的現代式

到了日治後期（一九三〇年代），因為普遍使用鋼筋混凝土結構，平直的橫樑取代磚砌的圓拱，面磚大量使用，高度多增至三層樓，店門也不再限於對稱形式。而建築式樣受現代主義的影響，線條簡潔但設計者的個人風格強烈，使得每一棟都有與眾不同的面貌。裝飾上較常使用當時流行的幾何線條。如台北迪化街、台南鹽水中正路、雲林西螺中山路、彰化鹿港中山路等。

●台北迪化街中段街屋立面

●鹿港中山路街屋立面

有趣的店名匾

店名匾有如今天的招牌，不過以往經商的觀念，有代代相傳、永續經營的想法，所以多將店名匾固定施作於街屋立面上，周圍以各種圖案修飾，與建築結合一體，有時還以販賣的商品為裝飾題材。其式樣多變，使建築外觀增色不少。

●店名匾上嵌有姓氏「江」字閩南話的羅馬拼音

●具傳統風味的橫式店名匾

●直立式的店名匾

●店號與廣告合一，生動有趣，一看就知「葫蘆裡賣的是什麼藥」。

●店號「金瑞春」利用氣窗窗櫺的分隔來表現

空間機能

集居的市街地價昂貴，同時為使街道顯得緊湊熱鬧，所以每戶店面相連，且寬度狹窄，空間向後發展是必然的趨勢。每棟街屋左右兩側為公壁，不能開窗，故通風及採光的問題就要靠天井或天窗來解決。雖然狹長的格局與橫縱雙向發展的合院不同，但在空間使用的觀念上仍不脫傳統的精神。一般街屋具有以下幾種機能空間。

店面空間

是與顧客進行交易的地方，位於第一進的前廳，內部的陳列架櫃或交易櫃檯，常是使用多年的舊物。店面中也常可發現生意上使用的特殊工具、容器、稱具及家具等。

●種子店中琳琅滿目的展售品及古式木製量具

倉庫空間

貨品的儲藏以方便安全為考量，故前廳店面的上方常作夾層，稱為半樓，當作儲物空間使用，中間並開闢方形的樓井，以懸於樑上的滑輪吊取貨物，使得工作流程非常有效率。當存貨太多而半樓不敷使用時，亦可儲放在後進的半樓。

住宅空間

店舖早晚都要有人照顧，以確保安全，所以店主人全家或夥計都住在店內，形成住商合一的形態。住宅空間包括神明廳、臥室、廚房、飯廳等，生活起居的使用與合院相似，通常為廳在前、室在後，以分尊卑。為求空間的充分使用，亦有二或三層樓的形態。

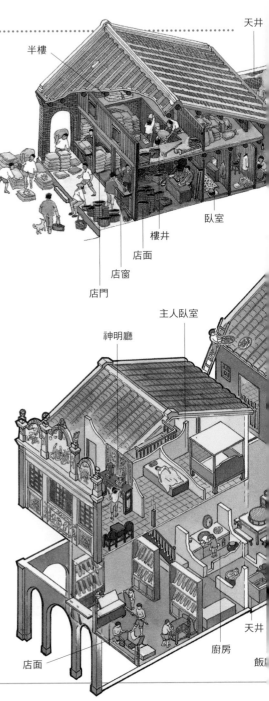

天井
半樓
臥室
樓井
店面
店窗
店門

主人臥室
神明廳
天井
廚房
店面
飯

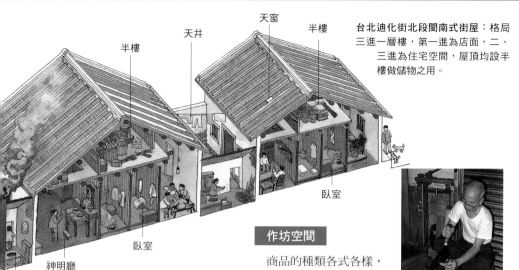

半樓　天井　天窗　半樓

台北迪化街北段閩南式街屋：格局三進一層樓，第一進為店面，二、三進為住宅空間，屋頂均設半樓做儲物之用。

臥室

神明廳

廚房

臥室

臥室兼倉庫

工人休息間

三峽老街早期染坊：格局為二進二層樓，前為店面，後為染坊，居住空間則在二樓。

染布作坊

作坊空間

　　商品的種類各式各樣，有的直接由批發商取得，有的需要再加工，有的是自製自銷，所以除了店面外，還需有作坊的空間，也就是工廠部分，如中藥店需處理藥材或磨製切片的空間，布行需要染布的空間。如果加工所需空間不大，可直接使用店面的角落或是亭仔腳，規模較大的就在後進設作坊。這種街屋面積較大，有的向後伸展至五進。

●藥舖店面的一角，老師父正在片切藥材。

店門

　　傳統的街屋店門大多為一門二窗的左右對稱形式，即中間為雙開板門、左右店窗以長條木板拼成，作生意時可以拆卸，並把前方的擋板放下，就成了現成的櫥窗以及貨品架，打烊時再安裝回去，既安全又方便。有的中門上方還有小門，為內部半樓吊送貨物使用，亦可作為防衛時攻擊敵人之用。

●傳統的街屋店門多為一門二窗的左右對稱形式。為了方便安裝，長形窗板上常寫有編號。

騎樓形式

騎樓使店面空間得以向外延伸，拉近商品與顧客之間的距離，同時也是具有遮風避雨防曬之效的行人通道。依結構的不同，騎樓形式有以下四類。

木屋架結構

騎樓屋架使用木材或竹管搭接，以承接屋頂，特別講究者，屋架上還配有雕花的束材及瓜筒。多出現在閩南粵東式的街屋，比起拱圈騎樓，較具有通透感。如金山的金包里老街。

●金山金包里老街的騎樓

木樑結構

通常出現在二層洋樓式街屋。騎樓頂部的直向木樑搭在立面牆體與店門柱之間，往上承接橫向木樑與二樓樓板，結構簡單。如金門金城自強街。

●金門金城自強街的騎樓尺度較窄

拱圈結構

以紅磚或石塊為材料，砌築弧形拱圈，形成拱廊騎樓，呈現出隧道般的深邃空間感。此種形式較常出現在閩南粵東式及洋樓式街屋，且最能展現騎樓的韻律美感。如磚砌拱圈的舊湖口老街、石砌拱圈的高雄旗山老街。

●舊湖口老街騎樓因有大跨距的拱圈，尺度較寬闊。

平樑結構

騎樓開口呈方形，多以水泥樑承重，常出現在巴洛克式或現代式的高樓層街屋，以結構功能為重，變化較少，與現今騎樓類似。如台北迪化街、西螺中山路。

●迪化街中北段騎樓的水泥平樑，注意天花板中央的裝飾極為講究。

歷史隧道

街屋是傳統居住環境中，格局較為特別的一種，它是連棟式的店舖住宅，與以農業為生產基礎的傳統合院不同，它的出現代表社會結構的複雜化，及人口密度的增加。街屋這種集中的商業模式，也造就許多繁榮的城鎮。

清代的市街

台灣早期的市街，為形式相似的兩排街屋，面對面而立，街道狹小，每戶均為面寬窄而進深長的狹長形格局，這也是大陸閩粵地區早已出現的建築形式。市街的形成，多半是基於地點與產業的關係自然發展，但到了清末建造台北城時，對街道寬度、街屋的進深及面寬，都有明文規定，「都市計劃」的觀念已經出現。不過當時的街道除了行人，只有簡單的交通工具通行，所以寬度都不大。

日治時期的市街

日治初期總督府公布「家屋建築規則」，家屋的興建必須向地方官廳申請，並且也規定

●台北衡陽路為台北城內最早闢建的街道之一，日治時期改建為華麗的歐風街屋。

了城市建築與道路的關係。到了大正年間，各城市相繼執行「都市改正計劃」，使得傳統街屋全面改建。由「改正」兩字可以知道當權的日本政府，對傳統市街的不滿，特別是缺乏污水排放設施，道路狹小陰暗，衛生條件不良等。改建之後，環境得到很大改善。

街屋格局大小雖有一定的規定，但隨著近代建築流風，立面則有多樣的變化，尤其是到了日治後期，各種流行的式樣佇立街頭，多變的建築風貌豐富了都市景觀。

街屋的保存

街屋保存有其先天的條件限制，如地價飆漲、店面更新、商品的改變等，所以在台灣並不容易看到完整保留的街屋。不過，在少數倖存的傳統老市街中，偶爾還可以找到一些逐漸式微的古老行業，像是佛具店、繡莊、燈籠店、傳統糕餅舖、木桶店等，有時同性質的店家集中在一條街上，形成專業街，如台北萬華的青草街、新北中和枋寮的葬儀街等，雖多數未能維持建築原貌，但仍能體現出老街的特質。

什麼地方會形成街屋？

街屋的形成主要與產業及交通有很大的關聯，其原因常見以下幾種，但是並非單一存在，有時是多種因素結合，使得市街得以快速發展。

靠近港口：港口是貨物的集散地，人口聚集多，不過其興衰受港口影響極大，如台南安平古市街、新北淡水重建街。

平行於河道：早期的交通端賴水運，只要是有舟楫之便的地點，其碼頭周圍較易有市街形成，不過街道要與河道保持適當的距離，以避免洪水泛濫的災害。這一類型的市街最多，如台北迪化街、新北新莊老街等。

山地與平原的交會處：山地資源豐富，開採後需要交易及運輸的中心，所以通常在山腳處形成市街，如三峽老街、大溪老街及旗山中山路等。

鐵路沿線：縱貫鐵路的通車，使得沿線的都市快速發展，成為重要的物資集散中心，如舊湖口老街。

園林

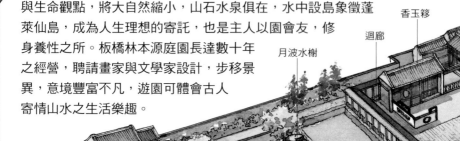

根據文獻上的記載，台灣的園林始於荷蘭統治時期，富商巨賈為娛樂與社交而興築花園；至清末道光與同治年間，南北各地豪族富戶競築園林，著名者如：新竹潛園與北郭園、神岡三角仔呂氏筱雲軒、霧峰林家萊園，以及目前保存最完整的板橋林本源庭園。園林多面向反映了古代中國人的自然與生命觀點，將大自然縮小，山石水泉俱在，水中設島象徵蓬萊仙島，成為人生理想的寄託，也是主人以園會友，修身養性之所。板橋林本源庭園長達數十年之經營，聘請畫家與文學家設計，步移景異，意境豐富不凡，遊園可體會古人寄情山水之生活樂趣。

橫虹臥月陸橋

香玉簃

迴廊

月波水榭

出口

定靜堂

花牆

釣魚磯

半月橋

雲錦淙方亭

斜四角亭

惜字亭

看佈局 ▷P.88

建築、水池、假山、花木是組成園林的四大元素，如何將其組織在一起，並配合園址的環境，表達出園林的特性，使遊賞者流連忘返，這便是佈局的學問。

看園林建築 ▷P.89

園林四大元素中，人工意味最強、最醒目、實用性也最高的便是建築了。它的類型多樣，功能各異，不管是亭、臺、樓、閣、堂、屋、軒、榭……都有可觀之處。

看假山 ▷P.92

園林中佈置假山的觀念，與中國山水畫的盛行有很大的關係。要在有限面積內營造出山野的趣味，做到「片山有致，寸石生情」，必須結合造園家的藝術創造與工匠的巧手才能完成。

來青閣

開軒一笑戲亭

方鑑齋

方鑑齋戲亭

汲古書屋

万亭

假山

梅花亭

觀稼樓

三角亭

海棠池

榕蔭大池

疊亭

假山

入口

看花木 ▷P.93

　大自然賦予花木的曼妙姿態、色彩及香味，增加了園中的生趣，也平添其幽靜的氣氛，是園中不可少的造景元素。

看造景手法 ▷P.94

　園林的發展歷史久遠，歷代下來已形成一套造景的理論，景致的變化就是運用其中一些手法設計出來的，常見的有：對景、框景、借景、障景等。

看水池 ▷P.92

　所謂「三分水，二分竹，一分屋」，說明了水池在園林造景中的重要地位；此外，它還有調節氣候、預防火災等實際的功能。

林本源庭園：位於新北板橋，俗稱林家花園，是清末台灣首富林姓家族歷經兩代、四十年所建造完成。其規模宏大，被公認為清代台灣園林之代表作，今被列為國定古蹟。

佈局

園林是私有宅第的附屬空間，通常與住宅相近或相連，但其佈局卻恰與制式化的合院住宅相反，強調自由的配置以創造奇巧的景致，雖是人工的產物，卻意圖把大自然的野趣呈現在眼前，以「宛若天成」為最高的境界。所以各個區域的軸線或向東或向西，或向北或向南，縱觀無一定規矩，暢遊其中卻有處處驚喜的樂趣。如何才能達到這樣的佈局效果呢？以下兩個概念是基本要訣。

景區的分隔

將同樣的素材及設施作不同的搭配時，空間的氣氛就會有很大的不同，高明的造園師可以使狹小的空間擁有通透的感覺，拙劣者卻也可以使大面積的庭園予人侷促之感，其中的關鍵之一在於景區的分隔。

分區的觀念為傳統園林的共同特色，將庭園分隔成數個景區，使遊園者無法一眼縱觀全園，不僅增加園區的層次感，對有限空間有了高度的利用，同時也增添神祕的氣氛，這與西方整齊且一覽無遺的庭園佈局完全不同。分區的重點有以下二點。

主從分明：全園由多個景區組成，但就像寫文章一樣，雖有許多段落，卻各具起承轉合之效，若每個景區都是重點時，反而令人視覺疲乏，所以景區要有主從之分。

多樣功能的搭配：不同景區有不同功能，故面積有大有小，性質有動有靜。

以林家花園為例，全園大致可分成四個主要景區：一是作為書齋區的汲古書屋與方鑑齋；二是供貴賓下榻、聚會的來青閣，以開軒一笑戲亭及賞花的香玉簃為附屬；第三區是較正式的議事、宴客場所，以定靜堂為主體，月波水榭是其附屬；第四區為觀稼樓區域。三、四兩區最後則在榕蔭大池會合。

遊園動線的設計

分區是一種阻隔，動線卻是一種聯繫，它是從入口到出口，引導遊人向前移動的導覽路線，有時是一條長廊連接著建築，有時是花叢中的小徑，有時穿過水面，有時爬上假山，有時迂迴有時筆直，有時明有時暗，有時出現多條路線任君選擇，使遊園者每次都可以有不同的體驗。其實隨著腳步的移動，眼前的景物不斷轉變，這就是「步移景異」的境界，而迂迴的遊園動線，也使園林具「小中見大」之效。

林本源庭園分區與動線圖

88

園林建築

建築在園林中不僅是觀景的地方，也是被欣賞的重點，因此位置的選擇及外觀的設計很重要，尤其特重屋頂形式及門窗裝修，最忌一成不變。為了表達文人的風雅氣質，園林的主人會為各棟建築命名並懸掛題額，如「定靜堂」是心境的表現、「月波水榭」是景物的描述等。園林的建築比較豐富，亭臺樓閣高低錯落互相搭配，形成極具變化的空間，以下是常見的建築類型。

● 三角亭　　● 八角亭

● 方亭

● 疊亭　　● 梅花亭

亭

亭者，停也，即讓人駐足休息和觀景的地方，是園林中最普遍且變化最多的點綴建築，對園中景致具畫龍點睛之效。亭的造形多半小巧空透，平面形式有方形、圓形、菱形、三角形、六角形、八角形、梅花形、扇形等；屋頂則以攢尖、歇山或複合式較多。林家花園中的亭子有十餘座，式樣互異，饒富趣味。

廳、堂

廳堂是園林中最正式的主體建築，一般作為主人宴客、議事的主要場所，量體最大，採取對稱嚴謹的格局，園林興建時也常以廳堂來作各區定向的標準。位置多半與園中的水池主景靠近，但又佈置小庭園自成天地，如林家花園的定靜堂。

● 定靜堂正廳空間高敞，氣派不凡。

樓、閣

一般人常將樓閣二字連用，兩者的差別不大，都是屬於園林中的多層式主體建築，用來觀景、宴客或招待賓客住宿。只是樓的底層多較厚重，有如高大的台基座；而閣的底層是以木結構為主，四周設迴廊，安裝隔扇門窗，顯得較通透。

樓閣通常位於園林中的至高點或顯要處，除了便於登高望遠外，其建築之美更成為全園的焦點。如林家花園的觀稼樓、來青閣，霧峰萊園的五桂樓與新竹潛園的爽吟閣。

● 觀稼樓底層為磚石造，上層為木結構。

● 來青閣外觀秀麗，是林本源庭園的主景之一。

軒

軒為主體建築前的附屬建築,多採用捲棚頂,其功能及式樣都很自由,如林家花園來青閣前的「開軒一笑」,即作為舉行宴會時的戲亭使用。

●「開軒一笑」名稱意境極佳

迴廊

迴廊是連接的通道,也具有視覺引導的功能,隨著廊道的轉折或上下,讓人體會到「步移景異」的效果,所以又稱遊廊。

迴廊的建築結構很簡單,只是一排柱列頂著屋頂,形式有兩側均可觀景的雙面廊、一邊靠壁的單面廊,甚至還有上下皆可通行的樓廊。

台灣氣候潮濕,園林中廊亭的運用也較多

,迴廊的存在使遊園的時機不受限制,即使是颱風下雨,也不會錯過別有風味的景致。同時廊「隔而不絕」的特色,造成園林空間中時隱時現的效果。

●兩側通透的雙面廊,行走於其間別有情趣。

花牆

牆有阻絕及劃定空間的功能,適當的設置不僅可以使空間更有層次,且具動線引導的作用。有些園林中的牆還經過特別設計,其外形成為造景的重要元素,常見的手法有二:一種是牆面本身變化不大,僅以白牆作為背景,前方配置植栽或山石,有如一幅寫意的小景畫作;另一種則強調牆體的高低變化與細節裝飾,例如開設各種圖案的牆洞,除增加本身的可觀性,也利用這些鏤空的部分,讓遊人的視線得以穿透,好像在預告下一個場景,使遊園的興致一再被挑起,牆洞的形式則有以下二類。

洞門:為穿越牆體的出入口,有圓洞門、八角洞門、瓶門等。

●洞門配上高低錯落的花牆,增添了園中景致。

漏窗：具有複雜多變的窗櫺圖案，充分展現匠師的藝術天分，也是豐富牆面的最大功臣。除一些常見的幾何形，另有充滿創意的花瓶形、鼎爐形、書卷形、瓜果形、蝴蝶形、蝙蝠形等，都是吉祥寓意的圖案。

●蝴蝶窗之一

●花瓶窗　　　　●蝴蝶窗之二　　　　● 瓜果窗

書齋或書屋

受到文人思想的影響，不論園林主人是做官或從商，幾乎都會在園中設置書齋或書屋，作為藏書及讀書之用。通常是一個較靜謐封閉的獨立小院，設置在園林的一角，屬園中的靜態區。如林家花園的汲古書屋與方鑑齋、新竹潛園的梅花書屋。

簃

為閣邊的小屋，與其他建築類型相較，造形較樸實，通常是一個獨立的院落，屬靜態的區域，可作為賞花或讀書之處。如林家花園的香玉簃。

水榭

水榭是一種多面臨水的建築，在園林中作為休息遊賞之用，由於特別強調與池水的關係，所以宜低不宜高。其造形剔透多變，觀看水中倒影是重要的一景，如林家花園的雙菱形水榭，以賞水中月出名，故名「月波水榭」，充分顯現風雅的情境。

●方鑑齋自成一處幽靜的小院，與其他景區的氣氛迥異。

●月波水榭造形奇巧，並設有樓梯通上屋頂露台。

假山

建造假山的工作是由專業工匠來負責，且已發展出一套成熟的章法，最高境界是能達到可觀可遊、宛若天成。假山的配置要有主從之分，才不會顯得雜亂無章，利用高低錯落的山峰形成有嶺、有巒、有巖、有壁、有谷、有澗、有臺、有洞及有蹬道的佈局，使得假山雖不高聳卻氣勢逼人，雖不深遠卻能迂迴輾轉。假山的製作手法常見的有以下兩種。

塑山

一方面是受到嶺南庭園的影響，再加上本地不產奇石，所以台灣的假山多以磚石為骨架，外表再以石灰泥雕塑而成，其特點是可隨意造形，不受石材大小及形狀的牽制。塑山首重骨架結構的堅固、整體形態的自然，及仿石材質感的表現。匠師運用各種國畫皴法，呈現自然的紋理，並利用打毛技法增加山石的真實感。

●以皴法製造山石紋理的灰泥塑山，頗有小中見大之勢。

掇山

即以大量天然山石堆疊而成假山。由於江南一帶盛產奇石，園林假山多以此法製造，且發展出嚴謹的技法與要訣，台灣則就地取材以海邊的硓𥑮石堆疊假山，外觀顯得較細瑣，不過卻充滿拙趣。

●硓𥑮石疊砌的假山充滿拙趣

水池

水景的處理手法特稱為「理水」，由此可知「水」在傳統園林中的發展，早已出現成熟的理論。

以功能論，水池可供遊船、澆灌花木、調節氣候、排瀉雨水、防範火災；以情境言，波動的水流、景物的倒影、池中的游魚、睡蓮，恰與厚重穩固的山石或建築形成對比，增加了園林的活力。

台灣多鑿地為池或引用溪流，水的來源非常不易，但最好與外界相通，以免成為一潭死水。理水的原則大致可歸納成以下四點。

仿自然風景

可做成泉瀑、溪流、池潭等各種形式，有聚有分，使水面有動靜及大小的變化。多數是以一處大型的水池，當作園中主景，如林家花園的榕蔭大池。

與建築相映

各種景物及觀賞點環繞水池佈置，讓沈靜的水面，成為彼此觀賞的最佳仲介者。林家花園的榕蔭大池旁，就配置有亭、臺、假山等，彼此輝映。

花木

花木植栽是園林之所以稱為園林的必要條件，除了可供四季玩賞，也具有遮蔭及分隔空間的實際作用。花木種類繁多，選用時除考慮氣候因素，園主喜好也有很大的關係。

種類

包括喬木、灌木、草花、蔓藤及水生植物等，依實際造景的需要來配置，尤其是被賦予文人性格或帶有吉祥寓意者，如梅蘭竹菊代表君子氣節、松柏代表長青、牡丹象徵富貴、蓮花出污泥而不染、萱草令人忘憂等，都是較受歡迎的花木。

植法

傳統園林中的花木以不刻意整理的自然形為表現原則，常見的配植方法有以下四種。

單植：又稱做孤植，以單株獨立種植，可以欣賞到其完整的姿態，是園林中最常見的栽植方式。

列植：將花木成列種植，除了觀賞外，其形有如一道樹牆，具有隔絕分區的功能。

●林家花園中列植的竹叢

群植：將較多數量的花木群植在一起，產生「數大便是美」的效果，如為同種類的香花植物，則可產生濃郁的花香。

盆栽：將植物栽於盆中，可置於室內，或園中的花椅上，方便因時更換。

●方鑑齋池中群植的睡蓮

●雕刻細膩的石花椅上置放盆栽，以供觀賞。

設島或橋

利用水中配置島嶼、築架小橋，增加水面的變化及空間的層次感，同時使遊人可沿水邊行走，也可以凌駕於池面上。

水岸作法

岸邊的處理依水景的形態而有不同，如表現自然的溪流，即疊石為岸；水池則多為條石或亂石砌成的整齊駁岸。

●林家花園的榕蔭大池不僅景致優美，池中亦可划船，增添遊園的樂趣。

造景手法

傳統園林中素材的組合關係，具有高度的藝術性，每一處園中景致都是在成熟的造景理論下設計出來的，所以古人有云：「造園如作詩文」，形容最為貼切。參觀園林時要細心觀察，用心體會，才能感受到設計者的心意。常見的基本造景手法有以下四種。

對景

最基本的一種手法，不論在園中何處，視線相對之點必有景可賞，以達到步移景異的效果。而且景物常兩兩相對，本身是觀賞的地點，同時又成了被觀賞的對象。如林家花園來青閣與觀稼樓，雲錦淙與疊亭。

●在林家花園內，遠方的雲錦淙與遊人所在的疊亭，互為對景。

框景

利用牆上的門窗開口、兩柱間或者花木枝幹等形成的框架，將園中的景致刻意引入其中，經過時就好像在欣賞一幅畫作。如林家花園方鑑齋、觀稼樓旁的「小橋度月」門。

●方鑑齋的看臺柱間，將戲亭框為一景。

借景

將不同區域的景致，引借入園內成為觀賞的背景，其中也包括遠處的高山或其他園外的建築，及天空的白雲飛鳥、池中的游魚荷蓮、夜晚的星月，乃至四時的自然景象，如此可延伸園林的空間層次，豐富景色的變化。如新竹潛園以竹塹城西門為借景。

●從香玉簃前花圃望去，來青閣的飛簷也是一景，此為不同分區借景手法的運用。

障景

利用空間的緊縮及陰暗，或運用各種元素來遮擋前景，造成欲揚先抑及欲露先藏的效果，隨著動線的引導，讓遊人產生柳暗花明的強烈感受，此手法常用在住宅至園林的入口或各分區入口。

●橫虹臥月陸橋內空間緊縮陰暗，但洞門及花窗射入的光線則又暗示了其外的另一片世界。

歷史隧道

台灣建造園林的風氣興起甚早，明鄭時期的皇族重臣不僅有正式的宅第，也附設有庭園。到了清初仍沿襲這種習慣，除了達官富戶會興建園林，連官署內亦常佈置庭園，可惜年代久遠，今均片瓦不存，徒留文獻中風雅的文字描述。

●日治時期的台南紫春園

台灣園林的興盛期

清中葉，社會穩定，經濟富庶，進而產生鼎盛的文風，豪族士紳興建大宅之餘，不忘建造園林，當時盛極一時的有台南吳商新所建的紫春園、新竹林占梅的潛園及鄭用錫的北郭園、台北陳維英的太古巢等，都是文人氣息較濃厚的庭園。

清末台灣開港後，與外界的接觸頻仍，南洋風吹進台灣，此時期的庭園規模浩大，品味上少了些文氣，但以奇巧構思見長。如板橋林家花園，據說興建費用與當時的台北城不相上下，園中的汲古書屋軒亭、月波水榭等，造形奇特，揚棄傳統形式，這些都充分展示清末園林的特色。

日治時期仍有興建園林之風，與其他建築類型一樣，這個時期的外來形式更加多元化，除了洋樓出現的比例更高，也有純日式的庭園，如基隆顏家所建的陋園。

台灣園林的特色

台灣園林的規模有大有小，並不亞於大陸江南的庭園。但就配置上的特色來說，因為本地不產奇石，加上庭園多建於城市之中，引用泉水不易，所以對山石理水的要求沒有江南高，反而建築方面因延續閩南的悠久傳統，亭臺樓閣時有奇巧的佳構，像林家花園中的疊亭即屬佳例。另外，由於台灣

●板橋林家花園疊亭的下層臨水，設有鵝頸椅（美人靠）可使遊人更接近水面。

氣候炎熱多雨，園中亭廊的設置較多，而水榭或臨水的建築配置也較受歡迎，如此才能在炎炎夏日享受徐徐的涼風。

台灣的園林多半歷經二至三代園主的經營，他們通常在成為地方的豪門富族後，再轉而步上仕途，這種先商後官的情形，使台灣園林的世俗化較強。此外，台灣因與閩粵接近，而閩粵一帶的庭園除了延續細瑣裝修的嶺南風格外，亦帶有南洋傳入的異地風味，凡此種種都對台灣園林產生很大的影響。

●日治時期板橋林家花園開放參觀，當時遊人如織，大池中還有人划船。

95

牌坊

中國古時立牌坊多為教化人心，包括紀念功業、歌頌恩德或崇揚道德等目的，它樹立在街道上，有如西洋的凱旋門，使通過的人產生崇敬感佩之心。台灣清代的牌坊以石造為多，因較能傳之久遠。金門的邱良功母節孝坊建於清嘉慶年間，是台閩地區現存的石牌坊中尺度最大、最壯觀的一座，從額匾、事蹟枋與樑柱上的文字，可了解建坊的緣由；而它的構造與裝飾的題材，更具體而微展現了傳統建築充滿象徵意涵的特色。

看功能類型 ▷P.98

為什麼要立牌坊？什麼人有資格被立牌坊？重道崇文坊、節孝坊與接官亭坊有何區別？從額匾與事蹟枋上的題字可看出端倪。

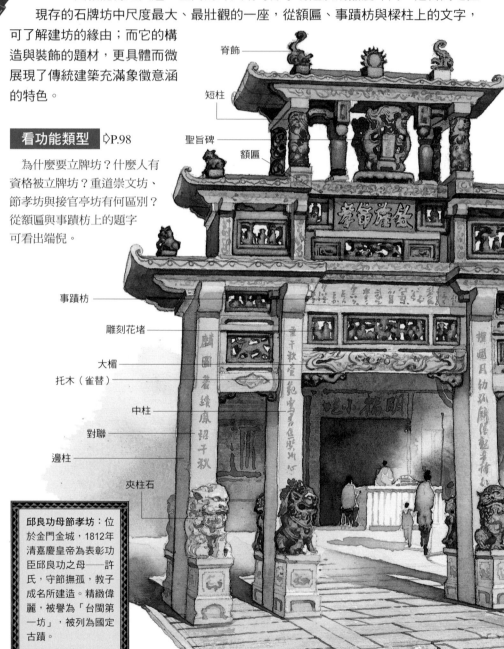

脊飾

短柱

聖旨碑

額匾

事蹟枋

雕刻花堵

大楣

托木（雀替）

中柱

對聯

邊柱

夾柱石

邱良功母節孝坊：位於金門金城，1812年清嘉慶皇帝為表彰功臣邱良功之母——許氏，守節撫孤，教子成名所建造。精緻偉麗，被譽為「台閩第一坊」，被列為國定古蹟。

96

看材質

台灣現存的牌坊均為石造，且絕大多數都是使用大陸福建所產的石材。其中，泉州白石多被用於牌坊的結構主體，如石柱、夾柱石、樑枋等；而青斗石則因質地可供細鑿且不易風化，所以多半用在裝飾的位置，如雕刻花堵、脊飾、聖旨碑等。不同材質間的色澤搭配也是另一項欣賞的重點。

看形制 ▷P.97

邱良功母節孝坊的形制被稱為「四柱三間五樓式」，外形精緻壯觀。許多人不知道，其實，受旌表者本身的經濟能力可是影響牌坊外觀的重要因素哩！

看構造與裝飾 ▷P.98

牌坊是由橫向的樑、垂直的柱以及層層疊起的屋頂組立而成，量體雖小，構造與裝飾卻都依循傳統木結構的精神，一點也不馬虎，可謂麻雀雖小，五臟俱全。而各部位的名稱也多由木結構而來。

形制

牌坊的形制會受興建年代、地緣、匠師風格以及經濟能力等因素影響，台閩地區的牌坊形制大致可分成以下三類。

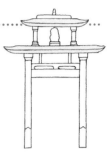

二柱單間二樓式

形式最為簡單，以二根柱子形成一開間，只有一個可穿越的門洞；「樓」指的是屋頂簷樓，又稱「滴水」，所以也可稱為「二柱單間二滴水」。台灣僅台南府前路的蕭氏節孝坊一例。

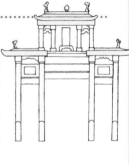

四柱三間三樓式

以四根柱子形成三開間，也就是有三個可穿越的門洞，中間最寬；屋頂分上下二層，具有三個簷樓。台灣地區的牌坊以這種形式最多。

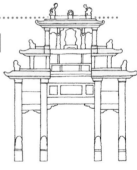

四柱三間五樓式

同樣是四根柱子形成三開間，但屋頂分上下三層，共有五個簷樓，外觀顯得特別高聳華麗。

經費與規模

同樣是節孝坊，為何有些牌坊特別壯觀，而有的則顯得陽春？這是因為官方核准建坊後，通常僅補助三十銀兩，發由當事人自行建坊，而各家財力有別，牌坊的豪華程度自然不同。甚至有不少受旌表者困於經濟能力無法建坊，所以民間建坊數量遠不及實際受旌表者多。

功能類型

牌坊大致可分成兩大類，一類是強調入口意象的牌坊，另一類就是最令人發思古幽情的旌表牌坊。

入口牌坊

類似古代里坊制度的坊門，但強調的只是空間入口的界定，並無防禦功能，所以未設門板，一般多立於重要的建築物前，如官署、寺廟等。

另外在大型墓園前的墓坊，除了作為入口的標示，往往也具有表揚死者的功能。

●台南孔廟左側的泮宮坊即屬入口牌坊

旌表牌坊

旌表類牌坊是傳統社會中特有的表揚性建築，其最大目的是要藉此教化人心，所以多半立於熱鬧的大街或受表揚者的住宅前。

凡有優良事蹟者，由社會上具公信力的人推薦，經過官家查證確認，即可奉旨設立牌坊。按《欽定大清會典事例》記載，能夠受到旌表而建坊者共有以下三種類型。

熱心公益者：例如表彰艋舺富商洪騰雲捐地出資興建考棚所立的「急功好義」坊，以及表揚貢生林朝英獨資整修台灣縣學文廟而立的「重道崇文」坊等，都屬此類。

節烈孝順者：即一般人常說的貞節牌坊或孝子、孝女坊，台灣現存以此類居多。

得享耆壽者：傳統觀念以長命百歲為好福氣，值得旌表，但台灣未有此類型的牌坊。

●急功好義坊，目前遷建於台北二二八和平公園內，正上方的聖旨碑已佚失。

構造與裝飾

石牌坊基本上仍是模仿木構造的建築形式而來，匠師也多為承造一般民宅或是廟宇的石匠，因此他們常會將建造屋宇的經驗轉換到牌坊上，並在上面展現類似木構造的裝飾。一座完整的牌坊大致包含以下重要構件。

脊飾

牌坊最上層的屋頂中央常飾以火珠或葫蘆，具有辟邪的作用，兩側末端則多使用蚩吻、頭下尾上的鰲魚或是獅座等題材。

聖旨碑

古時設立旌表牌坊必須經皇帝下旨批准，所以聖旨碑幾乎是旌表牌坊必有的配備。高高在上的聖旨碑立於台座上，左右及其上方飾以雙龍或三龍拱衛，充分表現帝王的威信與受旌表者的尊榮。

額匾

額匾一般位在聖旨碑的正下方，多委請當時的名人題寫，以顯其尊崇。短短數字，或蒼勁或渾厚，透露出背後發人深省的事蹟，我們從文字的內容可知受旌表的原因。

事蹟枋

通常位在額匾下方，以較多的文字簡述受旌表者的姓名、官銜及事蹟，或立坊的緣由。

雕刻花堵

指鑲嵌於楣、枋、柱間的雕花板，其結構性較弱，藝術表現較強，多以質地細密、適合精緻雕刻的青斗石為材料。花鳥、人物、瑞獸等題材均很常見，但典故多與牌坊的性質相合。

大楣

指兩柱中間最粗壯的橫向構材，在結構上有重要的功能，轉承著上部屋頂的重量。大楣兩側喜雕龍首含銜，中央則為雙龍護珠。

柱子與夾柱石

柱子是撐起牌坊的重要構件，其前後兩側安放穩定柱身的夾柱石，有時只是一塊長方石板，講究者雕以抱鼓石或獅座，外觀更顯莊嚴氣派。

柱身的正、反兩面均刻有對聯，從中可解讀出牌坊背後的故事。

歷史隧道

古代的城市，以水平及垂直的道路，劃分成棋盤格狀，此種住居形式稱為里坊制度，為了安全起見，四周設牆及開設坊門管理進出。坊門立於街道的出入口，是每個人必經之處，因為很容易看到它，所以漸漸演變成表彰人或事之用，成為牌坊的前身。因此牌坊不僅是標誌性建築，也是一種紀念性建築。

牌坊的存在，深切地表現出中國固有文化的特質，這與儒家的傳統道德觀念有很大關係。忠孝義行或貞節事蹟，成為大家公認的美德，同時也是父母對子女的期望，於是將其立於人來人往的市街，不僅是為了表揚，教化的意義更大。

在以前的社會，有的建築具特定的使用者，有的建築則是在特定情況下才會去接觸到。但是，牌坊就好像一個聳立在街頭巷尾的門，你可以隨時看到它，穿越它，甚至觸摸它，是一種甚為親近人的建築物。似乎也在這樣潛移默化的情況下，傳統道德的觀念，就根深蒂固地進入人心。

清代是台灣立坊最多的年代，但外觀形式都大同小異，唯金門地區有一座明正德年間的陳楨恩榮坊，規模四柱三間，左右不設屋頂，形似大陸地區的沖天式牌坊，形制古樸，非常獨特。

這些牌坊從都市的角度來看，具有劃分空間及美化街道景觀的作用，不過其所在的道路常是鬧區，城市發展之後，因面臨道路拓寬的局面，所以只有拆除遷建，這也是為何今日所見許多古牌坊都位於公園的原因了。此外，就古蹟研究而言，石構造的牌坊保存較容易，故比起其他類型的古蹟，台灣保持原樣的清乾嘉時期牌坊為數不少，深具研究的價值。

●陳楨恩榮坊是台閩地區保存最完整的明代牌坊

古墓

墳墓是人長眠之所，也被稱為陰宅。古代盛行厚葬，乃是受到輪迴之說的影響，認為在另外一個世界也有食衣住行的需求，所謂事死如事生。中國古代帝王的陵寢更是規模浩大，秦始皇陵地下的兵馬俑即是保護他的禁衛軍。台灣清代也出現過幾座官宦大墓，依照《大清會典》，不同官位可享用不同規制之墓，墓前的「石象生」包括文武石人、石馬坐騎、石虎、石羊及文筆望柱，甚至還有墓道碑及碑亭。王得祿是清代台灣出身的武將中官階最高者，其墓規模宏大，並擁有精雕的石象生，值得細加欣賞其帽冠、服飾與佩件等細節。

武石人

墓塚

肩石

墓碑

石馬

石虎

拜

石供桌

墓庭

石羊

墓埕

看類型

大致可分成中式古墓與西式墓園兩大類，前者多屬明清兩代的官墓，規模宏偉，講究嚴謹的配置；後者多是清末來台西方傳教士的墓園，其規模較小，配置簡單，且因墓主是基督徒，所以墓碑上會有十字架及出自聖經的語句。

傳教士馬偕的家族墓園，位於新北淡水淡江中學內，其墓碑在後，墓塚在前，且不凸出地表，與台灣的傳統形式大相逕庭。

看配置 ▷P.102

中式古墓的形式與家族的經濟能力及官職大小有關，有錢人家的墓不僅規模大，所使用的材料也非常講究；至於官宦之家，清廷更明文規定其規模及配置方式。雖然台灣沒有宏大的皇族陵墓，但傳統慎終追遠及厚葬的觀念，使墳墓成為一種獨特且富有藝術價值的古蹟類型。

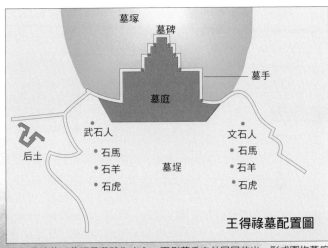

墓塚
墓碑
墓手
墓庭
武石人
石馬
石羊
石虎
后土
墓埕
文石人
石馬
石羊
石虎

王得祿墓配置圖

王得祿墓以墓塚及墓碑為中心，兩側墓手向外層層伸出，形成圍抱墓庭的對稱配置。

墓手

文石人

看環境與風水

傳統的觀念認為先人葬於風水絕佳之處，能福蔭子孫，故陽宅要看風水，陰宅也一樣注重風水。其講究的是環境形勢及方位，最好是後有背山，格局開展，面向開闊地，以達到「葬者藏也，無風、蟻、水三者侵體之害」。不過一般農家常葬於自家的田園之中。

王得祿墓： 王得祿生於清乾隆三十五年（1770），今嘉義太保人，嘉慶年間平定蔡牽之亂有功，詔任浙江提督，道光二十一年（1841）病逝於鴉片戰爭時的駐防地澎湖，後歸葬嘉義六腳鄉。王得祿官居一品，是清代台灣官位最高者，其墓地佔地約有二公頃，規模宏大，石雕精美，為國定古蹟。

配置

台灣古墓採用傳統閩南形制，基本配置以墓塚為中心，前置墓庭及墓埕。為官者的墓須遵照《大清會典》規定建造，具有較宏大的規模及配置，尋常百姓家則以經濟能力的高低來決定墓園的形式。

墓塚區

下方為深四、五尺的墓穴，靈柩置放其中，表面再覆土，隆起如龜甲，又稱墓龜。其外圍常順坡築一道矮牆，邊緣留設排水溝，以防墓塚積水，具水土保持的功能。

●王得祿墓的墓塚與墓庭區

墓庭區

是指墓碑前方，由兩側墓手圍護而成的空間，主要配置有墓碑、肩石、墓手、供桌等，地坪為硬鋪面，有的中央鋪有拜石。

墓碑：以厚實的石材製成，表面有墓銘，刻寫著死者的官銜、大名、祖籍、生卒年月日及立碑的後代子孫姓名等。身分地位高的死者，墓碑頂端還刻雙龍護守，周緣並雕以繁複的紋飾。

肩石：位於墓碑的兩側，主要作為鞏固墓碑之用，表面亦雕以繁複的花紋，具藝術價值。

石供桌：以石材雕成的固定供桌，為祭拜時置放祭品、香燭、鮮花之用。桌面素平，

正面及側面通常雕鑿細緻典雅的圖案，非常講究。

墓手：即墓碑前兩側，如階梯狀向外層層曲折伸出的矮牆，內小外大，呈環抱狀，又稱「寶城」，象徵餘蔭子孫。轉折處並立石柱，柱頭以石刻的龍、鳳、獅、象等裝飾。

碑亭：有些古墓會在墓碑上方建亭，不僅保護墓碑，更增古墓的壯麗。

●建於明代的金門陳楨墓建有碑亭

有特殊配置的古墓

有旗杆的墓：台北內湖的陳維英墓，因其人作育英才無數，名重地方，不僅其宅前（台北陳悅記老師府）立有石旗杆，連墓埕亦立有一對，十分罕見。

有墓廟的墓：在墓前建廟稱為墓廟，是最為講究的一種作法，如台南的五妃墓。

有墓坊及墓道碑的墓：金門的邱良功墓可說是形制最完整的官墓，除了石象生外，前方有墓坊，兩側石亭內還有清嘉慶皇帝御賜的墓道碑。

有巴洛克裝飾的墓：日治時期一些富豪之家，受到當時建築風氣影響，墓園面積大，造形華麗並以洗石子或泥塑的巴洛克圖案裝飾，如台中太平吳鸞旂墓。

墓埕區

　　為墓庭前的開展區域，通常為泥土面，一般平民墓埕小且無特殊配置，為官者則可設立兩兩成對的「石象生」。

　　「石象生」是用大塊石材雕刻成人物、動物或望柱，除了表現墓主生前的顯赫外，也具有護衛的意義。清代明文規定石象生配置的對數及形式，按官職而有分別，不能隨便僭越。

　　石象生雖僅是墓葬建築的一部分，但對自古缺少大型圓雕作品的傳統藝術而言，具有極高的價值。

　　石人：石人通常是一對相向而立的文官武將，又稱「石翁仲」，需二品（含）以上的官員才能使用，且文官神情儒雅，居左，武官氣勢威武，居右，位置不得相混。有趣的是，石人都身著明代官服，而非清代衣冠。

　　石獸：以石馬、石虎、石羊較常見，其姿態亦有定制：石馬為墓主坐騎，採立姿，鞍繩俱備；石虎威猛有辟邪作用，為蹲勢；石羊象徵吉祥，為跪踞，皆面朝前方排列，非常有趣。

●武石人

●文石人

●石虎

●石馬

●石羊

　　望柱：形如朝上的石筆，有代表文運的涵意，配置在石人、石獸之外，如苗栗後龍的鄭崇和墓、金門的陳楨墓。

●望柱

后土

　　通常在墓埕前一側安有一方上刻「后土」的石碑，面朝主墓，象徵守護神土地公，講究的大墓連后土亦置墓手。

●王得祿墓右側的后土

歷史隧道

　　墓葬起源於人類認為軀體死後，靈魂仍存在的觀念，所以墳墓不僅是遺體的安息處，也成了往生者靈魂的住所，故風水上將墳墓稱為「陰宅」，是將其當作死者的住宅來看。

墓葬的觀念

　　受到儒家厚葬以顯孝道的影響，中國人自古就是一個重視墓葬的民族，上自皇帝及達官貴族，下至民間百姓，無一不是慎選墓地安葬死者。此外，古人認為死者的靈魂能行鬼神的變化，影響人間的生活，所以對死去的人尊重，是期望他能加惠護庇，不要擾亂親人，這樣的想法，直到今天仍存在於多數人的觀念中。

台灣古墓的形制

　　台灣的古墓多以墓塚、墓碑及墓手為基本配置，但是官民及貧富的差距，影響規模大小及裝飾度甚鉅，尤其是墓前的石象生，一般平民百姓不能僭越使用，清時《大清會典》有明文規定，石象生的多寡按官職而有分別：公侯伯及一、二品官是石望柱、石虎、石羊、石馬、石人各一對，三品官減去石人一對，四品官減去石人、石羊各一對，五品官減去石人、石虎各一對，六品官以下則不准設置。按此規定可知配置石人者，官職較高。

　　除了前述的漢人墓葬，台灣早期的原住民墓葬又有不同的面貌，他們不立墓碑，墓葬較簡單，顯現不同族群對死者墓葬的觀念及方式，有很大的不同。

砲台

砲台是充滿煙硝氣息的歷史現場。清咸豐之前，台灣的砲台屬於傳統中國式；英法聯軍五口通商之後，台灣始引進西洋大砲，聘請西洋人設計督造砲台。初期由英人或法人設計，多採紅磚與進口鐵水泥建造；中法戰爭後，劉銘傳所建的砲台則多聘德人設計，使用石材較多。位於高雄旗津的旗后砲台是前期的代表，雖是西式砲台，但其門額題字、裝飾圖案與祭祀神龕等中國特色，卻忠實反映了十九世紀台灣港口要塞建設與國防軍事戰略的思想精神。

看環境佈局 ▷P.106

清末由西洋技師所設計建造的西式砲台，為海防所需，多數位在港口，並且是數個成一組，依港口地理環境做整體的佈局安排，期能達到滴水不漏的防禦功效。

看形制與分區 ▷P.107

砲台的平面受地形地勢的影響，有不同的形狀，內部的空間主要包含了作戰、訓練與官兵生活的區域。

看大砲 ▷P.111

堅固的砲台建築，必須配合精良的備砲，才能發揮最好的作戰功效，而大砲的種類、大小及射程，則依砲台的防禦屬性而有不同的選擇。

前操練場
指揮所
營舍
祭祀堂
觀測所
彈藥庫
後操練場
砲座
子牆
大砲
牆垣

營門

看設備與構造 ▷P.108

　砲台是作戰的軍事空間，其建築設備都是以實用性為優先考量重點，而且為了抵擋砲彈的攻擊，材料與構造更是堅實、講究。

高雄旗后砲台：建於清光緒元年（1875），為英國技師設計督造，位於高雄港南岸的旗津口，是一座融合了傳統與西洋形式的砲台，門額題「威震天南」。今列為直轄市定古蹟。

環境佈局

清末的新式砲台，因為大砲的改良，使得射程有遠近的變化，再加上測距設備的進步，防守時可以輕易計算出敵艦的位置，所以設計時，會將多個砲台依港口地形作周詳的整體配置。當時砲台佈局的主要理論有以下幾點。

互為犄角

港口要塞的砲台通常有數座，有的在臨海處，有的在港口內，或在左或在右，或在高或在低，不同高度與角度的配合，形成一個嚴密的射擊網。

因地制宜

配合砲台功能，選擇最佳地勢，如選址於山凹四周有天然屏障且防衛性強、勿背枕高山以免砲彈撞山反彈等，了解地形可增加佈防的優點。若條件不佳，卻又處險要，則加強設施來提高防禦性。

有明有暗

砲台分「明台」及「暗台」，明台位置明顯，可使敵人心生畏戒，但也較容易受到攻擊。暗台地處隱僻，不易被察覺，可給敵人來個出其不意、措手不及。如高雄港的大坪砲台為暗台，旗后砲台為明台，兩相呼應。

●台南億載金城砲台因位於沙洲，孤露海口，四周毫無遮攔，故採用四角凸出的稜堡形，且四周設置濠溝。

高雄港砲台群控制角度示意圖

- 大坪砲台
- 台灣海峽
- 雄鎮北門砲台
- 高雄港
- 旗后砲台

高雄港砲台群高度關係圖
（大坪砲台目前僅存少許殘跡）

- 大坪砲台（高）
- 壽山
- 旗后砲台（中）
- 雄鎮北門砲台（低）
- 台灣海峽
- 旗后山
- 高雄港

形制與分區

砲台所在地的地形地勢會影響其平面形制與機能分區，因此，以地理環境來區分，近代的西式砲台大致可分成平面式砲台與坡地式砲台二類。而完整的機能則包括砲座區、營舍區與操練區三部分。

平面式砲台

砲台若選址在地勢平坦、腹地寬廣之處，則砲台的形狀會比較規整，砲位的方向也比較容易安排，清末所建的近代西式砲台多數屬於此類。如旗后砲台、億載金城砲台、澎湖西嶼砲台與淡水滬尾砲台等皆是。

坡地式砲台

如果砲台立於坡地，因必須配合地形環境來安排砲位，故平面多呈不規則狀，如基隆的海門天險砲台與大武崙砲台等。

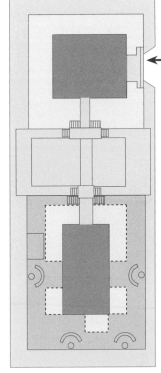

●旗后砲台位於橫長的珊瑚礁岩平台上，平面呈長方形，分區如「目」字形，操練區分成南北二處，砲座區位於南側三面設砲，營舍則位於南北兩邊的牆垣內側。

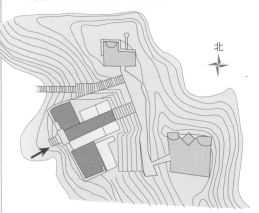

●海門天險砲台位於山坡上，平面呈不規則形，砲座區位於面海的高坡，分東、北二處，操練區與營舍區則位在背海的中央低處。

●旗后砲台的南操練場與周邊營舍

●海門天險砲台砲座區的彈藥庫

■ 操練區		■ 砲座區
■ 營舍區		■ 其他

北

設備與構造

砲台不似普通建築，能夠遮風避雨就好，它必須能抵擋砲彈的攻擊，提供作戰所需的建築設備，所以結構要非常堅固厚實。重要的設備及其構造分別說明如下。

營門

砲台的營門只設一處，堅實為其特色，外觀突出，與牆垣形成強烈的對比。其門板厚重，門洞通常以磚石拱或木樑建造，常見的形式有以下兩種。

方形門洞：以粗大的門楣及密排之木樑支撐上方門額或雉堞，如旗后砲台。

半圓拱形門洞：形如傳統的半圓拱形城門洞，有的門上還設有雉堞，外觀與城門座無異，如海門天險砲台。

●海門天險砲台的營門形似城門座

●旗后砲台的營門為密樑式結構，氣勢雄渾，兩側的「囍」字及八字牆具傳統趣味。

營門的傳統風味

砲台多由西洋技師設計督造，營門可說是唯一能展現傳統風味的地方，譬如營門都有傳統建築中不可缺少的題額，如沈葆楨為安平二鯤身砲台題額「億載金城」及「萬流砥柱」，劉銘傳為滬尾砲台題「北門鎖鑰」，李鴻章題「西嶼西台」等。旗后砲台的營門更以傳統的斗砌法砌築，兩側設八字牆，並有雙喜字樣裝飾，這種中西合璧的趣味，似乎也緩和了戰爭的殺伐之氣。

●億載金城砲台的門額

●基隆白米甕砲台，所有設備一字排開，十分特殊。

指揮所

牆垣

砲台宛如一座獨立的小型城池,四周護以高厚堅固的牆垣,具有吸彈、防禦的功能,其用材除了土石之外,還使用一種特殊的材料——鐵水泥,這是十九世紀才發展出來的早期水泥,成分與今日的不同,其中除了水泥,還有傳統的三合土,其質地堅固,所以許多軍事工程多採用之,施工時要一層一層的堆疊,所以表面具有如版築的水平線條。

牆體厚度依環境狀況自二公尺至五公尺不等,有些砲台更設有

●砲台多使用鐵水泥牆垣

內外兩層土垣,可以減低砲彈爆破的威力,防衛能力更強。

砲座、子牆

砲座一般設於牆垣上,地面有圓形砲盤,使大砲可左右靈活轉動,因新式大砲極重,故正下方多為堅硬的鐵水泥實心牆體。

配合大砲的使用,前方設置較低矮的弧形子牆,或設內窄外寬的喇叭狀開口。子牆側邊設有踏階,為士兵裝填大砲砲彈所用。

●旗后砲台的砲座與子牆

彈藥庫

彈藥庫通常位於砲座區下方,並有孔道連通,使砲座與砲彈間供需管道順暢便捷。有些砲台於砲座子牆內側設有貯彈孔,每個洞孔貯放一個砲彈。

觀測所

觀測所是作戰時用來計算大砲角度與落點的地方,通常是位於高處的平台或砲座附近以磚石拱券建成之小屋。

指揮所

指揮所是砲台的指揮中心,一般設在角隅或砲台中央,多為獨立的房舍。

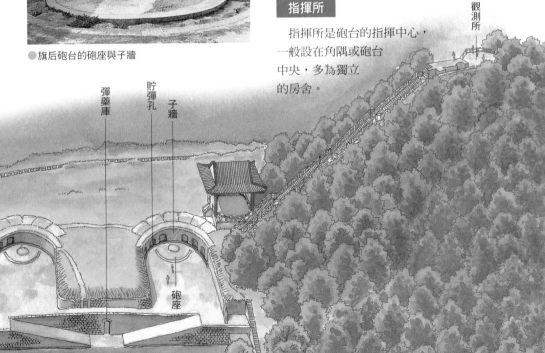

營舍

營舍通常設在砲台牆垣的內側,作戰時調度容易,又方便避彈;或於中央空地另築房舍,不過較易被砲彈擊毀。營舍常見的構造有以下二種。

密肋木樑:以木柱及縱向木樑為框架,於其上密排木樑,上層再鋪厚厚一層鐵水泥為頂,如旗后砲台。

●旗后砲台的營舍為密肋木樑結構。

拱卷結構:以磚拱或鐵水泥砌築成穹窿頂的甬道,如西嶼西台、東台及滬尾砲台。內部多不隔間,有如長長的坑道,可增加作戰時調度士兵的機動性。

●西嶼西台的坑道式營舍

祭祀堂

旗后砲台南區營舍中一個朝南的房間,為安定軍心的祭祀空間所在,靠壁處有磚砌供桌;而台南安平小砲台的雉堞牆上有一個凹入的小龕,功能可能亦同。兩者雖無神像保存,但依據民間的習慣,應是供奉戰神關聖帝君。

●旗后砲台的祭祀堂

操練場

砲台中央之低凹處,通常留有較寬廣的空地,作為士兵平時操練的場所。

●億載金城砲台的操練場

壕溝與引橋

位於平地的砲台,因四周無天然屏障,故於牆垣外圍挖掘壕溝,以防止敵人入侵。壕溝若有水,則於營門前加設引橋供進出,敵軍來襲時,可將橋板收起,切斷通路。

●億載金城砲台外圍有壕溝環繞,壕溝上引橋原為懸吊式。

大砲

清末台灣砲台所備之大砲，常見的有傳統火砲及購自英國、德國的西式大砲，可惜目前砲台中仍留有備砲者極少，有的以仿製者佈置，亦聊備一格。

傳統火砲

清咸豐以前，台灣仍使用自鑄的傳統鐵砲或青銅砲，大小以重量來計算，有一千斤到八千斤等數種規格，砲身常鑄有年代、重量與鑄造單位，目前還可看到多尊遺物。其砲身為單筒狀，前端細，後端為藥室較粗，並留有一小洞為火門，中間兩側突出兩耳，以便置放及調節角度。這種火砲使用鐵球式彈丸，直徑約十公分。

●億載金城砲台的中式火砲

西式大砲

台灣開港後，開始興建西式砲台並使用西式大砲，其尺寸與重量均較傳統火砲大，鋼鐵砲管強度高，禁得起火力更強的砲彈產生的後座力，其彈丸為長形。當時台灣使用較多的有德製克魯伯（Krupp）大砲及英製阿姆斯壯（Armstrong）大砲二種。

●移至台北二二八和平公園內的克魯伯大砲

●億載金城砲台的阿姆斯壯大砲（仿製）

歷史隧道

砲台是防禦上的重要設施，自宋朝火砲發明之後，就產生有砲台建築。清末以前的砲台為傳統式，有的築在城池之上，有的築在港口要地，這些砲台在鴉片戰爭中受到重大的挫折，也為清末的洋務運動掀開了序幕。

十八世紀末，因重商主義盛行，促使西方國家積極向外擴張，其火砲的設計日益精良，威力強大，無論防守或進攻都能發揮功效。他們仰仗著強大的武力，四處侵略，當時亞洲許多地區都成了船堅砲利下的犧牲品，在抵擋不住的情況下，只好反過來向西方購買威力強、射程遠的新式大砲及建造西式砲台。

台灣因牡丹社事件顯露出海防地位的重要性，開始受到清廷的重視，一時朝中「台灣有備沿海無憂」之聲四起，在李鴻章推動洋務運動的努力下，以西洋的防衛技術來鞏固海防的觀念也帶進台灣，於是光緒元年（1875）台灣首座西式砲台——億載金城砲台落成。

劉銘傳主持台政時期，興建之近代砲台就有十餘座之多，如西嶼西台及東台、滬尾砲台、基隆獅球嶺砲台等，同時也在多次戰役中發揮功效。台灣的砲台是清末重視海防之後的產物，砲台的設計者多為洋人，武裝設備也是洋貨，但施工者卻是本地匠師，因此在細節的表現上常有「中西合璧」的趣味。目前所保留的砲台多分布在澎湖、高雄、淡水、基隆等沿海地帶，這也反應出早年外患頻仍的國家情勢。

隨著空防取代海防的時代來臨，漸漸的已不再興建砲台，但是因砲台地處要塞，所以從日治時期到光復後，多數仍為軍方的管制範圍，直到近年在失去軍事用途的情形下，才獲准列為古蹟開放參觀。

燈塔

燈塔是海上船隻航行的指標。台灣最早的燈塔為清初乾隆年間所創建的澎湖西嶼石造燈塔，以燃放煙火發光。至嘉慶初年淡水港口設望高樓，由出入船隻繳納媽祖廟住持，雇工點燃望高樓上的油燈作為夜航之指標，這是台灣傳統式燈塔。五口通商之後，船難增多，為改善航海安全，乃向西洋列強購入較進步的燈塔，如今所見西嶼鑄鐵造的燈塔即購自英國。欣賞燈塔不只要觀察機器構造，也要注意附近環境景觀與地勢，體會它的明燈角色。

看地理位置

燈塔是提供船舶測定方位並警示暗礁所在的海防設施，設置的地點多半選在重要的海岸轉角、岬角盡頭或海中島嶼等明顯突出的地理位置上。

外籍守塔人墓

圍牆

霧笛

霧砲

燈塔碑記

看塔頂 ▷P.114

塔頂是燈塔裝置燈具的地方，主要包含頂蓋與玻璃帷幕兩部分，最上方則設有顯示風向的風向儀。風向儀多分成上下二部分，下方是固定的方向指標，上方則作成箭頭狀，可以隨著風向靈活轉動。

看入口

依塔身的構造而有不同的作法，磚石造常作圓拱門，鑄鐵造門框上方常作三角楣，帶有古典味，西嶼燈塔還將鑄造廠商及年代落款於上，成為重要的歷史證據。

看塔身 ▷P.114

白色的筒狀塔身是多數燈塔給人的第一眼印象，白漆不僅顯眼也具有保護結構及隔熱的作用。日治以前塔身的構造有石、磚及鑄鐵，晚近則以混凝土為主。

看螺旋梯

筒狀的塔身內部空間狹小，所以多作螺旋式的旋轉梯，或為鑄鐵或為銅製，僅能容身一人。

看霧砲或霧笛

在天候不佳起濃霧的時候，燈塔的能見度降低，為了仍能達到供船隻測定方位的功能，於是以音響信號來輔助，早期以安置霧砲來解決，近年則多安置霧笛取代霧砲。

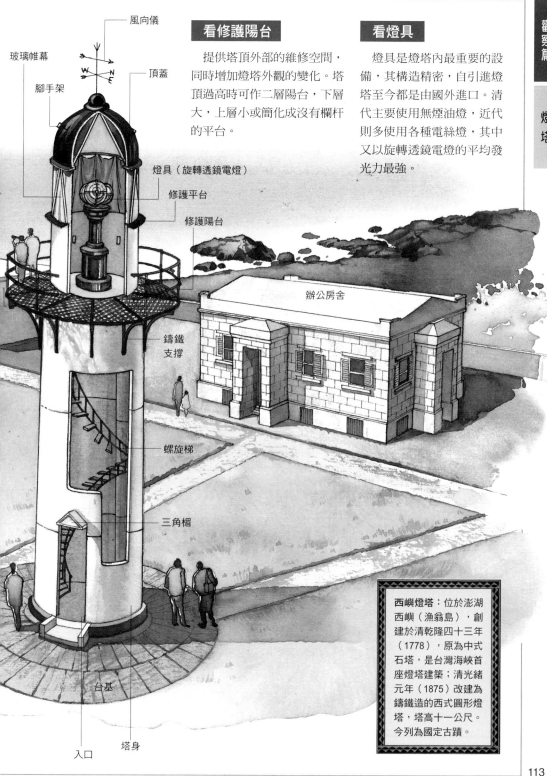

看修護陽台

提供塔頂外部的維修空間，同時增加燈塔外觀的變化。塔頂過高時可作二層陽台，下層大，上層小或簡化成沒有欄杆的平台。

看燈具

燈具是燈塔內最重要的設備，其構造精密，自引進燈塔至今都是由國外進口。清代主要使用無煙油燈，近代則多使用各種電絲燈，其中又以旋轉透鏡電燈的平均發光力最強。

風向儀

玻璃帷幕

腳手架

頂蓋

燈具（旋轉透鏡電燈）

修護平台

修護陽台

辦公房舍

鑄鐵支撐

螺旋梯

三角楣

台基

入口

塔身

西嶼燈塔：位於澎湖西嶼（漁翁島），創建於清乾隆四十三年（1778），原為中式石塔，是台灣海峽首座燈塔建築；清光緒元年（1875）改建為鑄鐵造的西式圓形燈塔，塔高十一公尺。今列為國定古蹟。

塔頂

主要包括頂蓋與玻璃帷幕二部分。各式各樣的頂蓋及帷幕，使得燈塔外觀呈現不同的趣味。

頂蓋

多為圓頂，以一片一片如瓜瓣的鑄鐵或銅板組合在一起，為防止海邊的鹽分腐蝕，表面塗上黑色的防鏽漆，外表並設有腳手架，以方便常常上漆及維修。頂端設有通氣孔，以散發燈具發光時產生的高熱。

常見的塔頂形式

玻璃帷幕

玻璃帷幕可以讓燈具散射光芒，並能保護燈具免受日曬雨淋及海風、鹽分的侵蝕。通常是以框架組立的方式來增加玻璃抗風壓的強度，至於玻璃分隔沒有定制，端賴設計者的巧思，是一個展現建築之美的部位。要注意的是，白天此處都拉上簾幕，以避免燈泡因強烈陽光再加上透鏡的聚光而燒壞。

塔身

台灣的燈塔早期是以磚石造及鑄鐵造為主，後期則多使用鋼筋混凝土或是鋼樑結構，高度較不受材料及技術的限制。整體造形風格亦因結構材料的不同而產生變化。

石造

台灣最古老的漁翁島燈塔（西嶼燈塔的前身）即為石造燈塔，而今則僅餘馬祖東莒燈塔及烏坵嶼燈塔為石造，前者建於清同治十一年（1872），是現存最早的西式石造燈塔，為英國人所設計。

石造燈塔的平面悉數為圓形，塔身趨於直筒狀，與塔頂的比例約三比二，沒有太多的裝飾，外觀顯得厚實。

●東莒燈塔圓筒形塔身厚重樸實

磚造

清代的磚造燈塔與石造燈塔在外觀、量體及比例上極相近。到了日治時期，磚造燈塔塔身呈現明顯下寬上窄的作法，比例較瘦高，出現一些細瑣的裝飾，平面也有變化，如高雄旗后燈塔的塔身為八角形。日治時期是磚造燈塔的高峰期，數量最多。

●旗后燈塔塔身為八角形，並與辦公室連成一氣。

歷史隧道

自古台閩之間的交通仰賴海路，而台灣周邊海域又是南往呂宋或北往中國大陸、日本、琉球等地的必經之地，所以舟楫來往頻繁，不過當時的船隻及導航設備有限，常有海難發生，特別是自然環境特殊的台灣海峽，所以有建造燈塔以為導航的必要。

早期的燈塔只是一種簡單的標的物，可能是岸上的佛塔，或僅是位於山上一塊容易辨識的大石頭，目前保留在金門的文台古塔，為明洪武二十年（1387）江夏侯周德興所建，它是以石塊疊砌而成的實心塔，據說為當時海上的航海指標，

也可以說是一座無燈的燈塔。

清代的傳統式燈塔也有旗杆、燈杆式，或頂部鑲嵌玻璃的石塔，每夜以香燭燈油燃點，稱長明燈，燈油的費用則向往來船隻抽捐，或請台廈兩地郊行船戶資助，或於附近買地建寺、付耕收租，以維持開銷。

清咸豐年間，台灣陸續開港，出入船隻更加繁多，並由舊式的帆船改為新式的汽船，但是港口的傳統燈塔已無法因應海上的安全，清廷也開始正視這個問題，於是隨著近代建築的出現，引入了西式燈塔。西式燈塔初時都是聘請外國人設計，我們在澎湖西嶼燈塔看到圍牆外有外國人留下的墓，可知當時甚至連守燈塔的人也是外國人。

日治時期日人重視台灣的產業外銷，當時又以船運為主，所以形成建造燈塔的高峰，台灣現存的燈塔有一半以上都是在日治時期所建造，比較先進的建材也常是自日本運來台灣組裝。

●金門的文台古塔是早期的航海指標

鑄鐵造

以生鐵（又稱銑鐵，為一種初煉的鐵）鑄造，塔身稍呈圓錐狀，可以看出由鑄鐵搭接的痕跡。修護陽台以螺栓組立固定，陽台下方的鑄鐵支撐常帶有濃厚的西洋古典裝飾意味。燈塔的材料日治前取自大陸，日治後則是在日本鑄造好再運至台灣組立。目前僅存澎湖西嶼、目斗嶼及屏東鵝鑾鼻三座鑄造燈塔。

鋼筋混凝土造

日治後期開始出現，由於混凝土材料可塑性高，因此能突破傳統結構的限制，使燈塔的造形產生較豐富的變化。尤其日治時期的混凝土造燈塔，基座常與辦公室、宿舍等附屬空間合而為一，整體外觀俐落大方。

●鑄鐵造的鵝鑾鼻燈塔，塔身為防禦設有槍眼。

●新北三貂角燈塔塔身基座，兼為展覽室之用。

領事館、洋行

一八六〇年代是台灣對外開放通商的歷史性時刻，隨著西洋列強的商人與傳教士登陸，洋行與領事館也建造起來。這種洋房與歐洲的西洋建築不盡相同，而是滲入了熱帶地區防暑的拱廊設計特色。拱廊環繞著房屋，成為標準的洋樓，從南洋新加坡，到澳門、香港、台灣以至上海、青島，洋樓象徵西洋勢力的到達。高雄及淡水的英國領事館興建於一八六〇與七〇年代，是東亞僅存少數的較早期洋樓，尤其淡水的領事官邸施工技術優異，用材極講究，目前仍完整地保存十九世紀末葉的耐火鐵製浪板拱，這是鋼筋水泥發明之前身，深具學術研究與欣賞之價值。

看空間特色 ▷P.118

洋樓的使用者是西方人，其生活習性自然與當時的本地人有很大的不同，而且他們多屬於中上流社會，講究生活品質，從空間的配置到室內的陳設都很有特色。

網球場

浪板拱樓板

百葉門窗

看樓板 ▷P.121

每層樓的地板由於要承重，因此結構的穩固性特別重要，但當時還沒有使用鋼筋混凝土結構，所以有一些特別的構造方法，也是觀察洋樓的重點。

看欄杆

洋樓的台基高，為了安全起見，一、二樓都安裝了欄杆，上方以石條作橫欄，豎欄的作法則有當時最流行的上釉陶燒花瓶，及傳統的綠釉花磚、磚砌空花等，底部還留出小孔，以利排水。

●台南安平東興洋行的台基設有防潮的通風口，拱廊邊則安置綠釉花瓶欄杆。

看台基

為了防潮，建築底層以台基架空，高度較高者還可設置地下室。立面要設通風口，以維持內部的乾燥，防止木作樓板腐朽。台基的構造有磚砌、石砌及磚石混合砌三種。

看屋頂

多由四斜坡屋頂的基本形式加以變化組合，內部結構為西式木屋架，上鋪閩南紅瓦。屋頂上常設有煙囪，這是因為當時來台的西方人保留了家鄉設置壁爐的習慣之故。

主臥室

煙囪

拱圈

拱廊

台基通風口

綠釉花瓶欄杆

客廳　瓷磚鋪面　防潮台基

看鋪面 ▷P.119

洋樓常因應不同的空間而採用不同的鋪面作法，有時使用台灣本土的紅磚，有時使用具南洋風味的瓷磚，各具特色，可以仔細品賞。

看拱圈 ▷P.120

大大小小、或弧或平的拱圈結構，形成立面外觀的節奏感；而環繞著建築四周的拱廊，除了有避免太陽直射的功能，也為昔日起居其中的人們平添優雅的生活情趣。

> 淡水英國領事官邸：創建於一八七〇年代，但由正面牆壁磚雕的年代，可知1891年曾大肆增建。位於新北市淡水區形勢優良的山岡上，視野佳，是一棟精美的紅磚洋樓建築。目前納入紅毛城古蹟區，被列為國定古蹟。

空間特色

領事館是外交官辦公室與宅邸的結合；而洋行則如同今天的貿易商行，需要辦公及儲貨空間。二者的空間用途雖然不同，但它們都相當注重通風、衛生等條件，擁有當時先進、完善的衛浴設施與排給水系統。除此之外，還有以下幾點共同特色。

配置對稱

洋樓的平面配置一般多採對稱的中央走道式，即中間為穿堂或設通往二樓的樓梯，房間則安排在左右兩側，不過因功能有別，領事館及洋行空間的使用依實際需要而不同。

空間機能分明

不論室內室外，洋樓空間的機能都極為明確，且周圍多留有大片空地，種植花草及作為活動的場所。主要空間有客廳、餐廳、書房、臥室、拱廊等；其他如廚房、儲藏室、佣人臥室等多位於後側或周邊的附屬小屋，且有獨立的出入口，這是歐洲莊園住宅觀念的沿用，主僕間有明顯的尊卑之分。

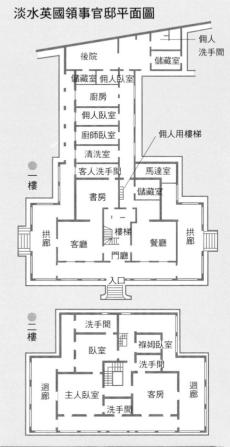

淡水英國領事官邸平面圖

一樓：佣人洗手間、儲藏室、後院、儲藏室、佣人臥室、廚房、佣人臥室、廚師臥室、清洗室、客人洗手間、馬達室、佣人用樓梯、書房、儲藏室、拱廊、客廳、樓梯、門廳、餐廳、拱廊、入口

二樓：洗手間、臥室、褓姆臥室、洗手間、迴廊、主人臥室、客房、洗手間、迴廊

●臥室寬敞舒適，並有大片的落地窗與拱廊相連。

●客廳為社交空間，位於一樓，與拱廊的休閒氣氛連為一氣。

●餐廳喜設於東側，可享受在晨光中品嚐早餐的情趣，並有便門直通廚房。

著重室內、外空間的結合

客、餐廳分別位在入口兩側，面對著最好的視野，而餐廳通常設在東邊，如此可以在晨光中享用早餐。最獨特的是位於建築外層的半戶外休閒空間——拱廊，英國人特別喜歡在這裡飲用下午茶，享受悠閒的生活情趣。

●拱廊是洋樓中重要的休閒空間

特殊的設置—室內樓梯、壁爐

室內樓梯多位於中間門廳，整體造形十分講究，特別是欄杆的細節雕刻精美，踏階構造有木、石兩種，後者堅固隔音好，但價格昂貴。為配合樓梯，此空間常挑高至二樓，並於屋頂開天窗或懸掛吊燈，使門廳顯得明亮而氣派。

受到使用者家鄉的習慣影響，主要的房間如客、餐廳及臥室，都會設置壁爐，這在亞熱帶地區十分少見。壁爐除了實用功能之外，也被當作是增加牆面美觀的裝飾品，所以其外形講究，常具有巴洛克風味的細緻裝飾。

●華麗講究的室內樓梯，使門廳空間更富變化。

●壁爐的造形、爐口的鐵器及地面的處理手法，都不容錯過。

鋪面

十九世紀的台灣洋樓地板鋪面，除了常見的木地板，其處理手法還有以下三種。

紅磚

其下方構造多為木樑擱柵（參見P.113）加木板，上方再鋪紅磚，隔音效果較佳。

●洋樓的紅磚地面常用傳統建築中的紅磚。

瓷磚

於地坪面上再鋪瓷磚，材料是當時流行的南洋進口小瓷磚，由許多不同色彩的瓷磚拼貼成四方連續的圖案，色彩鮮麗深具南洋風味。

●小口瓷磚深具拼貼的藝術效果。

灰泥

直接以灰泥填平，如同水泥地一般，隔音效果最好，但重量最重，較不適合使用於二樓。

●灰泥表面以鑿子鑿出許多孔痕，具有止滑作用。

119

拱圈

拱圈的運用，在古羅馬時期就已發展成熟，一直是西方建築的重要語彙，傳到東方之後，更成為早期洋樓建築必備的元素。拱圈是一種高明的結構技巧，在未使用鋼筋水泥的時代，開口上部的重量必須有效的傳遞至柱子，否則會成為結構的弱點，精確的拱圈施工可以達到這個目的。常見的拱圈形式有以下三種。

●淡水英國領事官邸可同時欣賞三種拱圈

圓拱

圓心的位置與拱基線同高，剛好呈半圓形，稱半圓拱，高於拱基線者則稱上心拱。

拱基線

弧拱

圓心的位置低於拱基線，使拱圈呈弧形。不論圓拱或弧拱，拱圈砌磚均呈扇形排列。

拱基線

平拱

拱頂為水平狀，以磚材砌築者，作散射排列，是拱圈中結構力較弱者；石拱則以一整塊石條為樑，結構較穩固。

●磚砌平拱

●石砌平拱

歷史隧道

領事制度早在十九世紀前即普遍發展，各國領事館則是歐洲海權高漲及殖民政策發展下的產物，被派駐在外的領事，負責保護該國公民在當地的權益，以及辦理簽證等例行事務；洋行則如同今日的外商辦事處，以出口台灣的茶葉、樟腦及蔗糖為主，卻進口殘害台灣人民健康的鴉片。

清末台灣的領事館及洋行

早期的交通運輸多靠船運，所以有舟楫之便的台北淡水、大稻埕，台南安平及高雄打狗港等地，不僅是外人設置領事館及洋行的好地點，就連本地商行亦四處林立，與外人進行交易，而且建築形式也深受洋樓影響，只是多了一些本土的建築語彙。

英國從十六世紀末起，即大肆擴張殖民地，至十九世紀凌駕於原來的航海強權國葡萄牙、西班牙以及荷蘭。由於英國的勢力強大，台灣初期對外接觸也以英國較密切，其次則是德國，所以台灣最早的領事館建築是建於1865年的高雄打狗英國領事館，英國也在安平、淡水設置領事館，而德國領事館則設於安平及大稻埕，但今僅存淡水及高雄兩座英國領事館，洋行則以安平的英商德記及德商東興洋行保留最完整。

領事館及洋行的使用者均是西方人，故建築形式主要移植自西歐，並因應殖民地氣候而有變化。當時流行所謂的「殖民式樣」，最明顯的特色是磚造，以及因應亞熱帶高溫而設

樓板

樓板要有穩固的結構，才能承受上方踩踏走動的重量，除此之外，還要注意上下兩面的視覺處理手法，上面是地板鋪面，下面則是屋頂天花。台灣的洋樓樓板結構有二種。

木樑擱柵

為常見的樓板結構，係以橫向及縱向的木樑承接長條木板為樓板，其底部可用天花板住，也可直接讓樑架外露。

長條木板

木樑

工型樑搭配鐵製浪板拱

以工型樑搭於牆體上，鐵製浪板拱置於兩樑之間，上面以灰泥填平成地板鋪面。承重力強且隔音效果好，又具防火功能，從底部看浪板天花亦極美觀，是十九世紀末才發展出來的樓板結構。

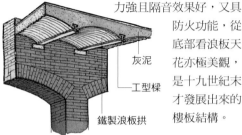

灰泥

工型樑

鐵製浪板拱

●台南安平德記洋行的木樑擱柵樓板

●淡水英國領事館是台灣唯一使用鐵製浪板拱樓板的洋樓

置的四面拱廊，這是英國維多利亞時期的紅磚建築結合熱帶建築特色的產物。不過這些洋樓雖為外國人設計，但多是由本地工匠所完成。

日治以後的轉變

到了日治時期，日本的殖民地政策不容許經濟大權分屬多國，於是日本企業在強而有力的政治後盾支持下，逐漸掌控台灣經濟，致使他國領事館及洋行的功能漸失，只好逐漸撤離台灣，原有建築或由日本政府徵收，或由他國託管，像淡水英國領事館直至民國六十九年才輾轉回歸我國所有，這其中的坎坷，蘊藏著多少歷史的滄桑。

時至今日，領事館及洋行的原有用途已無法回復，多數被賦予新的價值，成為史蹟展覽館，但本身的時代意義卻仍不容忽視。

●台南安平碼頭邊洋樓林立，充滿異國情調。

教堂

台灣的教堂始於荷西時期，但今皆無存。十九世紀末開放通商口岸，第二波基督宗教登陸，其中包括長老教會及天主教的教堂，建築形式並不相同。從現存最早的屏東萬金天主教堂與馬偕所建教堂來看，西洋傳教士有意將台灣鄉土特色融入教堂建築中，反映出中西合璧的趣味。但日治時期由日本建築師所設計的教堂卻完全模仿西洋原型，台北濟南教會即為典型一例。濟南教會的建築多用紅磚，外牆及尖拱窗得自哥德式教堂之影響，是現存日治初期的教堂中最精緻的一座。

十字架

山牆

看建築外觀 ▷P.124

西洋教堂建築的發展歷史悠久，再加上其所代表的宗教意義，移植至台灣雖沒有媲美西方的嚴謹之作，但外觀在近代建築中仍獨樹一格。

看屋頂

陡峭的兩坡頂具有拉高禮拜堂空間的效果，同時形成正面的巨大山牆，最高點以十字架收頭，充分傳達了宗教的神聖意涵。

看正面玻璃窗

入口上方面積較大的玻璃窗，是教堂建築的一大特色，圓形者稱玫瑰窗，常以聖經故事圖案的彩色玻璃裝飾，使禮拜堂內有柔和的光線自後方照來，增加教堂內的氣氛。

●台北林森北路長老教會的玫瑰窗。牧羊人對羊群的呵護，代表耶穌與基督徒的關係。

尖拱門

正面玻璃窗

尖拱窗

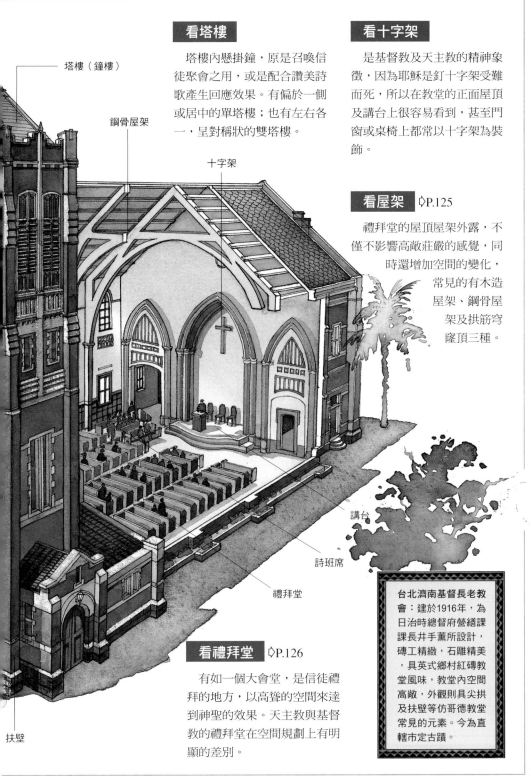

看塔樓

塔樓內懸掛鐘，原是召喚信徒聚會之用，或是配合讚美詩歌產生回應效果。有偏於一側或居中的單塔樓；也有左右各一，呈對稱狀的雙塔樓。

看十字架

是基督教及天主教的精神象徵，因為耶穌是釘十字架受難而死，所以在教堂的正面屋頂及講台上很容易看到，甚至門窗或桌椅上都常以十字架為裝飾。

看屋架 ▷P.125

禮拜堂的屋頂屋架外露，不僅不影響高敞莊嚴的感覺，同時還增加空間的變化，常見的有木造屋架、鋼骨屋架及拱筋穹窿頂三種。

塔樓（鐘樓）

鋼骨屋架

十字架

講台

詩班席

禮拜堂

扶壁

看禮拜堂 ▷P.126

有如一個大會堂，是信徒禮拜的地方，以高聳的空間來達到神聖的效果。天主教與基督教的禮拜堂在空間規劃上有明顯的差別。

台北濟南基督長老教會：建於1916年，為日治時總督府營繕課課長井手薰所設計，磚工精緻，石雕精美，具英式鄉村紅磚教堂風味，教堂內空間高敞，外觀則具尖拱及扶壁等仿哥德教堂常見的元素。今為直轄市定古蹟。

建築外觀

教堂是基督教與天主教信徒禮拜聚會的地方，兩教信仰雖源於一，但各自對信仰的領會不同，建築外觀的表現也就不一樣，天主教堂嚴守左右對稱的規則，基督教堂則自由度較高，多採塔樓置於一側的立面形式。常見的建築風格有以下兩種。

樣式建築仿哥德風格

　　哥德式建築是十二世紀歐洲發展出來的教堂建築形式，在當時施工技術突破的條件下，大量運用尖拱結構，將支撐的重點放在外側的扶壁上，使門窗的開口得以加大，殿堂內高聳空靈，由外射進來的天光，令信徒更能感受到上帝的存在。

　　標準的哥德式教堂屋架通常為拱筋穹窿頂結構，立面外觀則具有層層內凹的中央入口、華麗的玫瑰窗及彩色玻璃、四葉飾、左右對稱的雙塔、尖拱門窗及外牆的扶壁等，整體予人與上帝連通、向上延伸的感覺，將信仰精神與建築技術作了最好的結合。

　　台灣並沒有這麼嚴謹的哥德式教堂建築，但當這些建築語彙不斷出現時，我們即稱它為仿哥德式教堂，如台北濟南長老教會、新北淡水長老教會。

尖頂或小尖塔：塔樓的尖頂及屋頂上的小尖塔裝飾，強調了哥德式教堂向上拔起的效果。

●濟南長老教會

中西合璧建築

　　為了降低台灣居民對基督教及天主教的排斥，再加上傳教士對本地建築的敏銳，台灣的教堂有時出現結合中西建築的嘗試，譬如立面山牆採用仿自台灣民居的馬背形式，內部柱子掛有對聯，屋頂上有狀似小佛塔的裝飾物等等，充分展現外來建築式樣與台灣本地建築融合及並存的努力，也為當時傳教士所帶來的文化現象，做了深刻的見證，如屏東萬金天主堂。

天主堂

●屏東萬金天主堂

扶壁：是一種加強的磚砌結構，凸於牆體之外，上窄下寬，緊貼於有承重功能的柱身，具穩固作用，又不占用室內空間，同時增加建築外觀的變化。

四葉飾：哥德式教堂常見的四瓣紋飾

拱窗：窗的造形多為瘦高的尖拱式或圓拱式，當窗子較寬時，則用大拱內含小拱的高明作法來解決。因尖拱具有上升的意味，尤為哥德式教堂所喜用。

入口：主入口位在長軸的前側，與講台遙遙相對，門框以多層線腳層層退縮的方式加以強調。

馬背山牆：正面山牆形如台灣民居常見的馬背

聖旨牌：受到大陸外籍傳教士被當地人殺害的教案影響，清末所建的教堂，常將清廷頒佈的聖旨牌高懸於教堂正面，以免受反對居民的侵擾。

●高雄玫瑰天主堂創建時的聖旨牌仍然保留，左右並有天使拱衛。

尖拱窗：哥德式的尖拱窗仍是立面不可缺少的建築元素。

屋架

屋架除了是禮拜堂屋頂的結構之外，連續的排列也有凝聚視覺焦點的作用，是製造教堂神聖宗教氣氛的功臣之一。常見的教堂屋架有以下三種。

木造屋架

結構功能與一般的西式三角形屋架相同，但更重視外形的典雅，多以大小不同的木構件拼組而成，玲瓏剔透，中央或形成尖拱，充分表現仿哥德風格的特色。

●台北林森北路長老會禮拜堂屋架，具有英式木屋架的典雅特色。

鋼骨屋架

結構性強，最適合高敞的禮拜堂，雖裝飾無法達到木屋架的細膩效果，但增加線腳變化，亦可美化厚重的屋架。

●濟南長老教會禮拜堂的鋼骨屋架，以鏤空方式減少屋架的厚重感。

拱筋穹窿頂

哥德式教堂以由柱身向四面伸出的拱筋，形成複雜多向的尖拱頂，這是一種難度很高的屋架結構，在台灣所見之例並非真正的承重屋架，而只是裝飾性的天花板。

●高雄苓雅玫瑰天主堂內，有如拱筋穹窿頂的天花板。

禮拜堂

禮拜堂是信徒每週禮拜天敬拜上帝的場所，可說是教堂內最重要的一個空間。而天主教與基督教敬拜儀式及對教義解釋的不同，也反映到禮拜堂的空間形式。

天主教

天主教禮拜的重心是望彌撒（為紀念耶穌被釘十字架死而復活的特別祭禮），除了耶穌，也敬拜耶穌的母親馬利亞等。對於禮拜堂的看法，由於聖經中有「教會是耶穌的身體」之說，天主教嚴守這樣的觀念，認為禮拜堂建築神聖而具一定的形式，常見的為以柱列將空間分隔成中殿寬、兩側殿窄的巴西利卡式。

禮拜堂格局以長方形為主，入口位在短邊，與圓弧狀的祭壇相對，祭壇有聖母馬利亞及耶穌的塑像，與會眾空間明顯分離，講桌偏於一側，以強調祭壇的神聖性。

●天主教祭壇神龕中的聖母與聖子塑像

●苓雅玫瑰天主堂的禮拜堂，盡頭為圓弧形的祭壇。

基督教

基督教自十六世紀宗教改革運動之後，衍生出許多宗派，在禮拜儀式的自由度上比天主教來得高，重點是牧師在講台上的證道（講解聖經的內容及闡述信仰的道理），認為馬利亞雖是耶穌的母親但不具有神性，不應將她當作神來敬拜。基督教將「教會是耶穌的身體」這句話中的教會，當作是教會團體而非硬體的建築，所以其禮拜堂的實用功能大於內涵意義。

禮拜堂格局亦以長方形為主，中央講台為牧師講道之用，與會眾空間的隔離性不強，講桌的位置除少數保守教派外，大多居中。因嚴禁偶像的觀念，所以只有十字架，而沒有任何具象的塑像。

●濟南長老教會正在進行禮拜天的主日崇拜，左側為詩班席。

詩班席

詩歌音樂在天主教及基督教信仰中扮演重要角色，尤其在崇拜的過程，由詩班獻詩幾乎是必有的程序。詩班有特定的詩班席，通常位於講台旁，伴奏的樂器以管風琴及鋼琴為主。

歷史隧道

台灣與基督教或天主教的接觸始於十七世紀荷蘭人及西班牙人據台時期,當時許多地方設立了教堂,不過建築簡單且無一保留下來,這第一波的宗教活動就在進入明鄭時期暫告一段落。

基督宗教正式傳入台灣

基督宗教真正的發展是伴隨清咸豐八年(1858)天津條約後,台灣開放通商口岸而展開的,港口開放不僅為台灣帶來了貿易活動,有組織的宗教傳播也隨之而來。初時的傳教工作借用民房,待較為穩定,信徒人數增加以後,才興建教堂。清咸豐十一年(1861)來自西班牙的天主教神父郭德剛,至今屏東地區宣教,同治八年(1869)郭神父設計建造了台灣現存最古老的赤山天主堂(即萬金天主堂),立面山牆具閩南民宅的特色,是天主教本土化及宣教活動展開的見證。

在基督教方面,長老教會最早涉足台灣,南部以英國宣教士馬雅各為主,北部則是以加拿大籍的馬偕最具代表性,他在五股坑、大稻埕、艋舺、新店、錫口等地建造了教堂,其形式相似,立面中央設立尖頂塔樓,同時以類似佛塔的小塔裝飾屋頂,這是為緩和傳教時居民的反對情緒,所以在建築表現上融合了本地的建築特色。但最重要的敬拜空間,仍維持西方傳統的配置形式。

早期來台灣的宣教士,為了傳播福音,往往配合地方醫療及教育的工作來達到目的,所以還有一些附屬的建築,如傳教士的住宅、學校、醫院等,形式多為一般的洋樓建築。這些傳教士通常都多才多藝,甚至連建築的設計亦不假手他人,所以教堂的形式受到傳教者故鄉建築的影響很大,如赤山天主堂就帶有一些西班牙的風味。

日治後的教會發展

日治前期教會的發展仍興旺,教堂建築隨著樣式建築的出現,而有了新的面貌,同時有專業的建築師來負責設計。到

●加拿大籍的馬偕牧師,是台灣北部基督教宣教活動最重要的人物。

了昭和時期,由於軍國主義高漲,在積極的皇民化政策下,強迫推行供奉天照大神及日本天皇的神道教,使得基督教及天主教的宣教活動受到壓迫,面臨停頓。

台灣光復後,因與基督教國家的美國關係密切,許多宗派亦派遣傳道人至台宣教。當時社會物資缺乏,教會的福利政策對傳教工作有很大的幫助。這時的教堂建築設計多由本地建築師擔綱,開始走向本土化及現代化。但隨著經濟成長,地價狂飆,近年的教會多半已不再有能力興建獨立的建築,教堂多位於公寓大廈之中,所以原有建築與空間上的意涵已逐漸磨滅,為實用功能所取代。

●新店長老教會,為馬偕所設計建造的尖塔形教堂之一,可惜已不存。

博物館

博物館的出現，標識著一個地區人文水準的提升與對歷史的尊重。遠在十九世紀末葉，傳教士馬偕即蒐集台灣的礦物標本，成立了私人的展示室。但直到日治時期，殖民政府成立兒玉及後藤紀念博物館（今國立台灣博物館），西方博物館的觀念才正式被引進台灣。當時日人為達到有效的統治，獎勵學者進行台灣研究，此博物館即蒐集典藏了包括人類學與自然歷史各方面研究的豐碩成果。國立台灣博物館的建築本身也是台灣近代建築史上的里程碑，它的設計嚴謹，材料考究，施工精細，尤其以古希臘柱列表現文物典藏之重鎮，可能是受到大英博物館及紐約大都會博物館的影響。

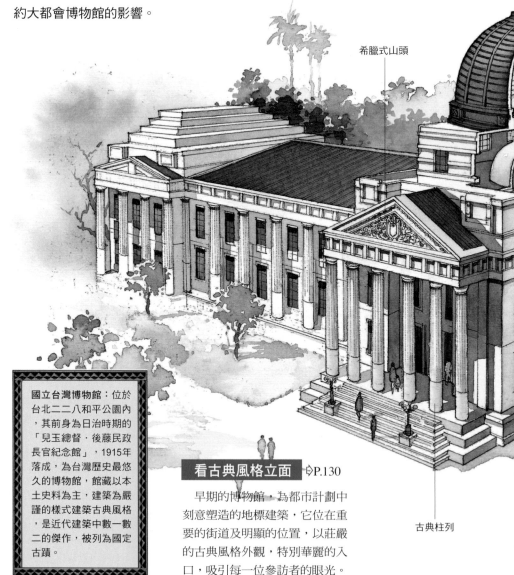

希臘式山頭

國立台灣博物館：位於台北二二八和平公園內，其前身為日治時期的「兒玉總督・後藤民政長官紀念館」，1915年落成，為台灣歷史最悠久的博物館，館藏以本土史料為主，建築為嚴謹的樣式建築古典風格，是近代建築中數一數二的傑作，被列為國定古蹟。

看古典風格立面 ⇨P.130

早期的博物館，為都市計劃中刻意塑造的地標建築，它位在重要的街道及明顯的位置，以莊嚴的古典風格外觀，特別華麗的入口，吸引每一位參訪者的眼光。

古典柱列

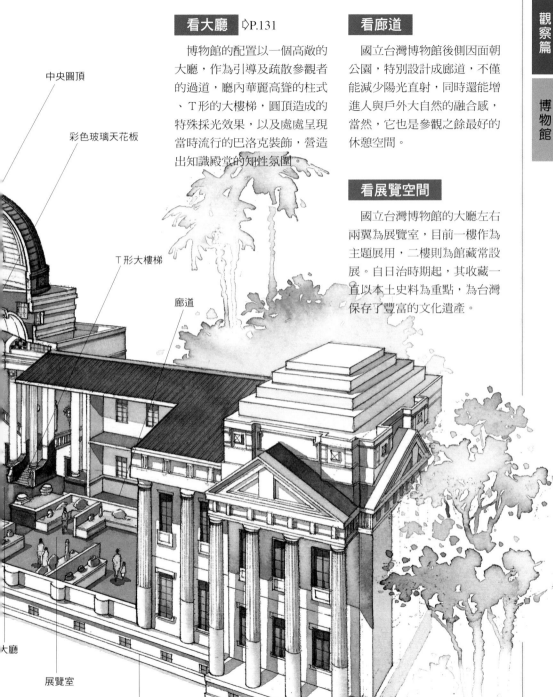

看大廳 ⇨P.131

　　博物館的配置以一個高敞的大廳，作為引導及疏散參觀者的過道，廳內華麗高聳的柱式、T形的大樓梯，圓頂造成的特殊採光效果，以及處處呈現當時流行的巴洛克裝飾，營造出知識殿堂的知性氛圍。

看廊道

　　國立台灣博物館後側因面朝公園，特別設計成廊道，不僅能減少陽光直射，同時還能增進人與戶外大自然的融合感，當然，它也是參觀之餘最好的休憩空間。

看展覽空間

　　國立台灣博物館的大廳左右兩翼為展覽室，目前一樓作為主題展用，二樓則為館藏常設展。自日治時期起，其收藏一直以本土史料為重點，為台灣保存了豐富的文化遺產。

中央圓頂

彩色玻璃天花板

T形大樓梯

廊道

大廳

展覽室

台基層（地面層）

古典風格立面

日治時期，博物館的興建是殖民政府的重要策略，不論設計或施工者都是一時之選，為了表現博物館的莊嚴性，建築採用古典風格。其外觀的重要特徵是具有明顯的中軸線，不論平面或立面，都嚴格遵守左右對稱的原則。而從國立台灣博物館的入口立面更可看到以下幾項基本易辨的古典風格元素。

古典風格的源頭

　　國立台灣博物館的外觀為樣式建築中的古典風格，其最初的原形得自古希臘的神殿，追求嚴謹的建築法式，注重完美的比例，散發肅穆又優雅的古典氣息。這種風格常出現在歐洲歷史悠久的公共性或紀念性建築物，許多著名的博物館也多採用之。

中央圓頂

　　中央入口上方使用如穹窿狀的半球形屋頂，以增加外觀的氣派及室內的變化。圓頂由鋼筋混凝土建成，外層披覆銅皮，下面的方形基座開有高窗，以便引進天光，照射內部的彩色玻璃天花板。

希臘式山頭

　　位於正立面入口上方，三角形的山頭有泥塑的勳章飾、花葉裝飾的桂冠，及捲曲的花草紋飾等，非常華麗細緻。

台基層

　　由於近代施工技術的進步，已不需非有高大的台基才能穩固，但為了保持古典風格的比例效果，所以將地面層外觀裝飾成石砌台基，並於入口處設大階梯引導。

古典柱列

　　成排的柱列使用古希臘即發展成熟的多立克柱式，柱頭裝飾少，柱身有凹槽。

大廳

進入博物館，先經過空間狹窄的玄關，再進入挑高兩層的氣派大廳，一下子將參觀者的視線向上提升，頗具戲劇效果，這種手法在國外同時期的博物館內也常看到。在這個優雅的空間，不要錯過以下幾個觀察點。

門窗裝飾

門板及門窗外框以雕刻或泥塑，表現巴洛克的華麗裝飾，充分配合大廳的氣氛。

屋頂天花板

天花板配合圓頂亦如穹窿狀，頂部及四周鑲以彩色玻璃，不僅能採光，其美麗的花紋，更具裝飾之效。

古典柱式

四周環繞三十二根科林斯柱式，柱頭華美精緻，不僅賞心悅目，也使整體空間更有層次感。

壁面材料

牆面的下半部使用珍貴進口的義大利大理石，其紋路華麗，顏色深沈，更添高貴氣質，也顯現博物館的特殊性。

歷史隧道

台灣傳統社會雖然也有私人的收藏，但由公家設置博物館，以西方觀念系統化收集與研究，卻是日治時期才展開的。

日本國內從1868年明治維新運動後，引進西歐國家的文化觀念，其中包括博物館的成立，不僅可以強化學術研究的基礎，也等於提供新的學習教室給一般大眾，所以博物館設立的數量越多，種類越豐富，就代表國家的文化水準越高。

國立台灣博物館舊稱「兒玉總督‧後藤民政長官紀念館」，原是日治時期為紀念治台有功的總督兒玉源太郎及民政長官後藤新平而建，所以目前館內還留有二人的銅像。受贈後即作為博物館之用，至於為何以台灣本土的人文、自然史料、林業、農業、礦業、原住民文物，及華南、南洋等資料為蒐集研究的對象，實是為日本擴張蠶食亞洲的行動作準備，雖別有用心，卻也為台灣留下不少寶貴的文物及研究資料。

紀念館成立後，並未形成全台各地興建博物館的風潮，只有少數主要城市如台中、台南、嘉義設立了史料館、教育博物館等，由此可看出日人在台設置博物館，並非以提高人民知識為出發點，而是帶有濃厚的政治目的及宣傳意味。

●日治時期「兒玉總督‧後藤民政長官紀念館」中的原住民文物陳列室

官署

官署的建制會隨著國家與社會形態而改變，如清末台灣曾設立巡撫衙門及布政使司衙門，各地也有府署與縣署，至日治時期則設立總督府，以下轄五州三廳。現存台灣各地的官署類古蹟即多為這些日治時期的官方建築，它們都選址在城市的核心地區，建築規模宏大，造形氣派，並且隨著時代發展而有不同的設計風格。如完成於1919年的總督府（今總統府），當時是東亞最巨大的建築之一，它的建築細部設計精良，雖然歷經二次大戰破壞，仍很堅固，外觀非常壯麗。

看建築外觀 ⏵P.134

在日治時期，官署建築是威權體制的象徵，且其式樣往往走在時代的尖端，成為民間模仿的對象。因此，要認識近代建築各時期的建築特色，官署是最好的觀察範例。

看選址 ⏵P.137

日治時期為了強調政權，官署建築往往設於都市核心，甚至拆除重要寺廟或建築作為興建官署的地點。此外，其位置常會配合都市計劃，考慮建築物與道路的關係，使成為顯著的景觀。

中央尖塔

大廳

玄關

斜坡道

主入口

●量體龐大的總統府位於丁字路口，是台北市的顯著地標。

看空間機能 ⇨P.136

官署建築以辦公空間為主，最常見的配置是中央梯間式，即以中間為主入口，進門後設置玄關及大廳，主樓梯置於大廳內，對左右兩邊的辦公空間可以提供最便捷的動線。

●原台中州廳大廳的主樓梯，流暢的上下動線配合戶外天光，增加了空間的氣派感。

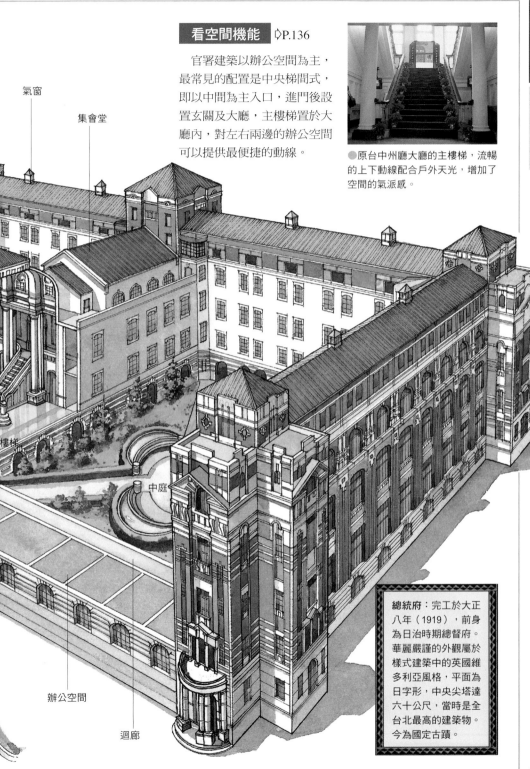

氣窗

集會堂

樓梯

中庭

辦公空間

迴廊

總統府：完工於大正八年（1919），前身為日治時期總督府。華麗嚴謹的外觀屬於樣式建築中的英國維多利亞風格，平面為日字形，中央尖塔達六十公尺，當時是全台北最高的建築物。今為國定古蹟。

建築外觀

日治時期的官署建築，多由官方的知名建築技師負責設計，其式樣豐富多變，量體龐大，往往成為民間建築的模仿對象。常見的有以下幾種形式。

樣式建築

多為一九二〇年代以前興建，特別是在大正年間，其建築形式主要根源於歐洲，外觀華麗、裝飾細節繁複為其共同特色，如英國維多利亞風格的總督府、總督府專賣局，法國曼薩爾風格的台中州廳、台北州廳，及古典風格的台中市役所、總督府交通局遞信部等。每一棟都是精心傑作，成為民眾記憶中的重要都市建築。

　紅磚牆　　　　　白色橫帶裝飾

●原專賣局建築屬於英國維多利亞風格，外觀十分華麗。

　曼薩爾式屋頂　　　老虎窗

●原台中州廳具有明顯的曼薩爾式屋頂，立面一樓設拱圈，二樓置柱列，變化豐富。

古典柱式　　仿石牆面　　　　圓頂

●原台中市役所之入口具有古典風格

官署設計專家
——森山松之助

森山氏畢業於東京帝國大學，是受西方建築教育的第一代，1907年來台擔任建築技師，設計了總督府專賣局、台北州廳、台中州廳、台南州廳及台南地方法院等。當時總督府的設計案，競圖得獎者雖是長野宇平治，但決定加高中央尖塔並做最後修改者，卻是森山松之助，所以他可以說是日治時台灣官署的設計專家。

折衷建築

一九二〇及三〇年代興建的官署建築以折衷形式居多，外觀上極力擺脫裝飾繁複的樣式建築，但仍多採嚴謹的對稱形式。初期為了國防上安全的考慮，面磚多呈深色，後期則轉為淺色，如台北市職業介紹所、專賣局新竹支局、稅務出張所、台北北警察署、台南警察署等。

深色面磚　　簡化的山頭　　簡潔的裝飾

●台南市警察局雖具現代建築的簡潔精神，但入口立面裝飾意味仍強。

興亞帝冠建築

一九四〇年代前後，受日本軍國主義及南進政策的影響，興亞帝冠式的官署建築多出現在高雄地區，建築外觀大體接近折衷式，但充滿了威權象徵，常見帶東方味道的攢尖頂或是像軍帽般的盔頂，以1938年興建的高雄市役所為代表。

●外觀嚴謹對稱的高雄市役所（今高雄市立歷史博物館），具有象徵威權的建築語彙。

面磚　　　東方冠帽式屋頂

初期現代建築

簡潔整齊，強調水平流線感，轉角處作成弧形為其特色。因天際線變化較少，特別顯出官署建築龐大的量體，以一九三〇年代興建的台北市役所、台北電話局、基隆廳舍為代表。

●日治末期興建的台北市役所（今行政院），整齊劃一的外觀，表現了現代建築的精神。

強調水平流線感　　　　平頂　　面磚

空間機能

日治時大型官署平面多為對稱的「日」字形，如總統府、舊高雄市政府、行政院等。通常四周為辦公室、中央為集會堂，配合大廳、迴廊等，形成完整的空間體系。這裡以總統府第一層平面為例，依序看各處空間。

主入口及玄關

　　高聳的尖塔或華麗的圓頂下，是官署建築所強調的主入口位置，通常此處設置有頂蓋的停車空間，以斜坡道與地面車道相連，方便官員的進出。通過主入口後，是較為狹窄低矮的玄關，具有過渡功能。

辦公空間

　　是官署內最重要的空間，以牆體分隔為許多獨立的房間，層級高的官員多擁有辦公、會客、休息等相連的一組空間。

大廳

　　大廳是進入玄關後具通道功能的空間，有迴廊可連通至各處。大廳高敞明亮，四周常環立具有華麗裝飾的柱式，表現出高貴莊嚴的空間感。其內通常有一座寬敞呈T形的樓梯，外觀及欄杆設計講究。

迴廊

　　迴廊環繞建築四周外側而設，為辦公室與各空間彼此的聯絡通道，並具有隔熱防炎暑的作用。

集會堂

　　官署中的大型會堂，重要的集會或宴客都在此舉行，目前總統府內的介壽堂還作為小型音樂廳使用。

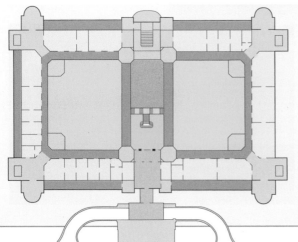

●總統府平面圖，格局呈日字形，中庭被分隔為左右兩處。因其建築物高大，中庭四隅的角樓，為加固結構所設。

主入口及玄關		辦公空間
大廳		集會堂
迴廊		中庭

選址

官署所在的位置通常是市鎮的核心地點，並配合都市計劃，帶動都市的發展，其常見的位置有以下四種。

主要道路旁

主要道路較為寬闊，而建築物略為退縮，因此可以觀賞到官署建築的完整立面，甚至有的官署面寬長達整個街廓，更顯氣派，如交通部。

十字路口轉角

兩側立面都臨街，建築呈呈 L 形，華麗外突的主入口位在轉角處，兩翼向兩側延伸。這種類型的官署建築最多，如監察院、台中市政府等。

丁字路口

位於丁字路口的盡頭，建築立面可完全不受遮擋，再配合筆直的道路，形成強烈的道路端景，如總統府、新竹市政府（原新竹州廳）。

放射狀道路的街角

因為是交通樞紐，所以成為視覺焦點，有時形成多棟重要建築分據各個街角的情形，如台北北門圓環邊的原鐵道部及郵局。

歷史隧道

台灣的官署建築不僅反映了政治的變遷，也呈現台灣建築的演變軌跡。

清代及日治初的官署

台灣清代的傳統衙署建築受到主事官員祖籍地的影響，曾出現多樣的建築形式，有福州建築、閩南建築及安徽建築，它們位在城市中的重要地點，豐富了市街景觀。日治初期日本政府多沿用這些傳統官署，但統治步上軌道之後，卻將之拆除，於原地另建新建築，故今僅存台北植物園內經遷建的布政使司衙門的局部。

日人拆除傳統官署之目的，除了不敷使用，也是為了打壓傳統文化，展現殖民統治威權的形象。日人首先積極確立台灣的行政系統，以總督府為最高機關，初設台北州、新竹州、台中州、台南州、高雄州、台東廳、花蓮港廳，後又設澎湖廳，形成五州三廳，廳下轄市、郡、街、庄，各個層級有各自的官署，州稱為州廳，市為市役所，郡稱郡役所，街稱街役所等，這些建築多由中央與地方的建築土木營繕單位負責設計。當時設置行政區的城市，也是今天近代建築留存較多的地方。

官署建築的高峰期

一九一〇年代日本對台統治已卓然有成，官署建築的高峰期於是展開，幾處重要的官署多在明治及大正年間建立起來，如總督府、台南州廳、台北州廳等。在日本統治的五十年當中，官署建築是淳樸社會中的前衛表徵，總是最早嗅到西方建築的流行風格，且全台灣各地保留的數量不少，所以成為研究近代建築流風的佳例。

為了表現統治階層的威權，壯觀嚴謹、左右對稱、明顯的高塔及講究的外觀，幾乎是日治時每一棟大型官署建築的特色。同時其地點都位在都市的核心位置，充分配合當時的都市計劃，成為重要的地標。

●日治初期曾以位於台北的清代布政使司衙門為臨時總督府

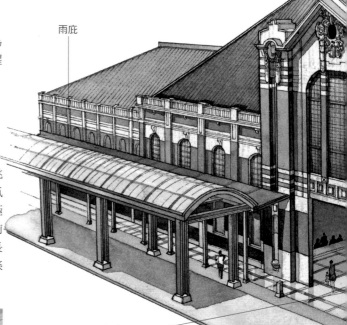

火車站

蒸汽機是十九世紀工業革命的指標，當時鐵路的興建象徵國家文明進步，而火車站則取代王宮成為近代城市之中心。清末劉銘傳在台實施新政，建設鐵路是最重要的工作之一，可惜其所建火車站今皆不存。日治時期延長縱貫鐵路，鐵軌於台中會合，故台中火車站的建築最考究，居市中心，建築物屋頂高聳，尖塔成為明顯地標。它代表一九一〇年代的風格，與三〇年代的嘉義火車站或四〇年代的高雄火車站可作有趣的對比。

看建築外觀　▷P.140

火車站是公共建築，通常為地方上的地標，其建築外觀醒目，並且深具時代性。

雨庇

看候車大廳

為了容納大量流通的人潮，大型火車站的候車大廳通常挑高至二或三層樓，不僅空間氣派，天花板及柱頭的裝飾也極講究。有些小站的候車室目前還看得到舊式的候車椅，以長形木條釘成椅面及椅背，線條圓順，觸感舒適。

候車大廳

●嘉義火車站高敞的候車大廳內，人來人往。

看售票櫃檯

由於票務系統日新月異，大型車站的售票處均已改建，只有在小型的火車站還能看到木造小窗口式的售票櫃檯。

●台南後壁火車站候車室內的木製候車椅

●後壁車站內的售票櫃檯，充滿質樸的親切感。

看月台 ▷P.141

長長的候車月台，常上演著溫馨接送的感人場景，其實月台上方的遮棚結構與裝飾，也是早期火車站的觀察重點！

●高雄舊火車站的月台遮棚，形式簡潔優美。

中央尖塔

月台遮棚

月台

剪票口

售票櫃台

台中火車站：興建於1917年，因縱貫鐵路南北鋪設，在台中站交會，故這座火車站特別受到重視，以華麗的外觀取勝，為一九一〇年代樣式建築火車站的代表，被列為國定古蹟。

看剪票口

早期火車站的剪票口多半以木製的柵欄及門扇分隔候車室及月台，剪票員在弧形柵欄後，管制乘客進出，其式樣簡單但極具親切感。

●苗栗泰安火車站的木製柵欄式剪票口

建築外觀

火車站是城市中的重要建築，因是由官方出資興建，特別能反映當時的建築特色。大都市的火車站進出人數眾多、站務繁忙，建築的量體大，形式也較為複雜；偏遠的鄉鎮則多為小巧親切的火車站。現存早期火車站較具代表性的外觀式樣有以下四類。

樣式建築

出現在一九〇〇至二〇年代間，磚木結構，風格華麗，屋頂有高聳的鐘塔、牆面以柱式裝飾，並開有許多拱窗，如新竹火車站、台中火車站。

●台中火車站建於1917年，為火車站中樣式建築英國維多利亞風格的代表。

折衷建築

出現在一九二〇及三〇年代，為鋼筋混凝土結構，建築物好似以許多大塊的立方體組合而成，外表貼面磚，風格簡潔，沒有繁複的修飾，但是仍未完全擺脫左右對稱的觀念，位於中央的入口牆面略為高起，有如簡化的山牆，如嘉義火車站、台南火車站。

●嘉義火車站建於1933年，具有簡化的山牆及幾何圖案裝飾，牆面貼淺色面磚。

興亞帝冠建築

出現在一九四〇年代日本軍國主義高漲的時期，大體外觀接近折衷式，但頂部配上大屋頂，有如戴上一頂冠帽，細部裝飾則有十足的東方風格，如高雄火車站。

●高雄火車站建於1941年，正上方的攢尖頂及正面的「唐破風」式屋頂，充滿帝冠式風味。

和洋混合風建築

各個時期都有建造，多屬偏遠鄉鎮的小型火車站，外牆為木製雨淋板，屋頂鋪日本黑瓦，如台南後壁火車站、保安火車站及苗栗勝興火車站。

●後壁火車站建於1943年，外觀親切有如民家，候車室外側有L形簷廊，是日治時期小型車站的典型格局。

月台

月台設計的重點在遮棚，從側面看多呈Ｙ字形組合，因為向上掀起的屋簷，可配合火車的高度，使乘客雨天時上下車不致淋雨，如台中火車站的雙Ｙ形月台是最常見的形式，新竹火車站的單Ｙ形月台則顯得簡潔有力。此外，在細部構造上，日治時期火車站的月台遮棚，有以下二種較特殊的作法。

特製鑄鐵桁架及柱子

華麗的樣式建築火車站，月台遮棚也極為講究，不論柱子或屋架都是從國外特別訂製的鑄造物，表面並飾以美麗的圖案，如台中及新竹火車站。

●台中火車站特製的月台鑄鐵結構

工字型樑架

一九三〇年代，鐵道部的松山機械廠已開始自製鐵軌，所以這個時期的許多月台遮棚，以同樣的工字形鐵軌加工彎製成屋架或柱子，如嘉義、台南及高雄火車站。

●嘉義火車站以鐵軌彎製成月台屋架

歷史隧道

台灣鐵路的興築開始於清光緒十三年（1887）劉銘傳治台期間，劉氏主理台政時對洋務運動的推行不遺餘力，並設立「全台鐵路商務總局」，計劃興築基隆到台南的鐵路，以帶動全台的革新。最早完成的路段是基隆經台北到新竹，其中位於基隆的獅球嶺隧道保存至今，隧道南口額題「曠宇天開」，充分流露出工程的艱難。清時的車站規模不大，外觀與民宅相似，未有保存至今者。

日治時期的火車站

日治時期，統治階層為了有效控制台灣，積極發展交通建設，在原有的基礎上繼續興建鐵路。1908年新竹到高雄的縱貫線完成，當時的通車典禮在台中舉行，還興建了台中公園的雙亭以茲紀念；至1926年又完成了東部線與宜蘭線鐵路。

日治時火車站的設計，大多出自鐵道部所屬的改良課或工務課，隨著不同時期流行的建築風格，出現了不同的建築式樣。早期的火車站多為簡單易建的木造建築，到了一九〇〇年代才出現正式講究的火車站，結構以磚木造為主，在當時的流風下，以華麗的樣式建築最多；此外，還有一種融合西洋與日本風味的和洋混合風格，如萬華、桃園、彰化、屏東火車站等，可惜均已重新改建。一九三〇年代興建的火車站，則出現簡潔有力的折衷建築，迥異於以往。到了二次大戰後期，深具軍國主義思想的興亞帝冠建築代表——高雄火車站，佇立在街頭，使火車站建築又呈現了新的面貌。

在城市中火車站的設立，不僅帶動地方的繁榮，其建築往往也是都市中的新地標，甚至火車站的式樣還傳達了流行趨勢，將新的建築資訊帶到各地。通常重要城市的火車站規模較大，而且因站務繁忙，還經過多次改築，像台北火車站，現在已是第四代建築了。而在較小的鄉鎮往往可以發現平面相同或外觀相似的火車站，這是當時為了節省人力，而以同樣圖面施工的結果。

●興建於1908年的基隆火車站屬於華麗的樣式建築，可惜已改建。

銀行

銀行是日治時期才引進台灣的近代化金融機構，當時除了官設的銀行外，還有台灣人集資設立的銀行及信用合作社。銀行建築力求外觀壯麗與結構安全，因此常成為都市街角的地標性建築物。以粗大的柱子組成柱列是日治時期銀行常用的設計手法，尤其台北與台南土地銀行造形特別渾厚，使用略具中美洲建築風格之巨柱及浮雕牆體，非常有趣，值得我們細加比較，這些柱子並非真正的石材，而是模仿石材所作成的人工假石，但施工精細，展現了當時優秀的建築水準。

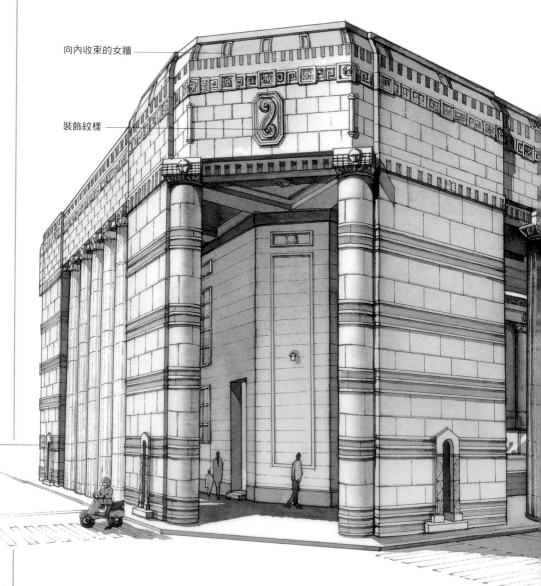

向內收束的女牆

裝飾紋樣

看選址

銀行為金融重鎮，位於都市核心，與城市活動息息相關，並且常位在重要官署的附近，通常是主要道路的兩旁及路口轉角，因此其平面多半呈一字形或 L 形，是都市中顯著的地標。

●台北土地銀行位於路口轉角處，建築兩面臨街。

看建築外觀 ▷P.144

穩重而理性的外觀，幾乎是銀行建築的共同特色，主要原因是要有厚實的建築保護存放的錢財，可令客戶有安全感。常見的外觀大致可分為樣式建築及折衷建築兩類。

看空間機能

銀行的內部空間以營業大廳為中心，大廳高敞，四周牆面配合外觀風格，以附壁柱式或裝飾帶修飾，予人十足的氣派感。空間以櫃檯分隔為顧客區及辦事人員工作區。銀行內其餘的空間還包括辦公室、服務空間，及層層保護的金庫，不過後者可不能隨便觀察。

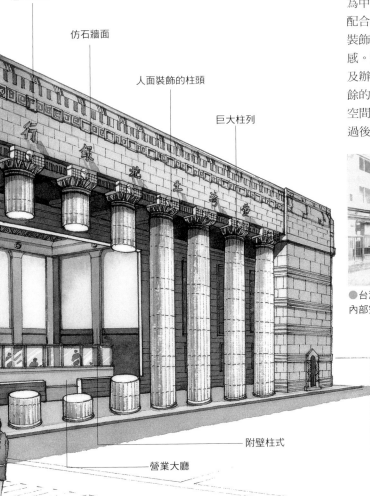

詹口飾帶

仿石牆面

人面裝飾的柱頭

巨大柱列

附壁柱式

營業大廳

●台灣銀行總行的營業大廳舊貌，內部空間挑高三層，非常氣派。

> **台北襄陽路土地銀行：**
> 建於昭和八年（1933），原名日本勸業銀行台北支店，主要業務是放款給農林漁等產業團體，協助基礎建設，日治時台灣各地共有五家分行。建築宏偉穩重，具特殊的異樣風格，被列為直轄市定古蹟。

143

建築外觀

目前所存的銀行建築多數為一九三〇年代所建，所以在建築結構上以堅固的混凝土為主，充分反映時代的特色。常見的外觀大致可區分成以下二種類型。

樣式建築

三〇年代時，開始出現較簡單俐落的建築造形。但當時的銀行建築，雖在材料、構造上開始有現代建築的精神，其外觀卻仍保留了較多的樣式建築元素，以顯其莊重。其中又可分為兩種風格：

古典風格：全棟牆面使用石材或人造石，一樓特別做成石砌台基的感覺，二、三樓則設置巍峨的柱廊，表現出古典風格的厚重感及嚴謹比例的精神，並且具有考究的簷口飾帶及柱頭裝飾等。不過，受到現代建築潮流的影響，女牆呈水平形狀，不作古典的三角形山頭。如台灣銀行總行、屏東台灣銀行。

異樣風格：是樣式建築在台灣發展到極致成熟後所出現的新風格，主要是採用南美、埃及等地的裝飾元素，而以銀行建築較常使用。此種風格的女牆特別向內收束，是中美馬雅文化的建築特色；柱頭及壁面裝飾、牆身飾帶等，也常使用印度、埃及或南美等地紋樣，與西方希臘羅馬系統者，大相逕庭。如台北及台南的土地銀行、台中彰化銀行。

有如高大台基的一樓　　水平女牆　　簷口飾帶

石砌牆面　　　　　　　柱列

●台灣銀行總行

特殊的　　　　　　女牆向內收束
柱頭裝飾　　橫飾帶　　　　獸頭

●台南土地銀行

異樣風格圖案集錦

銀行建築常出現的異風圖樣，是指迥異於古希臘羅馬及哥德建築的紋樣。三〇年代日本西化思潮羽翼已豐，開始想擺脫西方傳統，於是從異國文化吸取設計泉源，此為其時代意義。

●東亞風格的福神及萬字紋

●中美馬雅風格的渦卷紋

●中美馬雅風格的人面浮塑

●南美風味的獅頭

●南美印加風味的渦卷紋飾

折衷建築

整體造形簡潔、強調水平感，表面採用貼面磚、洗石子、水泥仿假石等材料，已有現代建築特色，但仍未放棄女牆及柱式的裝飾，並利用樣式建築常見的強調入口作法，增加建築外觀的變化。如台中華南銀行、高雄合作金庫。

以八角形塔樓強調入口 ——　　　挑高至二層樓的柱列

仿假石　　　　　　　　女牆的橫飾帶

●台中華南銀行

高大的柱式

矗立著高大的柱式，幾乎是每一座銀行建築的外觀特色，這也是形成銀行外觀厚實感的重要原因。其作法有二種。

柱廊：門窗位於內側牆體，外部以巨大的柱列形成挑高二層的柱廊，不僅立面壯觀，行走於其下，更有渺小的感覺，如台北及台南的土地銀行、屏東華南銀行。

●台南土地銀行的柱廊

附壁柱：柱式附於壁體，門窗置於柱列間，使立面呈現凹凸有致的立體效果，如台中彰化銀行、屏東台灣銀行。

●屏東台灣銀行的附壁柱列

歷史隧道

清代台灣除了民間的匯兌館外，並沒有現代的金融機構，銀行的出現始自日治時期。

日治時期的金融機構

日治初台灣市面流通的貨幣五花八門，日人為了安定財政金融、大力整治貨幣制度、扶助基礎產業開發，於是在治台後的第五年（1899）設立獨立的金融機構——台灣銀行，之後陸續成立的有台灣商業銀行（1902）、台灣農商銀行（1903）、嘉義銀行及彰化銀行（1905）、台灣商工銀行（1910）、新高銀行（1916）、華南銀行（1919）等。除了這些中央的銀行，也有地方的銀行，及日本知名銀行的分行（如勸業銀行）。另外也有民眾參與股份，獎勵儲蓄及放款給中小企業的信用組合（今合作金庫）。

日治時現代的金融機構雖對台灣經濟的穩定有重要影響，但是其設置的因素往往伴隨著殖民政策的野心，例如台灣銀行華南及南洋地區分行，及華南銀行的設置，乃以方便對外擴張貿易金融及經濟侵略為目的；而彰化銀行設立的原因是為解決廢止大租權後，發行公債補償地主；勸業銀行則是為了獎勵生產，以達到「工業日本，農業台灣」的目的。同時日方鼓勵日本的大企業來台投資，且給予放款的優惠，甚至初期連一般的存款利息，日籍人士也比台籍人士來得高。

一九三〇年代台灣社會穩定，經濟到達巔峰，民間儲蓄增加，加上土地開發租貸政策形成，使得銀行業更為興盛，許多銀行分行設立，舊的建築在這個階段進行改建，所以我們現在看到的銀行建築多具當時流行的折衷建築特色。

學校

清代台灣的教育以府縣儒學及書院為主，直到清末開放
通商，才開始出現略具近代制度的學校。日治時期普遍
設立小學校與公學校，並陸續設立中學、職業學校與大學。學校建築
與教育理念有關，日人所建小學頗有軍國主義教育色彩，教室平
面配置嚴肅而呆板，校園中央闢操場舉行升降旗儀式。但教會所建學校
則側重人文精神之培養，啟迪人與外在世界之合理關係，淡江中學即為其中
佳例。其校舍設計融合了歐洲與台灣本土建築之風
格，以拱廊串連各棟教室，以草坪襯托紅磚的八角
塔樓，塑造出古典而寧靜的學習空間。

八角塔

禮堂及原教堂

看校園規劃 ▷P.148

因學校教育對象不同，校園
規模有極大的差異。有的學校
以主樓為重心，一進大門
就可以望見；有的學校則
以錯落散置的建築來呈現
多元的校園風貌。

看空間機能 ▷P.148

學校的主要空間包括教室、
禮堂、圖書館與體育館等，還
有串連其間的走廊、樓梯，每
個地方的功能不同，設計與設
施也各有特色。此外，寬廣的
操場空間更是西式學校與傳統
書院最大的不同。

階梯教室

淡江中學校舍
的拱廊，呈現校
園的靜謐氣氛。

146

看建築外觀 ▷P.150

親切而文雅是學校建築的共通表情，但是不同性質與歷史背景的學校，其外觀形式仍有相異的風貌。

●淡江中學八角塔的入口，有石雕燈籠及雀替，具台灣傳統建築風味，正上方的「信望愛」則出自聖經。

教室

拱廊

八角形小塔

新北淡水淡江中學：整體規劃具歐洲大學校園的風味，最具代表性的磚砌八角塔建築群，是由羅虔益牧師所設計，完成於1925年。它結合傳統中國寶塔與洋式建築的趣味，平面有如三合院，以八角塔為中心，兩翼向外延伸，末端又立八角形小塔。

校園規劃

針對不同年齡階層的學生有不同的教學目標，不同的創校者也有互異的教育理念，從校園規劃的方式通常可看出上述兩個重點。台灣早期學校常見的校園配置模式大致有以下二類。

以入口主樓為重心

早期中小學校教育注重統一的管理與教導，且校區規模較小，因此校園較制式化，通常大門後第一棟就是主樓，將教室及行政空間結合於此處。主樓常單側設迴廊，以防日曬，背側則為操場。主樓建築有呈一字形（如台北建國中學紅樓）、曲尺形（如台北北一女中光復樓）、ㄩ字形（如台北舊建成小學、台南長榮女中）等。

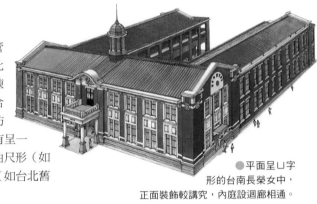

●平面呈ㄩ字形的台南長榮女中，正面裝飾較講究，內庭設迴廊相通。

空間機能

不同的室內空間，用途互異，因此在建築結構及內部陳設上都有各自的特色。學校的重要室內空間有下列幾處。

教室

教室是學校的主體，也是學生活動時間最長的空間，其中可分為普通教室及特別教室，觀察時注意門窗的細節，及講台、黑板的設計。特殊教室如美術、音樂教室或實驗室等，其內部的空間設計及佈置亦不同。

●淡江中學的階梯教室，在當時為非常進步的教學空間，座椅均為木製。

禮堂

是大型會堂，可容納全校師生進行典禮、表演、演講教學等，在早期的學校多稱為講堂，在教會學校中又可作為教堂使用。所以寬廣挑高、室內無柱為其內部空間的特色，常見的結構有木屋架及鋼骨屋架。有的禮堂只是校舍建築裡的一個大房間（如台北舊建成小學），有的禮堂則是獨棟式（如台灣師範大學、台南一中小禮堂等）。禮堂內的佈置及講台多為舊物，觀察時不可錯過。

●台灣師範大學的禮堂坐席有上下二層，欄杆大多仍為舊物。

建築散置於校園內

此種規劃方式以高等學府及教會系統的學校為多，這類學校比較強調思想上的啟發，配置上具有較高的自由度，並且各具明確功能。如台灣大學（原台北帝國大學）及成功大學成功校區（原台南高等工業學校），以一條寬大的道路為校園主軸，各種風格統一的建築則林立於主軸兩側；或如教會學校的淡江中學及台南長榮中學，中西合璧的各類建築及不可少的教堂，形成豐富多元的校園。

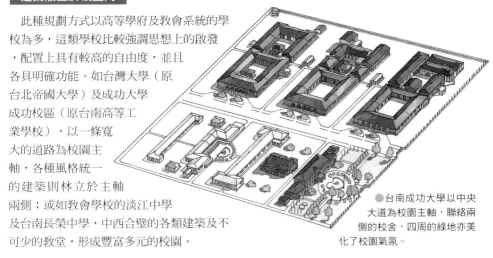

●台南成功大學以中央大道為校園主軸，聯絡兩側的校舍，四周的綠地亦美化了校園氣氛。

圖書館

專門存放書籍以供學生閱覽的場所，是學校中不可或缺的設備，在大學中尤其重要，常有獨立成棟的作法，例如台大舊總圖書館。它的主要空間有書庫、閱覽室及辦公室。

體育館

西式的教育注重學生的體能訓練，所以除了戶外的操場，室內的體育館也常是不可缺的學校設備，高敞無柱、開高窗，可作為籃球場、羽球場或排球場，或充當禮堂使用。

●淡江中學體育館使用鋼樑結構

聯絡空間

學校是人數集中的地方，為了進出方便，設有多處走廊及樓梯。走廊是聯絡各間教室的主要動線，也是學生下課活動的空間，為因應氣候多裝置窗扇以避暑，有的學校還在窗台前設置物木櫃供學生使用。學校的樓梯尺度較寬，扶手欄杆常具當時的裝飾特色。

●台北中山女高逸仙樓內的寬敞樓梯，扶手欄杆具現代感。

●中山女高走廊窗台前設有置物用木櫃。

149

建築外觀

台灣早期的西式教育大致可分成兩個系統：一為西方傳教士所辦的教會學校，另外就是日治時期殖民政府所普遍設立的中小學、職業學校與高等學校。校舍的建築式樣亦可透過這兩個方向來觀察。

日治時期官設學校

現今留存的學校大多始自日治時期，設計者多為官方營繕單位中的專業技師，建築外觀常隨著當代建築流風而有不同，常見的有以下三種類型。

樣式建築：具有樣式建築外觀的學校，約可歸類為三種風格。

古典風格，以古典柱式、圓拱或巴洛克圖案裝飾外觀，較具古典風味的如台大行政大樓及法學院，較具華麗巴洛克風味的有成大禮賢樓、台南女中等。

紅磚洋式風格，使用質樸的紅磚，並有規格化的開窗或拱廊，雖有樣式建築的裝飾，但裝飾面積少且集中在入口，並具混合風貌，如建中紅樓、台北舊建成小學及台南師範學院。

●台大行政大樓（古典風格）

●台灣師範大學禮堂（仿哥德風格）

仿哥德風格，有尖拱、扶壁、四葉飾、尖形線腳或瘦長比例開窗等特色，如台灣師大禮堂、台中師範學院。

折衷建築：出現於一九二○年代後期，以簡化的樣式風格，表達現代感，卻仍充滿學院氣息，常見的特色為連續拱圈開口、簡化山牆，還貼有模仿磚牆效果的褐色面磚，如台大文學院及舊圖書館、成大格致堂。

●成大格致堂

初期現代建築：一九三○年代以後建造的學校，多使用現代風格。主入口常不設在中央，裝飾極少，方形開窗一列排開，外牆貼淺色面磚，如中山女高、北一女中。

●台北建中紅樓（紅磚洋式風格）

●台北中山女高逸仙樓

教會學校

　　教會學校是獨立於官方而發展的系統，多才多藝的傳教士，常是主導設計的靈魂人物，他們除了以自己國家的建築為藍本，也敏感地體認到台灣本土的文化特色，所以常見的教會學校建築有以下二種類型。

　　洋樓建築：具有殖民樣式風格的磚木建築，上下均設拱廊，置花瓶或磚砌欄杆，中央配置樓梯，如淡水女學校（今屬淡江中學校舍）。

●原淡水女學校（今屬淡江中學校舍）

　　中西合璧建築：在設計手法上，結合了台灣傳統及西方建築語彙，如淡水的牛津理學堂，平面呈四合院形態，屋脊上的小尖塔形似佛塔，但開窗卻為西洋圓拱；又如台南長榮中學的工藝教室，使用西式的磚柱及圓拱開窗，但卻有中式的馬背山牆及屋架。

●台南長榮中學的工藝教室

歷史隧道

　　清代台灣的教育制度以儒學及書院為主，至早期傳教士的出現，不僅宣揚宗教思想，同時也興辦學校，為台灣帶來了不同的教育制度。

　　清末，對台灣近代化貢獻良多的劉銘傳，曾於1887年開設西學堂，教學的內容除了國學之外，有英文、法文、史地、數學及科學等，相當完善，可惜才四年就隨著劉氏離台而結束，這棟西學堂位於今台北長沙街一帶，日治時期已遭拆除。

日治時期的教育制度

　　日治時期，日人為貫徹殖民地的統治，欲借助教育力量，排斥本土文化語言，所以初時就在總督府內成立了學務部，著手進行全面的教育工作。當時規定，台灣人、原住民及日本人就讀的學校有分別，例如建國中學的前身為台北州立第一中學，就是專供日人子弟就讀的學校，二中才准許台灣人就讀。這種差別性，充分表露統治者的歧視心態。直到1922年後，為加強族群融合，才實行各級學校的共學制度。

　　早期的教會學校以培養傳教士為主，後來漸漸也加入了一般課程。由於日人限制台籍學生的入學選擇，所以，教務自主的教會學校就成為台灣人受教育的另一個機會。

　　日治時期的教育體制，系統分門較細，在當時分為初等普通教育（小學與公學校）、高等普通教育（中學校、高等學校、高等女學校）、實業教育（農業學校、商業學校、工業學校與實業補習學校）、師範教育（師範學校）、專門教育（高等商業學校、高等工業學校、帝大附屬農業學校及醫學校）、大學教育（帝國大學）、特殊教育（盲啞學校）等，可算是相當完善，也為台灣的西式教育奠下基礎。

151

●1882年由傳教士馬偕所籌建之淡水牛津理學堂

醫院

十九世紀後半葉的台灣，開始出現近代的西醫，台北、台南與打狗（高雄）都曾有西醫為外國人服務，基督教會普設後，醫院診所亦相繼出現。然而正式大規模的西醫院是在日治初期才建立，今台大醫院舊館即為碩果僅存的日治時期醫院建築，其前身為台灣第一座大型醫院台北病院，出自日本建築家的設計，其規模之大在當時東亞頗為罕見，建築細部精美。平面以中央走廊為軸，左右對稱分布病房，機能合理。落成迄今八十多年來仍繼續發揮其功能，實在不易。

看建築外觀 ▷P.154

西醫院的出現是西化的結果，也是近代的產物，所以在式樣上使用各種外來的建築風格。台大醫院即屬於樣式建築，它的巴洛克裝飾非常華麗。

看空間機能

大型醫院的基本配置有入口（連接車道）、大廳、掛號領藥櫃檯、候診室、門診室、病房、辦公室等，彼此之間的動線流暢非常重要，多以穿廊相銜接。常見的配置是服務空間在前，診療空間在中，病房空間則位於後側。

入口：是醫院的門面，設計上較為講究，常以各種裝飾豐富立面。同時為了方便病人進出，而將車道直接引入。

大廳：醫院進出的人很多，所以要有一個寬敞的空間導引就醫者，而掛號及領藥櫃檯通常也靠近大廳。台大醫院大廳運用了格狀天花內藏燈管的方式，製造天光的效果，氣氛極佳，再加上牆面特有的米黃色磁磚，塑造了醫院整潔乾淨的良好印象。

病房：位於隱蔽的後側，以中央走道為軸，彼此相連，動線明確，卻又不受干擾。

●台大醫院的大廳四周拱廊環繞，空間高敞明亮。

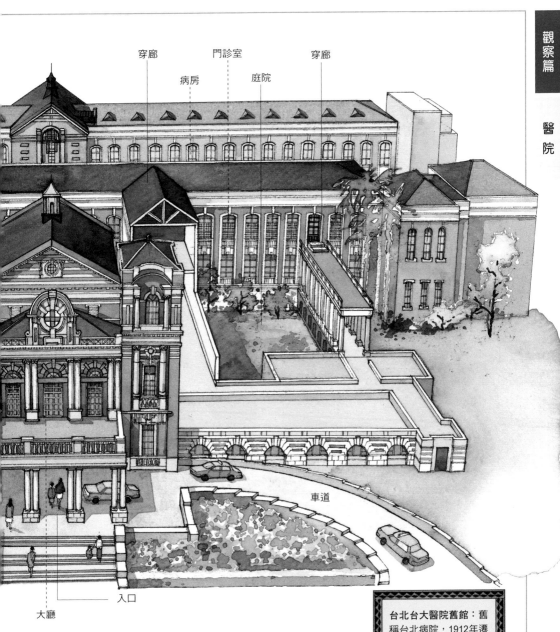

穿廊　　　　門診室　　　　穿廊

病房　　　　庭院

車道

入口

大廳

庭院：大醫院的設計如大型宅院，各棟之間留有空地，可設置庭院，有的鑿池養魚，有的植花種樹，不僅賞心悅目，對病人而言，也是重要的心理治療。

穿廊：醫院中連通各空間的廊道，寬度必須達到一定的標準，才能移動輪椅及病床。

● 大醫院中的穿廊寬敞，動線明確。

台北台大醫院舊館：舊稱台北病院，1912年遷現址改建，由於規模宏大，歷時十二年才全部竣工，當時是遠東地區最大的醫院，其華麗的建築外觀更是台灣近代樣式建築英國維多利亞風格的代表作品。今為直轄市定古蹟。

153

建築外觀

隨著各時期建築風格的流行，及起造單位的不同，醫院也呈現不一樣的建築風貌。像基督教系統的醫院，具有洋樓的形式；日治時期興建的醫院，則隨建築流風有各種立面外觀。目前完整者可分以下三種類型。

中西合璧的洋樓建築

洋樓風格的醫院多為早期傳教士所建，設有拱廊為其最大特色，不過多半已遭拆除，目前僅餘淡水偕醫館，其底部設台基具防潮作用，屋頂鋪紅瓦，配拱形開口的立面，具基督教建築常見的中西合璧風味。偕醫館規模雖不大，卻是台灣北部第一座西式醫院，為馬偕牧師所創建。

紅瓦屋頂　　拱形開口

●新北淡水偕醫館，創建於1879年。

和洋混合風建築

此種類型醫院建築多為木造結構，牆體採用雨淋板，主入口凸出門廊，仿和式建築的博風式入口，為其特色。因結構簡單施工方便，日治時期各地興建不少，特別是地方上的小型醫院，但因較易損壞，所以完整保留下來，且年代久遠者不多。如前日軍台北衛戍醫院北投分院、宜蘭羅東五福眼科等。

雨淋板　　　博風式入口

●前日軍台北衛戍醫院北投分院，創建於一九一○年代。

歷史隧道

台灣傳統的醫療以漢醫為主，西醫的運用雖早在荷西時期即引進台灣，不過影響不大。

清末劉銘傳治台時已有新式醫院的設立，另外熱心宣揚基督教的傳教士，他們以醫治疾病，當作是去除民眾藩籬的一種方法。初時的傳教士都通醫理，所以除了興建教堂，他們也興建醫院，同時在建築形式上不僅具有洋樓的特色，也常運用台灣本土風味，呈現文化交流的趣味。這些基督教系統的醫院，至今仍延續服務，對台灣的醫療貢獻良多，可惜當時的建築多未能保留。

日治時期的醫院

日治初期，日人對台灣的氣候適應不良，患病者眾，除改善環境衛生外，也廣設病院。如1895年，日治第一年就於台北大稻埕創設醫院，隔年又於台中及台南設置醫院，但早期的醫院建築簡陋，待政局趨穩後，才建造正式的醫院。

到了日治後期，全台各地主要城市大概都有公立大醫院，同時還有專科的區別。常見的是各地的綜合醫院（如台北大醫院、赤十字會病院、新竹醫院、台南醫院等），其他還有軍醫院（如台北衛戍醫院）、精神病院（如台北松山精神病院）、傳染病醫院（如台北稻江傳染病院），煙毒勒戒所（如台北大稻埕更生院）及治療麻瘋病患的新莊樂生院等。

樣式建築英國維多利亞風格

出現在一九二〇年代以前，以樣式建築的常見語彙裝飾立面，典型的代表就是具英國維多利亞風格的台大醫院舊館，紅磚結構，以柱式、白色水平飾帶，及佈滿裝飾的窗戶開口及山頭豐富立面，特別是入口部分，整體外觀十分華麗。

柱式　山頭　　　牛眼窗
紅磚牆　　　圓拱窗　水平飾帶

●台大醫院舊館，創建於1912年。

前衛的私人診所

除了大型的公設醫院外，各地鄉鎮也有許多私人診所，都是由開業醫生自行興建的。醫生在日治時期社會地位很高，是知識分子的代表，他們不僅接受嚴格的專業訓練，對外接觸的機會多，對於新事物的接受程度也較高，所以醫院建築或醫生住宅，在當時地方上常擁有較前衛的建築式樣，特別是一九二〇年代以後，現代主義在台灣萌芽，建築表現的自由度更高。

這些小醫院多兼有住宅功能，保留的數量不少，而且內部的設施，如候診椅、配藥櫃台、看診桌椅等，有的還保留至今，深具時代風格。

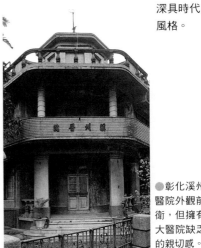

●彰化溪州醫院外觀前衛，但擁有大醫院缺乏的親切感。

為了培養本地的醫務人員，也成立專門的醫事學校，為台灣的西醫教育奠定基礎。目前台大醫學院在台北仁愛路旁還留有一棟1907年興建的校舍，可以說是早期培育台灣醫生的搖籃。當時的殖民教育政策，對台灣學生有所限制，所以許多優秀的人才只好選擇就讀醫校，其比例高達61%。

醫療設備的不斷進步，使得早期醫院的留存碰到了困難，所以目前完整保留的大型醫院數量很少，像曾經是遠東最大的台大醫院之所以可以繼續使用，主要是因有腹地興建新大樓，解決設備及空間不足的問題。而各鄉鎮的小型診所，有的持續使用，但多數卻在快速的消失當中。

●日治時期興建的台南醫院，也屬樣式建築，現已拆除重建。

法院

清代台灣的司法與地方行政合一，各地府縣衙署即擔負司法之重任。但日治時期引進西方的三權分立，司法雖然仍受總督府管轄，除政治事件外，處理一般刑事與民事訴訟已趨公正。當時分為高等法院與地方法院，分別建造宏偉壯麗的建築，台南的地方法院與台北的高等法院（司法大廈）是典型代表。尤其台南地方法院入口大廳的八角形圓頂，為全台孤例，造形結構與室內裝飾皆極優異，出自日本建築師森山松之助的設計，值得細加觀賞。

八角形圓頂

圓頂基座

代表司法精神的天平標誌

曼薩爾式屋頂

古典風格主入口

看建築外觀 ▷P.158

雖然法院亦屬官方建築，但因它的特殊性，其數量與式樣都不如官署建築豐富。觀察僅存的兩棟日治時期法院建築，可以看出其外觀分屬不同時期的建築流風，而共通的特色則是：強調莊重威儀的視覺效果，以彰顯司法的崇高。

古典風格次入口

台南地方法院：堪稱台灣最美麗的法院建築，與總統府及國立台灣博物館並稱為台灣日治時期三大建築。興建於大正元年（1912年），屋頂為曼薩爾式，裝飾具華麗的巴洛克風味，但主入口未居中，是當時官方建築中的特例。今為國定古蹟。

看空間機能

法院的外觀會隨時代潮流而有不同，但其內部空間的規劃卻相差無幾，主要依公務需求設有大廳、廊道、行政區及最重要的法庭空間。

●台南地方法院的大廳四周環立著高聳的柱式，更襯托出圓頂的深邃感。

法庭：是開庭審訊的專用場所，為避免受到干擾，多位於法院內側較隱密之處，並且注重隔音效果。法庭內可分為三區，前為法官席，其下為檢察官、辯護律師以及當事人席，後方則是旁聽席。從整體氣氛來看，法庭內部的裝飾較少，充分表現了威嚴的感覺。

廊道

老虎窗

法庭

行政區

●法庭中的法官席位於高台上，有獨立的進出口，一方面表現法官地位的尊崇，一方面避免與兩方有私下溝通之嫌。

建築外觀

日治時期僅存的法院建築——台南地方法院及台北司法大廈，外觀分別屬於樣式建築及興亞帝冠建築，以下分別說明特色。

樣式建築

台南地方法院的建築外觀十分氣派，不僅有樣式建築中最壯觀的曼薩爾式屋頂，為了強調入口地位，還分別在主、次入口上方設置圓頂與高塔，可惜高塔今已不存。另外，兩個入口都採用古典風格的山頭及柱列，具有嚴謹的均衡感。牆身的裝飾則著重在窗戶的開口部，並使用紅白相間的色調，展現一九一〇年代盛行的樣式建築風貌。

圓頂：為半橢圓形，分成八瓣，上置小塔。為了採光及裝飾，圓頂上開有圓形及直立式的老虎窗。其下的基座採八角形，四面開「帕拉底歐」式窗。

古典風格入口：分為上中下三段。上為三角形的山頭及楣樑；中段有柱列，轉角為一根方柱二根圓柱組成的柱組，柱頭有羊角渦卷，柱身有突出的四方體，益增其華麗感；下為台基，具有視覺上的穩重作用。

興亞帝冠建築

落成於1934年的台北司法大廈，中央有高塔，兩側對稱展開，形制與隔鄰的總統府相似。不同的是，它已經脫離華麗的樣式建築風貌，外觀的裝飾極少，最大的特色在於中央高塔的屋頂形狀像一頂頭盔，是日本軍國主義的象徵。這種興亞帝冠建築特別能表現當時最高司法機構的權威。

高塔：除了像頭盔般的屋頂之外，塔身也開有圓拱窗，窗框使用石材，顯得十分穩重簡潔。

入口：位於中央，突出於立面，呈巨大的立方體狀，簷口有裝飾帶，正面開三拱圈，拱柱採拜占庭趣味的雙柱，除拱圈的邊緣以石材裝飾，其餘為人造假石。

欣賞老虎窗

觀察台南地方法院，不能錯過老虎窗，它是十九至二十世紀後期文藝復興式建築普遍流行的特色。除了具採光及通氣的作用外，老虎窗的多變造形，也增加了屋頂的美感，因而成為視覺焦點。有的老虎窗從屋坡中間伸出，有的與簷口的牆體相連，具有獨立小屋頂；至於形狀，常見的有圓形、半圓形、三角形及長方形。

曼薩爾式屋頂：屋坡高聳，並使用魚鱗狀的石板瓦，其上開設許多圓形老虎窗，成為注目的焦點。

窗戶：所有窗戶開口以挖心石及隅石來裝飾。每隔兩個圓拱窗就有一個方窗，使得牆體外觀在統一中仍富變化。

牆面裝飾：基於防空的考慮使用淺綠色的面磚。三樓的簷口部分（四樓為光復後加蓋）及中央的簡化山頭，則用不同顏色的面磚組砌成幾何圖案，具有拼貼的藝術美感。

窗：外形仍為古典的圓拱窗，但已沒有繁複的裝飾，只用淺雕石條鑲邊。

歷史隧道

清代的司法制度區分為地方及中央兩個層次，地方是由行政官兼管獄訟之事，輕微的案子多由地方一審了結，較大的刑案則由府、按察使、巡撫等層層複訊，判決送達中央司法機構刑部，如無異議才能定讞。地方衙署兼法院的情況下，公義的伸張往往取決於行政官員的清廉操守及個人能力，所以形成民間私刑氾濫、人權受到壓抑，致使「包青天」一類的故事不斷傳頌，也造成人民對官衙的恐懼及不信任。

日治時期的司法制度

日本明治維新之後引進西歐制度及文化，近代司法獨立制度確立，於是日治時期的台灣也引進了新的司法制度。但是，在總督專政的體系下，立法權及司法權都操縱在總督手中，往往頒佈對反對者不利的法令，壓抑人民自由，尤其是在初期的軍政時期。後來審判制度才由一審終審制，發展至後期較具人性的二級三審制。不過，因為法令嚴苛執行徹底，倒創造了一段治安良好的時代，這也是老一輩津津樂道的事情。

日治末期，司法機構編制漸趨完備，有第一級的高等法院、第二級的地方法院、地方法院支部（分院）及出張所（地方辦事處）。除了出張所沒有法庭之外，其餘都是具有法庭的法院建築。其中，地方法院設在台北、新竹、台中、台南、高雄等五處主要城市，台北地方法院與高等法院即位於今之司法大廈，其餘除台南地方法院外，規模不大或已拆除。

司法制度源於西歐，法院建築也源自西歐。台灣的法院出現不到百年，卻是現代司法制度引進的明證，台南地方法院及司法大廈兩者皆能沿續原有使用功能，不僅對司法史具有重大的意義，其特殊的建築外觀亦成為近代都市的重要地標。

●台南地方法院舊貌，當時右側高塔仍存。

產業設施

為有別於農業時代的手工產業，近代產業乃指工業生產，特別是十九世紀工業革命之後，以機械動力為主的產業。台灣的產業建築出現於十九世紀後期開放通商之後，當時港口附近的煤炭、製茶及樟腦倉庫可視為最早期之例。至二十世紀初，機器製糖、提煉樟腦、伐木集材以及稍後的製酒、製菸、鐵工廠等，在官方與資本家的推動下，台灣出現許多規模頗大的廠房，例如台北的自來水廠、鐵路機廠、酒廠與菸廠；中南部的彰化穀倉，虎尾、溪州、橋頭、屏東的糖廠；高雄的水泥廠與竹仔門電廠；此外還有嘉南大圳、花蓮酒廠等。

這些規模宏大、構造堅固的產業設施，我們可從原物料到成品的生產過程，以及建築物的結構與形式來分析，尤其以高大的鋼骨桁架，與通風採光設計為主要觀察重點。

看產業類型 ▷P.162

各種產業設施是專為產品而特別設計的，不論是廠房、機具多半具獨特性，以製酒工場為例，生產米酒與紅露酒的設施就不一樣，所以了解生產內容是觀察的第一要項。

看廠區佈局 ▷P.164

與生產流程有密切關聯，從原物料進入廠區開始，其處理、產製、包裝、儲存到成品運出的過程，需與各廠房、設施及機具等建立順暢的關係，佈局配置的好壞攸關產值及產能。

看機具 ▷P.169

產業近代化的關鍵是機具的發明，其取代人工使得生產大量化，亦優化了品質，這些機具本身亦述說著當時的機械生產技術，是人類的智慧結晶。

樟腦精製工場

雜品倉庫兼集會所
木工場
第二乾餾工場
第三乾餾工場
原料倉庫
包裝工場
壓縮工場兼包裝工場
修理工場
職工室
（原宿舍區）
大門

看土木設施與建築　⇨P.166

　　最大特色是依產品類型量身而造，生產步驟、
機具操作及使用功能等決定土木設施與建築的構
造與形式，但也隨時代演變引進新式建材及設計
風格，使其兼具力與美。

台北酒廠及樟腦精製工場：
兩座工場因鐵路運輸的方便
而並連，酒廠源於1914年民
間建造的芳釀會社酒工場，
至1922年實施酒專賣後改為
官營酒場，一九三〇年代因
製酒技術精進，更新成產量
與質量均佳的近代化工廠。
樟腦工場於1918年創建，至
1967年結束樟腦精煉業務後
，局部拆除及併由酒廠使用
。今全區規劃為「華山1914
文化創意產業園區」，部分
建築分列為市定古蹟及歷史
建築。

蒸餾室

煙囪

鍋爐室

包裝室

再製酒工場

米酒及紅酒
製造場

自製品倉庫

紅酒倉庫
（因金山
北路工程
而拆成階
梯狀）

事務室

試驗室

台北酒廠

2017 良月

產業類型

簡要來說可分成下列三類：製造類以農林礦等產出原料，加工生產成民生物品，如製鹽糖、菸酒、磚瓦業等；供應類指水及能源的生產，如水廠及電廠；服務類指民生所需及前述產業的後援，如運輸通訊等。以下擇台灣日治時期重要的幾種產業類型說明之。

酒廠

　　台灣早期以自釀及小酒坊為酒類的供應主軸，日人治台後將其納入經濟發展的一環，開始徵收酒醨稅、酒造稅，使得傳統業者無力負擔而歇業，於是促成工業化、資本化、多元化的酒廠革命，至1922年實施酒專賣制度，全台大型酒廠被政府併購，產銷過程都由政府一手掌控，也成為重要的財政收入，直到2002年台灣菸酒公賣局改為股份有限公司，才結束政府獨佔的歷史。以台北酒廠為例，日治時期以生產米酒、紅（露）酒、再製酒、洋酒及燃料酒精為主，戰後則曾生產過米酒、再製酒、水果酒及紹興酒等。

●台北酒廠紅酒倉庫

樟腦廠

　　樟腦自古就被發現其藥用功效，到了十九世紀後期更因是塑料賽璐珞及無煙火藥製造的重要原料而聲名大噪，又因台灣是原生樟腦少數分布的產地之一，所以自清代官方即介入樟腦的產銷；日治時期1899年政府公布樟腦專賣規則，並創建官營的台北南門工場（僅餘局部建物，現為國定古蹟），負責粗製樟腦的加工。1918年政府又強制統合民間精製樟腦業成日本樟腦株式會社台北支店，並創設樟腦精製工場，原料則需經由專賣局配售後才得以精製成上等品；戰後工場收歸公營，至1961年停產。

●樟腦精製工場

專賣事業

　　日人治台之初，為求迅速達到台灣財政獨立，於是提出「專賣」制度，由政府訂定法源，再依法獨佔特定產業之制，獲得的利益亦歸政府所有。首先於明治30年（1897）開始鴉片專賣，二年後加入了食鹽及樟腦的專賣，並於1901年設置專賣機關「總督府專賣局」。1905年實施菸草專賣，1922年加入酒類專賣，二次大戰時為管制物資，再將度量衡、無水酒精、火柴、石油、苦汁等納入專賣項目。

●位於台北市南昌路的總督府專賣局

糖廠

台灣早年是以傳統簡易的糖廍生產蔗糖，日治時期1902年殖部政府公布「台灣糖業獎勵規則」，為其發展奠下近代化的基礎，當時除了日人，本地紳商也投入資本設立新式糖廠，不過在政府刻意支持下，日商順利增資、併購並擁有穩定的原料及銷售管道，很快的成為幾家製糖株式會社獨攬的局面；戰後政府接收並將之合併，於1946年組成台灣糖業股份有限公司，為經濟部所屬的國營事業。目前仍在生產的老糖廠僅餘虎尾及善化兩處，其餘多變更為文化園區或觀光糖廠，如蒜頭、橋頭及南州糖廠等。

●嘉義蒜頭糖廠已變更為「蔗埕文化園區」

自來水廠

清末台灣巡撫劉銘傳在台北設置鐵枝井及蓄存公用水，開啟最早的公共給水設施，日人治台後特聘英國衛生工程技師爸爾登作整體調查，並提出各地有效水源及水廠設置的建議，於是全台第一座自來水廠在淡水建設完成。1920年自來水設施由總督府轉由地方州廳負責，水廠設置趨於普及；一九五〇年代原以沈澱及慢濾改善水質的方法，因配合人口成長及工業需要，逐漸為耗能與高速製水技術取代，也改變了水廠的設計形式。以1924年竣工的台南水道為例，當年供應台南市及安平地區用水，除民生外對產業發展亦有很大影響。

●台南水道的濾過器室，內部的大型快濾筒是由英國進口。

鐵路工廠

清末台灣的鐵路已完成基隆至新竹段，並於台北城北門外創設「台北機器局」，擔負著軍事槍彈製造及火車修理等任務，日治時期政府接收後，逐漸將其由軍事用途轉變成專業的鐵路修理工廠，成為鐵路運輸發展的後盾。一九三〇年代隨著市區變化及鐵路的進步，工場擴大搬遷至今信義區內的「台北鐵道工場」，內設有組立、鍛冶、油漆等各種火車維修保養場，其建築規模宏大、機具數量之多，可謂當時台灣機械製造及修理技術的重鎮。此種產業與前述類型不同，雖不易直接接觸，但卻是大眾日常交通運輸的幕後功臣。

●台北鐵道工場

廠區佈局

近代化工廠一般以生產製造及儲存倉庫區為核心，周邊配置有輔助設施、行政事務、職工福利等區，彼此間依需求設有各種聯絡動線，以供人行、車行或台車運輸使用，工廠亦選在可銜接交通幹線之處，以加速原料與產品的輸運，如台北酒廠、樟腦精製廠、建國啤酒廠、松山菸廠及台北機廠，台中與高雄橋頭糖廠等，設置之初都與鐵道相連，亦鄰近公路。

■ 行政事務區

■ 職工福利區

■ 儲存倉庫區

■ 生產製造區

■ 輔助設施區

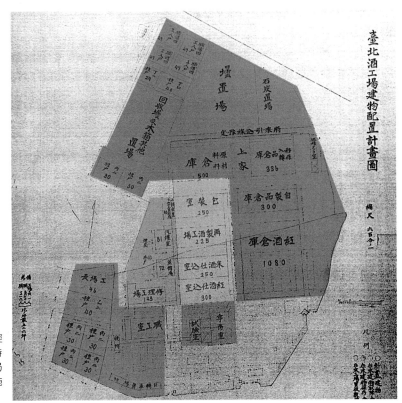

● 1931年日人經營的台北酒廠時代，其廠區佈局為當時產業設施分區的典型。

生產製造區

位在廠區的中心位置，涵蓋從原料變成品之產製過程的所有設施，包括原料處理、產品製造及包裝工場等，以台北酒廠為例，有米酒及紅酒製造場、再製酒工場及水果酒工場等，成品輸送至包裝室，再進行裝瓶或裝甕。

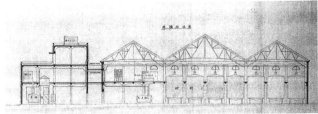

● 台北酒廠的米酒及紅酒製造場（剖面圖）

● 日治時期米酒生產製造場內一景

儲存倉庫區

依據生產步驟配置，以輸運的方便性為考量。一般可分成原料、成品及其他物品三大類，成品倉庫因產品特性使所需儲存面積有所不同，以紅（露）酒為例，它需要裝甕存放多年才能達到最佳品質，所以生產的酒廠內必須有大面積的倉庫區。其他類則是指儲存材、包裝材或燃料等物品。

●宜蘭酒廠的紅露酒以陶甕存放在倉庫之內

輔助設施區

緊鄰主要生產線配置，以維持核心製造工場的運作，其中最重要者是稱為「心臟」的鍋爐室，它以燃燒煤炭或重油產生動能運轉機械，那排放熱煙的高聳煙囪也成為當時工廠的主要地標。其他修理機具的修理工場或製作相關設備的木工場等，都是缺一不可的輔助設施。

●松山菸廠鍋爐室及煙囪

行政事務區

為工廠管理階層及一般行政職員的辦公地點，依產業特性有時也包含了研發及品管的實驗空間，多位處廠區大門內的首要位置，以便人員進出管控及全區的管理。

●台北酒廠的實驗室及辦公室

職工福利區

為職工日常生活所需的場域，例如餐廳、休息室、澡堂、醫務所、育嬰托兒室及宿舍、招待所、運動休閒場所等，這是源於工業村的概念，希望透過照顧員工生活來穩定生產力。多配置於廠區的邊緣，有時宿舍區會獨

●台中酒廠職工室

立設置在外圍，以便於工廠的管理。

●台北機廠利用鍋爐蒸氣導入職工澡堂內，供應熱水。

土木設施與建築

土木設施指的是廠區內的運輸軌道、給排水設備、煙囪煙道等設施,建築則按照在工廠內的角色,一般常見的有廠房、倉庫、行政事務室及宿舍等。

堅固耐用的土木設施

產業用土木設施常常超越一般尺度,且需要高載重及耐震力,為使其功能性更佳,一九二〇年代鋼筋混凝土在台灣普及後,就逐漸取代磚石成為土木設施的主要構造。各種產業類型的廠區內,常見的有大型蓄水池、輸送的水圳、耐重壓的路面、十餘樓高的煙囪、配合環境的護坡堤岸等,這些土木設施都是日常工廠運作不可或缺的幕後功臣。

注重物理環境及結構的廠房

依據原料與成品特性及生產過程,選用建築材料、設計空間格局及建築形式,以台北酒廠為例,使用當時具隔熱效果的新式水泥瓦、水泥空心磚、屋頂設置具換氣功能的太子樓,並使用罕見的鋼骨鋼筋混凝土結構(SRC)及銑鐵樓板以承載大型機具。

●嘉義朴子水道配水塔

太子樓

●台北酒廠米酒製造場具隔熱及換氣功能的屋頂

●台北酒廠紅酒製造場採用鋼骨鋼筋混凝土結構

●台北酒廠米酒製造場採銑鐵樓板及鋼骨鋼筋混凝土結構

銑鐵樓板

SRC
結構

高敞寬闊的倉庫

　　為達到存放空間的有效運用，倉庫設計以高敞為原則，但因早期結構材料的限制，不論是木屋架或是鋼骨桁架跨距都無法過大，所以常見連棟室內無牆的形式，並以寬大的出入口或設置月台、連接軌道，使倉儲物品運入輸出的速度提高；倉庫建築開窗往往位置高而開口小，是為減少光害、保護儲存物品質的特殊設計。

●台中酒廠半成品倉庫

●採用木屋架的連棟式宜蘭酒廠容器倉庫

展現流風的事務室

　　為整個產業運作的主導核心，也是代表工廠對內對外溝通及接洽的所在，它的外觀具有「企業形象」的特殊意義，所以是廠區中最講究的，其樣式及材料常融入當時的建築流風，藉此展現近代化產業的特色。

●松山菸廠辦公廳舍具一九三〇年代流行的現代風格

●1901年創建的橋仔頭糖廠辦公室採用陽台殖民樣式

日本式的宿舍

主要提供給高階及日籍員工居住使用的生活空間，故依照日人習慣採用日本傳統家屋建築，以木造和室為主；建築格局依著員工職等，有獨棟、雙拼、四拼等形式，若屬政府經營的產業則參酌「台灣總督府官舍建築標準」來設計。

●花蓮糖廠員工宿舍

神社

為產業設施中的特殊建築。日治時期多於場區內設置小型神社，並定時舉行祭典，除守護該產業的發展，也是員工們的信仰中心。因應不同產業類型，守護神祇也有所不同，如酒場設置松尾神社，奉祀造酒業與醬油釀造業的守護神。

●1924年設置的台北酒廠松尾神社，現已無跡可尋。

歷史隧道

產業是人們生存的基本活動，自古就存在，只是隨著時代的演進而不斷產生變化及出現新的型態。

初級產業階段

台灣在漢人大量移入後，產業開始被賦予經濟價值，初時以直接利用天然資源的農漁牧林礦業等發展為主，生產成果也多半是生活必需品，其特色是規模小，加工度低、所需人力及能源少、使用的工具及技術簡單、投入的資金也相對輕薄，且通常由民間自行成立，如明鄭時期即已開始發展的曬鹽及糖廍，清以後的樟腦、茶業等均屬之。

至清末受洋務運動影響及軍事需要，政府先

於光緒二年（1876）由英國礦務工程師協助在基隆八斗子設置官煤廠，隔年又委由美國油礦技師於苗栗牛鬥山下開採油礦，同年也築造了台灣第一段鐵路；到了1885年台灣建省後設置軍需工場台北機器局；由此可知以清廷主導的產業近代化已然啟動，可惜還來不及有太多成效，政局已改弦易轍。

台灣產業的近代化

日本自明治維新後，戮力學習西方國家的近代工業技術，為了鞏固台灣經濟作為日本後盾，政府不惜犧牲人民利益、投入資金、修訂法令政策及加強基礎建設等，將台灣產業推入近代化發展的軌道；其中專賣制度自1897年的鴉片起始，至1922年將酒納入而達到高峰，除此之外樟腦、菸草、食鹽等產業也是專賣項目，

機具 含產品製程、包裝以及水電消防等所需的各種大小機具，因為當時歐美及日本工業較進步，所以在台灣的近代工廠中常見進口機具，它是產業設施中有趣的動態物件，本身亦如藝術品般具珍貴的歷史價值，可惜因能源及技術的改變多遭到淘汰，故台灣的古蹟中存留機具者不多，仍在運轉生產的更如鳳毛麟角。

●農委會茶改場魚池分場場內的紅茶用揉捻機，標記著為日本松下工場製造。

●宜蘭酒廠酒醱酵槽

●宜蘭酒廠的酒瓶裝填機

其他如糖業等極具經濟價值者雖未納入，卻也在政府扶植保護下享盡經營優勢並蓬勃發展，使全台各地建設起規模宏偉、設備完善、提供大量工作機會的新式工廠，而周邊農業也配合著大幅改變。除了民生也為了產業需要，此階段的台灣水利、電力、運輸等設施，亦跟著快速建設起來。

近年因為都市擴張與技術進步，使得當年的新式工廠已不再「新」，或者遷移至工業區內重建，或者拆除變更土地使用，部分廠區則獲得文化資產身分，搖身變為藝文特區得以保留，最可貴的是少數廠房不僅保存著設施也保留著生產技術，成為活的文化資產，值得大家好好珍惜。

●台北南門工場

●日治時期呈現工藝之美的米酒煮米機

日式住宅

依據考古出土的埴輪（陶器），日本古代住宅有其本身傳統，但從佛教自中國傳抵後，木結構趨於發達，貴族大宅且附設庭園，最大特徵是室內以3×6尺為單元擴展空間尺度之設計，至近世常以「疊」數來控制空間大小。為了防潮抬高室內地面，而與庭院相鄰的走廊「緣側」，則介乎內外空間之間，形成獨具一格的日式住宅。日本治台五十年為提供公職人員住宿，更大量建造所謂「日本宿舍」，低階官員多使用連棟或雙拼式，而高階則享有獨門獨院形式。在現存實例中尚可發現「和洋」並置格局，即在洋樓旁建造日式住宅，如總督官邸（現台北賓館）與台北南昌路軍司令官官邸等。名勝風景區也建造供皇族來台住宿的高級住宅，這裡以金瓜石太子賓館為例，詳細介紹日式住宅之空間與構造特色。

射箭場

看格局 ▷P.172

日式住宅依循日本人生活習慣建造，通常包含住宅及庭園兩部分。官建宿舍其配置格局及建物坪數大小，取決於文武官職員的階級高低。

看空間機能 ▷P.174

雖然空間構成會依住宅規模而有所不同，但是為符合日人生活習慣，基本上包括踏込、玄關、居間、台所、風呂、便所、緣側等，最大的特色是住宅核心空間為可依需求調整面積大小的「和室」。

看外觀形式 ▷P.177

素雅的木造外觀、架高的地板、通透的拉門以及灰黑的斜瓦頂，這些都是日式住宅予人的第一印象，一般稱為「和風」；某些較高等級的住宅，則摻入西方近代建築的語彙，反應時代特色。

看材料構造 ▷P.178

從日式住宅的剖面來看，與台灣傳統建築類似，地面以上可分為床部（台基）、軸部（屋身）及屋根（屋頂）三段，但構造細部完全不同。

高爾夫球練習場

雁行平面

看庭院 ▷P.180

在居家生活中，日人很重視室內與戶外的連結，所以不論規模大小，日式住宅都喜歡配置有一方庭院，景致也會因著建築配置而精心設計；除了植樹，水池及石燈籠是常見的景觀元素。

金瓜石太子賓館：位於新北市立黃金博物館內，原是為了大正12（1923）年日本裕仁皇太子來台巡視金瓜石礦業而建的獨棟宅第，但因行程緊湊太子無緣進駐；之後主要作為招待所使用，並曾於一九三〇年代擴建。建造緣由使其成為台灣高等級的日式住宅代表，後院配置運動場所，更為罕見。今為市定古蹟。

看門窗 ▷P.179

門窗在日式住宅中佔據大部分牆面，除了通風、採光的功能外，室內居間更常以可左右推拉的多片門扇取代牆體，兼具分隔與聯繫的作用，這也是創造和風空間感的重要元素。

飛石

心字池

塀門

納戶

管理人部屋

娛樂室

台所

風呂

客室

內玄關

客室

便所

應接室

表玄關

座敷間

緣側

座敷間

石燈籠

石拱橋

格局

日本住宅常見獨棟、雙拼、四拼或六拼等格局，也有作為供單身者居住的獨身宿舍，政府的官舍則依等級分為高等官舍及判任官舍。特殊的是，不論格局如何，尺寸都以日本傳統的「間」為模矩單位來計算，使得住宅具一定的規則性。

獨棟

　　為獨立一戶建，格局大小依屋主財力或是官級而定，常見參差不齊似階梯狀的雁行平面，這是模仿雁群列隊飛翔的樣子，雖然建造上較為複雜，但它使較多的室內空間與戶外相連，所以採光及通風俱佳，同時可分別順應地形，並與庭院關係更加緊密。

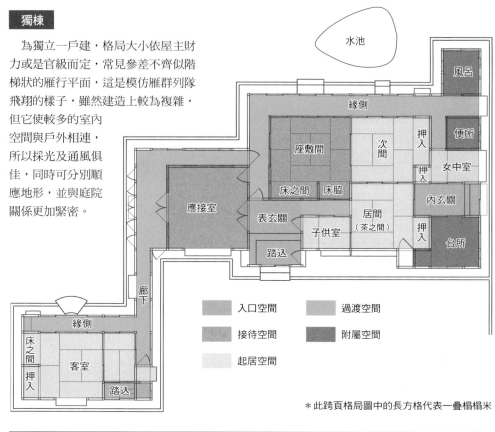

入口空間　過渡空間
接待空間　附屬空間
起居空間

＊此跨頁格局圖中的長方格代表一疊榻榻米

計算單位「間」

　　一間約有6尺大，約181.8公分（日本不同地區略有差異），和室疊蓆（日語發音「榻榻米」）長約一間、寬約半間就是配合其發展出來的。一間見方約為3.3平方公尺，即二疊榻榻米大小，是台灣至今習用的面積單位「一坪」。

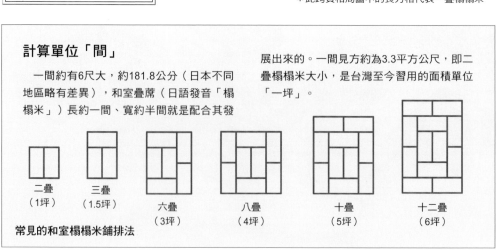

二疊
（1坪）

三疊
（1.5坪）

六疊
（3坪）

八疊
（4坪）

十疊
（5坪）

十二疊
（6坪）

常見的和室榻榻米鋪排法

雙拼

兩戶相鄰而建，格局以中央共同壁為中心，左右呈現鏡射的配置形式，不論面積大小、空間數量，均完全一致。

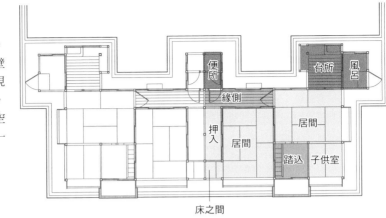

床之間

四拼或六拼

以雙拼格局概念為單位，兩兩相並，四戶、三道共同壁者為四拼，六戶、五道共同壁為六拼，亦可配合基地面積組合成單數戶。

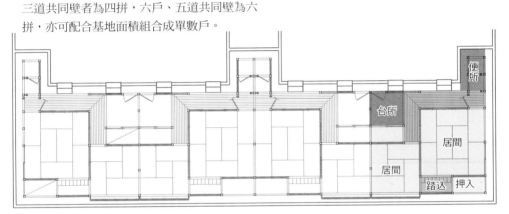

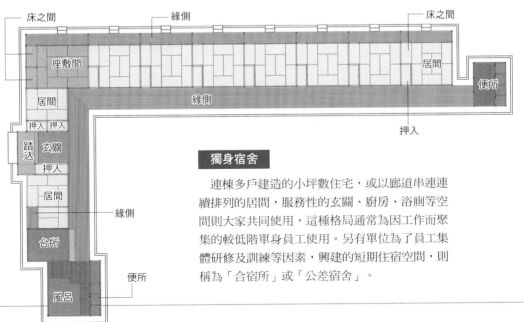

獨身宿舍

連棟多戶建造的小坪數住宅，或以廊道串連連續排列的居間，服務性的玄關、廚房、浴廁等空間則大家共同使用，這種格局通常為因工作而聚集的較低階單身工使用。另有單位為了員工集體研修及訓練等因素，興建的短期住宿空間，則稱為「合宿所」或「公差宿舍」。

173

　　為安頓來台任職的日籍官吏，政府沿用日本官建宿舍的標準，大量興建官舍供其居住，當時文武官職有親任、敕任、奏任、判任四級，親任官指由天皇親任的台灣總督，住的是總督官邸（今台北賓館）；敕任官由天皇敕令之，如民政長官、軍司令官、帝國大學總長等，奏任官是由內閣大臣任命，如技師、廳長、庄長及中學校長等，兩者住的是高等官舍；判任官則指一般官吏、職員、低階軍官、警察等，住判任官舍。台灣現存日式官舍，主要為1922年總督府發佈「台灣總督府官舍建築標準」後的產物，高等及判任官舍又按職等各分為四種。

等級	高等官舍（敕任、奏任官）				判任官舍			
官舍種別	第一	第二	第三	第四	甲	乙	丙	丁
室內坪數	＜100坪	＜55坪	＜46坪	＜33坪	＜25坪	＜20坪	＜15坪	12坪
基地面積	＜6~700坪	＜302.5坪	＜207坪	＜132坪	＜100坪	＜70坪	＜52.5坪	36坪
建築格局	獨棟				雙拼			四拼

空間機能

日式住宅的精神在於「和室」，它雖與中國唐朝居家設計有所淵源，但經由日本文化的發展，形成具運用彈性、家具精簡、鋪設榻榻米的空間特色，日常使用時以赤足為主，可直接坐臥於榻榻米上，所以人體與空間接觸相當親密。

入口空間

　　踏込：住宅的出入口，戶外的鞋子脫放於此，地坪為土面或水泥地，故又稱「土間」。

　　玄關：進入室內前的過渡，具服務功能，高等級的日式住宅有接待賓客較正式的表玄關，及家人與佣人日常使用的內玄關；亦有與踏込混稱的說法。

●日式住宅常見的入口空間配置

接待空間

　　應接室：高等級的日式住宅常設置於玄關旁，為招呼客人進入室內前的暫時接待空間，設計常展現洋風、配置洋式家具，以表現主人的品味。

●從門窗、壁櫃到地磚都屬洋式手法的應接室

●兩間座敷間並連，可以接待更多的賓客。

　　座敷間：為主要的客廳，常是通風最好、景觀最佳、空間最大的房間，設有「床之間」，接待貴賓及家族重要儀典必在這裡舉行。

　　床之間：位在座敷間或居間的一種裝飾性空間，如內凹的壁龕，源於古代供奉的佛龕，這裡可置放古玩、武士刀、畫軸或插花，營造特

床之間
床脇
床柱
書院

●塑造和室獨特氣氛的床之間配置

●書院向外突出於緣側

有的和室莊嚴氣氛,其中有一根重要的床柱,會以奇木製成,如櫻花木、黑壇木、檜木等,具有儀典式的特殊性,又稱精神柱。

床脇:與床之間搭配的空間,常見的設計是具有上下櫃,分別稱天袋及地袋,中間則有左右錯開的層板,稱違棚,亦是放置茶具或文具等供賞玩的藝品之所在。

書院:床之間向緣側外突、如壁龕的小空間,設置拉窗,光線良好,是源自以書齋為核心的武士住宅,有此設置的特稱為「書院造」。

娛樂室:等級較高、格局較大的日式住宅特別設置的社交空間,常以代表近代化的洋風形式設計,從事的娛樂有下西洋棋及打撞球等。

起居空間

居間:為日常起居的主要空間,格局小的日式住宅以居間作為客、餐廳甚至臥室等多功能使用。與座敷間相連時又稱「次間」,與台所相連者又稱「茶之間」。

居間
座敷間

●居間常與座敷間相連,拉開兩者間的襖門可擴大空間的使用。

客室:即客房,見於等級較高的日本住宅及招待所。

子供室:即兒童房,一般日式住宅大人與小孩同睡在居間之內,格局較大的則有獨立的小孩房。

管理人部屋或小使室:即長工房,等級較高、格局較大的日式住宅,須聘僱工人協助管理,才有設置的需要。

女中室:即女傭房,等級較高的住宅才會設置,通常只有三、四疊的大小,並位在台所或內玄關等服務性空間旁。

押入:即壁櫥,位於居間的內凹空間,設有拉門,白日寢具可收於其內,晚上則拿出來鋪放於榻榻米上,馬上將客廳變為臥室。

●押入常用來收納寢具

過渡空間

緣側：屋側的廊道稱之，因位在簷椽之下一說「椽側」，寬度較大的稱廣緣或廣椽。這裡不僅串連室內各空間，亦可直接通往庭院，盤坐於此欣賞戶外景致或展讀書冊，也是大家對日式住宅最深刻及浪漫的印象。

廊下：室內的走廊稱之，除可連通各空間外，也增加空間的獨立性，多出現在一九三〇年代以後建造的日式住宅，為因應生活隱私觀念提高，而產生的格局變化。

●寬約六尺的廣緣

●寬約三尺的緣側

●廊下兼具連通及隔絕各空間的功能

附屬空間

台所：又稱炊事場，即廚房，這裡設置水槽，常與踏込一樣為土間，並設置便門與庭院相連。

風呂：即洗澡間、浴室，日式住宅將其與廁所分開，如同今日的乾濕分離設計概念，講究的設置有浴盆、鋪著磁磚，為日人特有泡澡文化的呈現。

●先於池外清洗乾淨再入池泡澡的風呂配置形式

便所：即廁所，通常會分隔成洗手台、小便斗及便器三個小空間，早期便器以蹲式為主，屬和式便所，後來受到西歐影響出現坐式的洋式馬桶。

●此台所地坪與室內相連處鋪木板，通往戶外處為土間。

●外設小便斗、內設蹲式便器的便所配置

外觀形式

日本住宅的原型來自幕府時期的貴族武士階級住宅,又受禪宗寺院影響,所以具有莊重、沈穩的建築外觀。近代化以來,社經地位及官職較高的宅第,則常見搭配洋館,展現「和洋」並置的多元風貌。

和風

分為床部、軸部及屋根三部分,內外均以木造為主,源於上古時代的杆欄式建築,日本因環境、氣候及木材資源豐富等因素,將這種古老形式發展成純熟的日本傳統住宅;台灣大部分的日式住宅均以此類為主。

●架高的木造建築、室內以拉門建立彈性的和室空間,為典型的日式傳統和風住宅。

洋風

受到西洋近代建築風潮影響,日本傳統和風住宅中開始摻入洋風元素,甚至設置獨立的洋館,不僅外觀在材料構造或裝飾上具近代歷史樣式的特色,連室內的起居生活都融入西方文化。

●日式住宅一端搭配具洋風的樓房,其室內無架高地坪,完全是洋式客廳的設計。

材料構造

以木造的「軸組工法」為主，即採用橫、豎木料組接而成骨架，地面架高稱為「架床式」，屋身釘以雨淋板、木摺或編竹夾泥製成實體的牆壁；屋架則有「洋小屋」及「和小屋」之分。

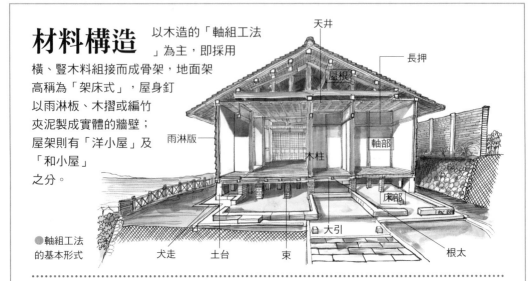

●軸組工法的基本形式

天井
長押
屋根
軸部
木柱
床部
雨淋版
犬走
土台
束
大引
根太

床部

即台基，演變自杆欄式建築，由呈矩陣排列的木柱或磚柱（束）架起大小木樑（大引及根太）而成，上方鋪木板，整體稱為床組，下方是空心通透的，具有使室內隔絕地氣以及防止蟲害等功能，與閩南式傳統建築的實心台基不同。

根太
大引
束

●床組的基本作法，「束」常見有木及磚兩種。

貫材
柱
筋違

●牆體骨架直者為柱，橫者為貫材，斜者加強防震功能為筋違。

軸部

即屋身，主要有木結構及壁體兩部分，以木柱、土台、長押、貫材、筋違等木構件榫接，或以五金補強而成框架，外側以雨淋板一片片封住，內側框架則以竹編或木摺板填滿，表面抹灰成白壁。

屋根

即屋頂，是由木屋架（小屋組）、屋面板（野地板）及屋瓦組成，騎架在軸部之上，室內再以天花板（天井）隔開；構造略有頭重腳輕之感，所以屋架搭接處常可見45度的火打樑，以增構造的穩定性。

●具斜向樑木的洋小屋組

●火打樑加強屋架的穩定度

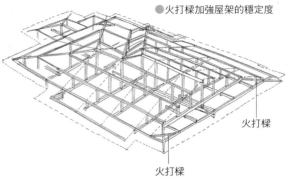

火打樑
火打樑

門窗

日式住宅的門窗，依所在位置及不同功能，有不同的名稱，常見以「戶」字代表門，其源於《說文解字》「半門曰戶」之說，即指一片門扇。

門

雨戶：位在建物最外層的木拉門，具有防盜及防惡劣天氣的功能，可保護平日內層使用的拉門。

戶袋：收存雨戶的木造物，向外突出於建物，形如壁櫥，位於門軌道的末端，平日雨戶一片片疊放在其內，需要時才推拉出來使用。

障子門：室內使用的紙糊木格子門，具透光功能，但視覺不能穿透，日式住宅內溫潤的光線就是此種門扇所造成。

● 襖門和紙內有增加韌性的網狀棉線，下層則是報廢公文紙。

板戶：木板拼成的門扇，不透光、不通風，常用在便所或押入。

襖門：以多層紙張糊在木門框架上，有如穿了厚厚的襖衣，不透光，最外層常見採用具典雅圖案的「和紙」，增加裝飾功能，內層則常見當時的廢紙襯底。

窗

肘掛窗：「肘掛」是扶手之意，日式住宅配合室內以坐跪使用為主，故窗的離地高設計為一般座椅扶手高度，約40公分，窗台下方設置櫃子或可開合的小板戶，以增加室內空氣的流通。

格子窗：在窗外加設木櫺格子，具有欄杆及防盜的作用。木櫺以卡榫搭接，設計常見長短交織，以增立面的變化。

意匠窗：設計成特殊造形的窗扇，除了一般採光、通風的功能，更具高度的裝飾意味，多位在住宅內的重要空間。

欄間：和室分隔不同空間、天花板與門扇之間小壁上的開口，如同氣窗的概念，形式有可開合的障子門，及鏤空或雕刻的形式。

庭院

除了規模較大的高等級住宅會搭配西洋式庭園，其他日式住宅的庭院，一般採用受到佛教及中國山水畫影響的日式庭園，其特色是象徵山水的石水布置，或意境更深遠的枯山水。

●細石鋪地上的紋路象徵著水流，石塊及土丘形成水中龜島，這就是日本園林獨特的枯山水。

心字池

曲折彎轉如心字，池岸以石材布置高低假山，池中留設有小島，源自日本室町時代，至江戶時期最為盛行。水池往往面對建築的緣側，使景致可以延伸至室內。

飛石

看似隨意放置的石塊或石條，其實是精心設置，為了呈現自然效果的石鋪道。

心字池

●飛石配置於心字池旁，連結通往室內的步道。

飛石

石燈籠

源自佛教的供燈，構造由上至下可分為頂、燈室、燈座及足，常見的是雪見燈籠，其特色是燈室較低，可以照亮水面或地面，其頂有圓形、方形及六角形，下方有三或四足。

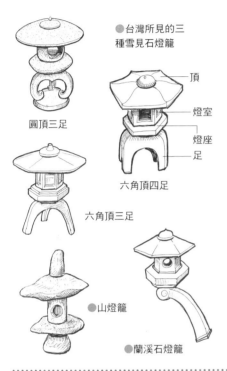

●台灣所見的三種雪見石燈籠

圓頂三足

頂
燈室
燈座
足

六角頂四足

六角頂三足

●山燈籠

●蘭溪石燈籠

小橋

以形狀來看，有拱橋或平橋，多以石材施作。

●以整塊石材鑿成的小拱橋架於水池上

歷史隧道

1895年日人統治台灣初期，直接轉用各地清末建築作為公務或居住使用，但這只是權宜之計，對於之後大量來台、位居各領域統治階層的日本人而言，符合生活習性的良好住宅環境，是安定這些離鄉背井者的重要保障。日本明治維新後，政府發展出配給官吏職員的「職階住宅」，正好符合新殖民地台灣的需要，故此，二十世紀初即開始了官方主導興建日式住宅的階段，並於1905年就由台灣總督府頒佈了「判任官官舍以下設計標準」，明訂官建宿舍規劃設計的準則，不過早期興建的日式官舍幾無保存至今者，原因之一在於當時的設計規劃者，對台灣風土環境不了解，導致木料使用不當、床組高度不足等問題，造成蟲蟻侵害致建築壽命過短。

一九一○年代以後，來台的日人已不再只有政府招聘人員，各行各業都有機會到這片殖民地一展身手，使得台灣的日本人數量增加，相對地日式風格住宅也逐漸增多；至1922年總督府發佈「台灣總督府官舍建築標準」後，更促使其蓬勃發展，此後全台各處機關單位參考標準圖大量興建官舍，增加了建造的速度，但也使格局常有相近之處，不過高等官舍及民間自建的日式住宅則有較多變化。至此台灣已接受日本統治近三十年，所以居住於日式住宅或住宅中具和室的台灣家庭，也大量增加，施作者也以台灣工匠為主。

一九三○年代以後隨著世界建築的風潮及發展，日式住宅在風貌、材料及構造上，產生很大的變化，如空間隱私性增高、較耐自然環境的水泥材料運用在外牆及屋面的比例增加，我們可從這些變化中判別出日式住宅可能的創建年代。

戰後這些日式住宅轉由台灣人接手，其中大量官舍多由新政府分發給亦是由外地遷居來台的外省族群使用，因缺少日式生活的經驗，他們將和室的榻榻米改為木地板，放入桌椅、床櫃等大量家具，注入新的使用方式，形成台灣眷村文化中特有的、饒富趣味的回憶。

橋樑

台灣的河川眾多，自清代即出現許多橋樑，造橋鋪路且常由地方賢達倡捐而成，方志中亦有專篇記載。除了木板、石板橋外，台南尚有「鐵線橋」，推斷應屬吊橋之類。清末劉銘傳建築鐵路，在基隆河架以單孔拱形鐵橋，在淡水河聘廣東匠人架木樑多孔橋樑，皆有照片可供查考。橋樑與一般建築的最大差異，是它同時必須承受上部的承載力與下部水流的沖刷力，因而基本上是力學的表演。

台灣較古老的拱橋，例如日治初年縱貫鐵道的魚藤坪橋，是以紅磚砌成，位在山線最高點的勝興車站附近，但在1935年中部大地震時受到嚴重破壞，斷了幾孔，也被稱為龍騰斷橋。日治中期最大也最著名的混凝土拱橋為台北明治橋（後稱為中山橋），這是跨度極大的作品，造形極為優美，但在2002年被以防洪的理由拆除，非常可惜。

看功能 ▷P.184

橋樑是為連通兩岸而設置的構造物，最常見的功能是承載人或車的交通設施，但也有專為運送物資的產業設施，除此之外其造形也常具有增添美景的觀賞功能。

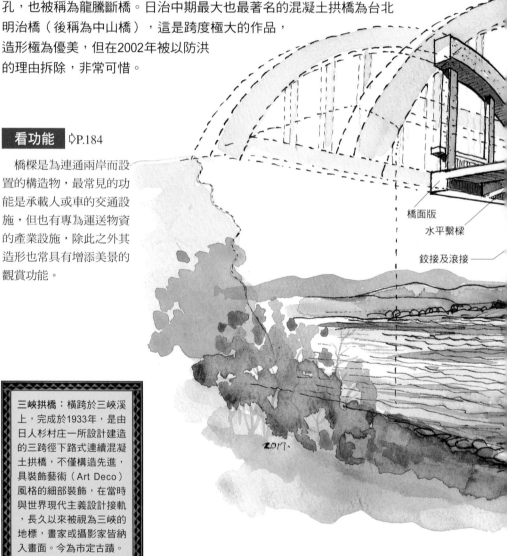

橋面版
水平繫樑
鉸接及滾接

2017.

三峽拱橋：橫跨於三峽溪上，完成於1933年，是由日人杉村庄一所設計建造的三跨徑下路式連續混凝土拱橋，不僅構造先進，具裝飾藝術（Art Deco）風格的細部裝飾，在當時與世界現代主義設計接軌，長久以來被視為三峽的地標，畫家或攝影家皆納入畫面。今為市定古蹟。

看材料構造 ⇨P.184

　　許多材料，如竹、木、石、磚、鋼鐵、混凝土等，都可用來建造橋樑，但隨著時代演進及功能區隔，會採用不同材料及構造，達到興建的目的。

看橋面 ⇨P.186

　　橋面上的構件最容易受到矚目，也是影響橋樑造形的重要元素，常見的有結構材、維護安全的欄杆，及照明燈具等，值得逐一觀察。

看橋墩橋台 ⇨P.187

　　猶如橋樑的腳，是得以穩固站立的重要構造，設計時要與環境充分結合，在水中須配合水流方向，在山谷中要注意地形地質，不過觀察時可要小心腳步。

拱樑

橋柱

護欄

橋頭堡

橋台

橋墩

基礎

功能

依橋樑的主要承載對象區分，台灣常見以下幾種功能，但亦有將多種功能結合於一身之例，如嘉南大圳穿越溪流的幾座渡槽橋、美濃水橋等，即兼具人車道路及輸水管路的功能。

人行橋

僅供行人穿越，橋面較窄，多位在山林郊野、結合古道而設，為早年的交通要道，如桃園龍潭大平橋。亦有以增加風景為目的者，其造形引人入勝，如屏東中山公園水池橋樑。

●桃園龍潭大平橋

鐵路橋

台灣鐵路自清末1890年前後開始發展，為配合東西向溪流過多的地形，築造了許多鐵路橋樑，其寬度配合火車軌道寬幅，如台中大甲溪鐵橋、雲林台糖石龜溪鐵橋及下淡水溪鐵橋（高屏溪舊鐵橋）。

●下淡水溪鐵橋

材料構造

橋樑結構基本上由橋面版、橋柱、主樑、橋台、橋墩、基礎幾部分組成，隨著材料及構造的演進，跨距及載重也不斷提高，常見類型如下。

版橋

為結構最簡易的橋樑，直接以版材跨於兩岸或橋墩上，通常架於水面不寬、水流不急的溪流或水圳之上，並以不怕潮濕的石材造橋，如三芝三板橋。

●三芝三板橋

●新北市碧潭吊橋

吊橋

又稱懸索橋，靠兩岸橋柱架索吊掛橋面，大多位在偏僻的山間深谷，因無當立溪流中的橋墩，施作技術較簡單，所以發展時間很早，初時以自然的藤、竹結索，近代則以兩岸鋼筋混凝土造的橋柱及錨碇懸架並拉緊鋼索，橋面則是由垂直吊索固定的木板鋪排而成，如新北市碧潭吊橋。

樑橋

於橋墩上置放主樑，主樑上再置橋面版，造形較為簡單而少變化，但使橋樑長度、跨距及載重加大，多為鋼筋混凝土及鋼鐵構造，如以雙柱式橋墩加上鋼板大樑，設計而成的台北市中正橋（川端橋）。

●台北市通往永和的中正橋

過水橋

又稱渡槽，是為運輸水源而設計的特殊橋樑，通常與周邊產業連結，如金瓜石礦業圳道及圳橋、台中新社的白冷圳矮山支線過水吊橋。

●金瓜石礦業圳橋

公路橋

因應近代台灣汽車普及化、公路蓬勃而建設，主要道路必經的橋樑逐漸以新造的公路橋取代，寬幅分為單線及雙線，如新北市坪林尾橋、台北市中山橋。

●因運送軍用物資，創建於一九一〇年代的新北市坪林尾橋。

鉸接及滾接

位於橋墩搭接橋面的結構支撐點，具有傳遞重量的功能，鉸接（hinge joint）指的是形如X的特殊鐵件，而滾接（roller joint）則為滾筒狀構件，這看似脆弱的節點可以吸收熱脹冷縮的變形，是高明的結構設計，於三峽拱橋可見。

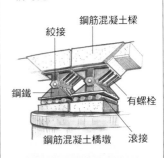

拱橋

具有如長虹跨越河面的弧拱，造形優美，它將橋樑的荷重利用拱圈向兩側底端傳遞至橋墩基礎，橋面位置可設計在拱圈的上、中或下方，分別稱為上路、中路及下路式，拱圈則有磚石造、鋼構或是鋼筋混凝土造，其中磚石造拱腹多為實心，但受限於材料，跨距通常不能過大，如新竹關西東安橋。

●新竹關西東安橋

上路式（台北中山橋）

中路式（關渡大橋）　下路式（三峽拱橋）

桁架橋

以四向橫直斜向的鋼材組合成桁架（Truss）框，作為橋樑主結構，跨距大卻造形輕巧，穿越時特別有律動的美感，但容易生鏽須定期保養；日治時期的鐵路橋多採用之，如下淡水溪鐵橋（高屏溪舊鐵橋），戰後興建的西螺大橋亦屬之。

●橫跨濁水溪的西螺大橋

橋面

除了橋面版，橋面上最引人注目的是橋頭堡、護欄及燈柱，常具代表當時代的裝飾風格，如三峽拱橋以幾何形體組合成立體雕塑，深具一九三○年代流行的裝飾藝術（Art Deco）風格。

橋頭堡

位於橋面兩端的構造物，有時是控制進出而設立的碉堡，或是橋頭的裝飾物，具有橋樑門面的意義，常呈現當時的建築風潮。

●三峽拱橋的橋頭堡

燈柱

一九二○年代台灣電氣普及化與配合都市發展，常見近代風格橋樑於橋面立起高而華麗的燈柱，除了於夜間照亮行路人車，也增加橋面天際線的變化。其中最具代表性的，當屬台北明治橋（中山橋），可惜已拆除。

●三峽拱橋燈柱

護欄

不僅具有安全圍護作用，也常是人們依靠逗留之處，有時以強調結構的粗獷式為造形，如三峽拱橋，有時施以精細的新藝術風格鑄鐵紋飾，如台中市中山綠橋（新盛橋），值得細觀。

●台中市中山綠橋

橋墩橋台

橋樑下部的支撐構造，一般可分為位於兩岸的橋台及分段立於中間的橋墩，其構造與形式展現當時的土木工程技術。

橋墩

通常底端會放大結構形成穩固的基礎，深埋入地下或河川之下固定於岩盤；落在河川溪流之中的橋墩，常會配合水流方向作特殊設計，以減少水流衝擊，如新北市坪林尾橋採斜向配置的船形破水式橋墩。

●下淡水溪鐵橋橋墩

●坪林尾橋的橋墩
採船形破水式

橋台

除了承載橋樑重量，也要抵擋兩岸的土方壓力，所以橋台體積較大，與地形地貌結合成一體，呈放腳狀，以鞏固結構。

橋台

橋墩

●魚藤坪斷橋的橋墩及橋台

歷史隧道

台灣的地形地勢自然屏障多，是豐富資源的所在，也是交通的阻礙，因此雖然橋樑的發展極早，不過多以簡易編架竹木、石板的小型橋樑為主，遇到寬廣的河川，仍需賴以船筏渡河或冒險涉水。

清光緒年間台灣建省後，學習西方國家朝近代化邁進，並以開闢便捷交通為發展要務，其中劉銘傳主導的鐵路建設最具代表性，他曾於奏摺中提及「淡水至基隆，山河夾雜，須

●劉銘傳時期興建的基隆河鐵橋

挖山洞九十餘丈，大小橋樑百二十餘座，穿山渡水，挖高填低，工程浩大」，這複雜的地形環境，反加速了台灣橋樑工程技術的發展；光緒十五年（1889）完竣之大稻埕西跨淡水河的大橋，是所有鐵路橋工中最長最艱鉅的，原本由洋工程師規劃的鐵橋，因經費太高改由廣東包工張家德興建了四十六孔木橋，北端還建造一段全鐵浮橋，可以手動定時啟閉以讓出水道方便船隻通過；當時亦有向英德購辦的拱形鐵橋，這些鐵路橋樑寫下了台灣橋樑史上的重要一頁。

日治時期鐵公路發展迅速，加上地方財政漸趨穩定，全台各地橋樑在1942年官方統計中已近萬座，功能形式豐富，使用材料有木造、磚造、石造、鋼鐵造、鋼筋混凝土（RC）

●一九三〇年代興建的台北明治橋，為鋼筋混凝土結構。

造等。前期的大型橋樑以鋼鐵桁架為主要構造，其優點是跨距大，可以減少橋墩數量、降低施工難度，亦有利於河川流量，但昭和年間之後逐漸為發展成熟的鋼筋水泥材料取而代之。期間創建於1910年橫跨新北市北勢溪的坪林尾橋，為連通宜蘭、台北及軍需品運輸而建，由日人十川嘉太郎設計，除砂石就地取材外，鋼筋、水泥等主要材料均由日本進口，是台灣現存最早的鋼筋混凝土橋，是一座指標性橋樑。

認識篇

以建築系統重新統合各類古蹟，
讓你明瞭古蹟在台灣建築發展中的角色定位

原住民建築

原住民在台灣的時間可追溯到史前，各族對自身的發源有許多傳說，一般認為與南洋島嶼有親緣關係，或可能是史前族群的延續。其族群文化的多樣性，也反映到聚落形態與建築空間，但在外來文化的衝擊下，有些族群已消失或逐漸改變其文化內涵。

什麼是原住民建築？

「原住民」指的是漢人沒有進入之前，就居住在台灣的各種族群，他們因為沒有書寫的文字，再加上長久以來歷史舞台以漢人觀點為主軸，以致大家總單純的以為原住民只是一種族群。事實上，若以居住地區分，大致可分為平地部族與山地部族，兩者各包含多種語言、習俗相異的種族。前者總稱為平埔族，因居於西部平原、北部海岸與蘭陽平原等地，自古與漢文化相融合，幾乎已喪失其原有文化；後者則是指分佈在中央山地、東部縱谷、海岸平原及蘭嶼島的泰雅、賽夏、布農、鄒、排灣、魯凱、卑南、阿美及雅美（達悟）等，這些族群其實並非全部居於山地，在文化及語言上各不相同，其建築形式亦各有特色。

原住民建築的特色

與自然環境緊密結合：原住民的生活形態較為原始，完全由自然環境來決定生存方式，以耕作、飲水、向陽及防禦功能為選擇居地的重要條件。建材是竹、木、石、茅草、樹皮等就地取得的自然材料，建築形式配合環境地勢而建，是因地制宜的最佳範例，展現出人類在環境條件限制下的營建智慧。

簡樸原始的形式：因為環境的影響、使用工具及技術的限制，原住民建築的結構都極為簡單而實用，建築形式由功能來決定。除了少數族群的頭目住屋，一般少有裝飾，且呈現出一種質樸的原始風味。

群居關係與公社建築：原住民的社會組織是建基在生產及防衛功能上，為了共同的利益，通常呈群居狀態，部落自給自足，以氏族團體或頭目長老等統合管理，所以除了一般私人住屋外，也有屬於公眾的會所建築。

墓葬與住屋的結合：原住民對於喪葬都相當重視，且有獨特的埋葬方式，其中如部份排灣族、泰雅族、魯凱族、布農族、鄒族、卑南族，早期還採行室內葬。

台灣原住民 16 族分布圖
（行政院原民會認定，2014）

台北
宜蘭
賽夏族
泰雅族
台中
太魯閣族
賽德克族
撒奇萊雅族
埔里
邵族
花蓮
嘉義
鄒族
噶瑪蘭族
布農族
阿美族
卡那卡那富族
拉阿魯哇族
台南
魯凱族
高雄
台東
屏東
卑南族
排灣族
雅美族（達悟族）
恆春
蘭嶼

原住民建築的族群風貌

　　不同的原住民族群因居住環境及生活習性不同，建築亦各有特色，以下針對相關研究較豐富的九族分述如下。

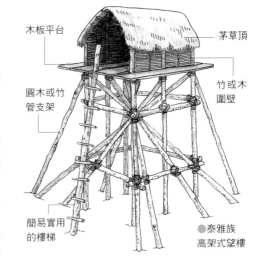

　　泰雅族：分佈在台灣中北部的山區，涵蓋新北市、桃竹苗、台中、南投及宜蘭、花蓮，面積廣大。其主要居住在二百至一千五百公尺間的溪谷地帶，偏向父系社會，大家共勞共享，社會地位平等。

　　因為分佈區域大，建築形式依當地環境不同，有平地式及深穴式，材料則竹、木、茅、石皆用。住屋室內空間為長方形，以單室型為主，附屬建築有穀倉、雞舍、豬舍等，

木板平台　　茅草頂
圓木或竹管支架　　竹或木圍壁
簡易實用的樓梯
●泰雅族高架式望樓

部落的入口處設置具守望功能的望樓，這是泰雅族特有的建築類型。

　　賽夏族：分佈在新竹五峰、尖石鄉及苗栗南庄獅潭鄉山區，是人口極少的小型族群，因地緣關係，其文化受泰雅及漢族影響很大，偏向父系社會。

　　建築形式與相鄰的泰雅族相似，為平地式，材料則以竹及雜木為主。住屋室內空間以複室型為主，設火爐處為獨立的炊煮空間，而非起居室，此乃受漢人的影響。

竹枝屋頂
竹管壁
●賽夏族平地式住屋

　　阿美族：分佈在花蓮、台東一帶的海岸平地，因其分佈地屬南北狹長地帶，各部落聯絡不易，所以彼此之間差異不小。氏族偏向母系社會，但部落的公共事務則由男性組成的男子年齡階級組織負責處理。

　　建築形式以平地式為主，建材多用竹、木、茅。室內空間則以單室型為主，並設有火爐，除了住屋外，還有畜舍、穀倉、工作房等附屬建築，部落中常設置兩個以上的會所，作為青少年宿舍、村人會議及舉行祭儀的場所。

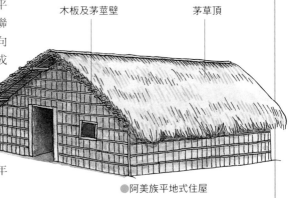

木板及茅莖壁　　茅草頂
●阿美族平地式住屋

布農族：分佈在中央山脈中心地帶，包含南投、花蓮、高雄、台東，居住在一千至一千五百公尺的高山，是台灣居住地海拔最高的原住民，為較複雜的父系社會組織。

因為高山腹地有限，部落多為散村形式，建築有時受限於陡峭的地勢，挖掘成淺穴式，亦有平地式，建材多使用當地易取得的木板、樹皮、茅草、石板等。室內空間以單室型為主，因採大家族制，住屋面積較大。

石板屋頂
屋簷支柱
石板牆壁
●布農族平地式住屋

鄒族：主要分佈於嘉義阿里山鄉及南投信義鄉，居住在五百至一千五百公尺間的高地。為父系社會，有嚴謹的大小社組織，部落的管理以長老會議為首，因此集會所不僅是訓練男性青少年的地方，也是部落的重心。

建築形式除會所為高架式，其餘均為平地式，屋頂為橢圓狀的茅草頂，形式獨特，為其他族所未見，材料則以竹、木、茅草為主。室內空間以單室型為主，並設有火爐，穀倉有設於室內，亦有設於屋外者。

略成橢圓狀的茅草頂
木梯
藤草編圍欄
圓木支柱
木板平台
●鄒族高架式集會所

魯凱族：分佈在台東、屏東、高雄之間山區，有嚴格的階級制度，社會組織與排灣族相似，但魯凱族主要為長男繼承制，無男丁才由長女繼承。

建築形式亦因階級不同而有差別，頭目的住屋及庭院寬廣，屋樑門柱飾以代表身分的木雕，也有召喚族人講話的司令台，一般住屋則規模較小。除穀倉為高架式，其餘多為淺穴或平地式，材料以板岩、木板為主，但台東一帶則多用木、竹及茅草。室內空間以單室為主，附屬建築有穀倉、工作房等。

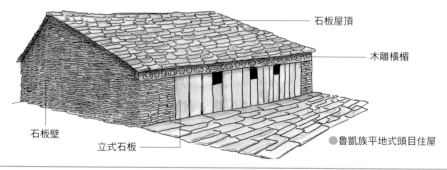

石板屋頂
木雕橫楣
石板壁
立式石板
●魯凱族平地式頭目住屋

卑南族：分佈在台東的沖積平原上，人口較少，因地緣關係深受排灣族影響。為偏向長女繼承的母系社會，男子則依年齡分階層，至會所接受嚴格訓練。具世襲的頭目制，但以會所為部落公共事務的處理中心。

因地處平地，建築形式受漢人影響甚鉅，只有會所、女巫靈屋及祖屋具原有特色，會所多為高架式，而其他則為平地式，材料以竹、茅為主。

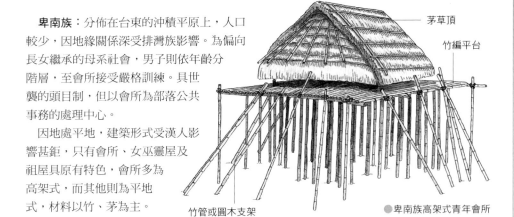

茅草頂

竹編平台

竹管或圓木支架

●卑南族高架式青年會所

排灣族：分佈在屏東縣及台東縣中央山脈的兩側，海拔五百至一千三百公尺間的山地，有嚴格的地主貴族及佃農平民階級制度，各部落以貴族頭目為政治、軍事及宗教的領袖，家族則不分男女以長嗣繼承。

因階級劃分嚴明，故住屋亦因階級而有差別，頭目的住屋及庭院寬廣，屋簷下有木雕橫楣，前庭立有標石及大榕樹以代表身分，還有高大的穀倉及召喚族人講話的司令台等，一般住屋則規模較小。

建築形式有平地及淺穴式，多為石板屋，但愈南部的排灣族，材料則也有木板、茅草頂，甚或受漢人影響的土埆牆。室內空間單室、複室型皆有，屋內設有火爐及穀倉。

茅草頂

象徵頭目身分的雕刻石板

人面及百步蛇圖騰木雕

大片的立式石板

石雕

●東部排灣族平地式頭目住屋

雅美族（達悟族）：僅分佈於孤立海上的蘭嶼島，為海洋性民族，生活習性與本島原住民差距極大，獨樹一格，生產以捕魚及種植芋頭為主，並以父系血親組成漁團捕魚。

聚落位於離海不遠的坡地上，倚山面海，為防海邊強風，住屋的建築形式為深穴式，建材有竹、木、茅、石。室內空間為複室型，一個家庭除了住屋外，涼台及工作房是不可少的附屬建築。雅美族特有的船屋林立於海邊，是族人停放漁船之處。

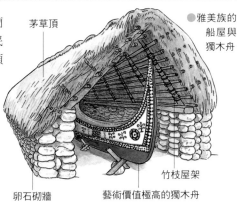

茅草頂

●雅美族的船屋與獨木舟

卵石砌牆

藝術價值極高的獨木舟

竹枝屋架

傳統建築

自清代以後，漢文化成為台灣的主流文化，所以台灣一般所謂的傳統建築，不論建築形式、結構或營造過程，都是屬於中國發展數千年的漢文化建築中南方系統的一支。

什麼是傳統建築？

一般我們所謂的傳統建築，就是指由閩粵移民帶來源自漢文化的傳統建築，其中包括為數最多的閩南系建築，及少數的閩東系建築和廣東建築。

自明鄭時期漢人開始有系統的進入台灣起，到清廷解除渡台禁令，大量閩粵移民定居於此，他們高度發揮了堅忍的開拓精神，由最早的台南地區擴展至整個西部平原，再蔓延至東北部的宜蘭，歷經三百多年，使閩粵文化得以在台灣各地生根茁壯，並且成為主流。

移民初期連建屋的匠師亦聘自大陸，慢慢才培養出本地匠師，不過移民的特性、自然環境的不同及材料取得的限制等，使得台灣的傳統建築亦具有自己的特色，並不完全等同於閩粵的建築文化。

傳統建築的基本概念

中軸線：又稱分金線，是擇地建屋初時依地理師所定之房屋朝向而設的中心線。

開間：正面寬度（面寬）的基本單元，以兩柱或兩面牆體之間的距離為一「間」，最中央的一間稱明間。面寬的總開間數多為奇數，因奇數為陽，較吉利。

院落：規模深度的描述法，「落」又稱「進」，指中軸線上的建築；「院」是天井（埕）。故正面的第一組建築稱第一落（進），之後是天井，第二組建築則為第二落（進），依此類推。

左右位置：傳統建築的左右是以正廳（或正殿）的牌位（或神明）的位置來看，恰與我們面對建築的左右相反，且以左邊為尊。

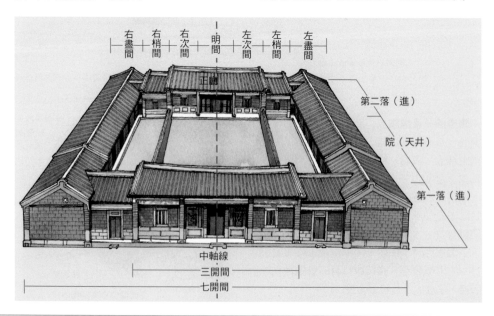

右盡間　右梢間　右次間　明間　左次間　左梢間　左盡間

正廳

第二落（進）

院（天井）

第一落（進）

中軸線

三開間

七開間

傳統建築的特色

講究中軸對稱：不論平面格局或是立面外觀，都以明顯的中軸線，強調左右對稱。

朝向平面擴展：合院為基本配置單元，當空間不敷使用，就以合院為基礎向外延展，形成多院落多護龍、虛（天井）實（建築）相間、明暗交錯的空間變化。除了街屋外，傳統建築一般較少往高度發展。

反映倫理觀念：受傳統倫理思想的影響，將尊卑觀念反映在建築的各個層面，如愈接近中軸的房間地位愈尊，如住宅的正廳及寺廟的大殿，台基及屋頂的高度最高，使用的材料最講究，外觀也最宏偉，以表現其地位的重要。

運用自然材料：就地取材，如土、石、木、竹，或是使用加工程度低的建材，如磚、瓦、白灰。其色澤自然，呈現與環境和諧的美感。

木結構精神：以漢文化發展數千年的木屋架為建築結構的精華所在，它不同於西方的屋架，最高明之處在於完全不用一根釘子，卻可將所有構件牢牢組合在一起，其中奧祕

斗栱與榫頭

斗栱是秦漢時代就已發展成熟的木結構，斗是一個立體的木構件，有方斗、圓斗、八角斗等，栱則呈板狀。利用兩者的相互交疊及榫頭搭接，有如積木一般，可以向外延伸，形成變化多端的屋架，承接屋頂。

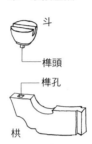

即複雜的榫頭設計。最基礎的木結構單位是「斗栱」。

建築的象徵意涵：傳統建築在結構及藝術表現上，常結合深層的象徵意涵，例如牆體的分隔具頭、身、腳的人體表徵，裝飾題材蘊含富貴吉祥的內心期盼等。

傳統建築的匠師

傳統建築的設計與營建不分家，往往設計者就是參與施作的匠師，不過一棟建築的完成要靠各種專業工匠的通力合作，參與的匠師主要有石匠、大小木匠、泥水匠、瓦匠、剪黏、交趾陶匠及彩繪匠師等，他們都是完全以手工來建造房屋。

●老匠師按著紙樣正在鑿花（即小木雕刻）。

大小木匠：大木匠是傳統建築的靈魂人物，是總設計師也是總工程師，複雜的木結構尺寸、構件的數量及搭接的關係，只有經驗豐富的大木匠師才能掌握。小木匠師又稱鑿花匠，負責精緻的木雕。木匠主要的工具有門公尺、曲尺、圓規、墨斗、斧、鋸、鉋等。

石匠：負責建築的基礎及石雕的部份，主要的工具是錘及鑿子。

泥水匠及瓦匠：負責砌牆、鋪瓦作屋脊，主要的工具是抹灰用的鏝刀。

剪黏、交趾陶匠：負責屋脊及牆體的裝飾，主要工具是一種小型的鏝刀及剪子。

彩繪匠師：負責室內木作的油漆以及彩畫，主要使用的工具是各式各樣不同用途的刷筆。

傳統建築的族群風格

台灣的傳統建築雖都源自閩粵，但閩粵各地由於語言、環境不同，建築形式也有所差異，而台灣傳統建築基本上即反映著移民來源地的特質，但也有聘用外鄉匠師的例子，或出現相互吸取技藝的混合風格。以方言的種類來分，台灣傳統建築有以下四類。

閩南建築

是台灣最常見的傳統建築，強調屋脊及屋面的曲線，但屋簷較平緩至左右兩端略為起翹，木屋架的桁樑及短柱多為圓形斷面，外牆及屋面用閩南的紅磚及紅瓦，在陽光下特別顯出磚紅的美感。其實同為閩南地區的漳州及泉州建築，又有風格上的差別，不過外觀上不易察覺，主要表現在大木結構的形式及細節。

閩南紅磚　　屋簷末端略為起翹　　閩南紅瓦　　強調屋脊曲線

●鹿港龍山寺前殿

泉州建築：用料修長，瓜筒多呈瘦長的木瓜形，疊斗、束及束橢的數量較少，整體顯得疏朗典雅。

●木瓜形瓜筒

漳州建築：用料粗壯，瓜筒多呈圓肥的金瓜形，疊斗、束及束橢的數量較多，整體顯得緊密而雄實。

●金瓜形瓜筒

客家建築

台灣的客家人與閩南人相較下，是屬於勢力較孤弱的族群，多集中在桃竹苗及高屏的近山地區。他們來自閩西或粵東，在區位上與漳州接近，所以建築形式基本上與閩南相去不遠，但又帶有一些廣東建築的特色，譬如屋面的材料多用青灰瓦，牆面喜用較大面積的白灰牆或使用灰磚等，不過多數仍搭配閩南紅磚，但常用卵石牆基。整體而言，客家建築的風格顯得較為簡樸內斂。

大面積的白牆　　青灰瓦或閩南紅瓦　　閩南紅磚　　卵石牆基

●新竹北埔金廣福公館

福州建築

主要出現在福州人聚集的馬祖地區，屬閩東系建築。馬祖的寺廟多以三梯狀的牆面當立面，兩側為巨大的馬鞍形或火焰形山牆，高出屋頂甚多，不易看到屋面，與閩南寺廟相去甚遠。台灣也有極少數聘用福州師傅的例子，如來自漳州的霧峰林家之花廳，就具有典型的福州式屋架，桁樑及短柱多為方形斷面，斗扁平如盤狀。

●台中霧峰林家花廳的福州式屋架

正面不易看到屋面

封閉的三梯狀立面

馬鞍形山牆

火焰形山牆

●馬祖地區寺廟

潮州建築

目前台灣僅存台南三山國王廟一例，為粵東客家人所建，其屋簷及屋面平直，屋脊的曲度亦較閩南式平緩，不過脊上的剪黏繁複華麗，好像要溢出脊外。潮州師傅擅於剪黏是遠近馳名的，所以剪黏的裝飾甚於閩南。

屋面用青灰瓦，外壁塗白灰，簷柱不向上抵住桁而停於步口通樑下等，都是典型的特色。

●簷柱停於步口通樑下，是粵東潮州建築的屋架特色之一。

白牆

屋脊平緩僅兩端翹起

屋簷平直

剪黏繁麗

青灰屋瓦

●台南三山國王廟

傳統建築的構造

每一座傳統建築基本上都可以分為屋頂、屋身、台基三個部份，有如人體的頭、身、腳，缺一不可；每一部份又是由各式各樣的構件組合而成，每個構件都是工匠結合力與美的手工製品，如果能對其有基本的認識，將有助於我們對傳統建築的觀察。

屋頂

傳統建築的屋頂除了遮風避雨的實際功能外，因面積不小，占了視覺的極大比例，因此也是建築立面的表現重點。主要的構造如下。

正脊兩端的作法

燕尾脊：正脊兩端彎曲起翹，並分叉如燕子尾，是較高級的作法，寺廟或官宅多用之。

馬背：正脊兩端不起翹，使垂脊由前坡順勢滑向後坡，形成拱起如馬背般的山牆。

脊飾：屋脊表面或上方之裝飾物。

正脊：屋頂上最高的屋脊，具有壓穩屋頂的作用。

板瓦：片狀略帶彎曲弧度的屋瓦，民宅屋面多使用之，或與筒瓦搭配使用。

垂脊：又稱規帶，是屋頂前後方向的屋脊，亦有壓穩屋面的作用。

封簷板：封住屋簷口的長形木板，可保護屋頂內部其他構件。

筒瓦：形如半圓筒狀的屋瓦，屬較高級的建築使用，寺廟常見。

瓦當：筒瓦末端收頭的圓形物，表面多有圖案，材質與瓦片相同。

滴水：瓦當之間三角形物，是屋頂雨水滴落處，材質與瓦片相同。

台基

台基是高於地面的一個基座，屋身立於其上，架高的地坪可保護木結構，尤其在多雨的南方，具防潮作用。主要構造如右。

①**柱礎**：柱子下方的礎石，其形多如珠，故又稱柱珠，具有防止水分滲入木柱的功能。

②**磉石**：柱礎下的正方形石塊，承受柱子下壓的重量。

③**門枕石**：多置於邊門的門柱前，有穩固門框的作用。

④**抱鼓石**：置於中門的門柱前，亦是穩固門框的構件。

⑤**鋪面**：台基表面的處理材料，以耐踩踏，有夯土面或磚石鋪面。

⑥**石碚**：台基邊緣的收邊石條。

屋身

屋身主要包括屋架與牆體兩個部分，屋架是撐起屋頂的木構造，由與立面平行的「排樓面」及與立面垂直的「棟架面」組合而成；牆體則多由磚石或土埆砌成。屋身為木雕與石雕藝術表現的重點，是傳統建築的精華所在。

| 1 室內棟架面 |

桁條：屋頂下一根根屋樑，又稱檁或楹。

二通：位於大通上較短、較細的樑。

托木：又稱雀替，為樑柱間直角交點的穩固構材。

大通：棟架面金柱間位置最低、最粗壯、最長的樑。

束橢：束下方的雕刻木構件。

中脊桁：屋架上最高的一根桁條。

束：棟架面上彎形的小樑。

瓜筒：為通樑上層層相疊的斗之底座，因形如瓜而得名。

金柱：室內最主要的四根柱子，稱四點金柱，又有前後點金柱之分。

| 2 步口棟架面 |

步口通：搭接簷柱與金柱間的樑。

員光：步口通下的長形木構件，具穩定通樑不變形的作用，常雕刻成各種題材。

簷柱：位於簷下，最靠外側的柱子。

獅座：通樑上的獅子，作用同瓜筒。

吊筒：屋簷下懸垂在半空中的短柱，有傳遞屋頂重量的作用，末端常雕成蓮花或花籃狀，又稱垂花、吊籃。

| 3 排樓面 |

連栱：排樓面雕成相連狀的栱。

枋或壽樑：排樓面的水平構件，位於門面的又稱為大楣。

彎枋：排樓面上連續的彎形枋材，依彎曲的數量有五彎枋及三彎枋之分。

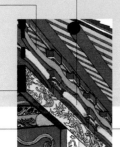

| 4 牆體 |

對看堵：前步口左右相對的牆堵，常雕塑成相對的題材，如龍、虎或祈求、吉慶。

壁堵：正面的牆堵常分隔為數個單元，分別雕塑成不同的題材，增加立面的美觀。

墀頭：山牆與屋簷的搭接處，常以剪黏或泥塑裝飾。

屋頂形式

硬山頂：最常見的兩坡頂，其山牆完全封住木屋架，屋頂收在牆體上方。

懸山頂：與硬山頂結構相似，但屋頂兩側凸出牆面，由外牆可看見懸出的木桁。

歇山頂：形如硬山頂，但左右有如加了片小裙子，因有四面屋坡，又稱四垂頂。

重簷歇山頂：在歇山頂的下緣再環繞一層屋坡，通常使用於較重要的建築。

捲棚頂：屋頂呈圓弧狀，最高點不作正脊，多用於迴廊。

攢尖頂：各向屋坡都集中至同一最高點，有圓、方、六角、八角多種造形，多使用在鐘鼓樓、亭、塔等建築。

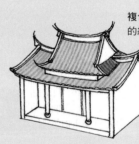

複合式屋頂：指不同形式屋頂的組合，最常見的是「假四垂」，即歇山頂騎架在硬山式屋頂的組合作法，多出現在寺廟前殿。其他如一些晚期的鐘鼓樓，也以複合式的屋頂來增加華麗感。

屋架形式

擱檁式：直接將桁條擱放在牆體上的屋架。

穿斗式：以柱子直接頂住桁條，有些柱子可以不落至地面，但中脊桁下一定有立柱，稱將軍柱。用材較細，民宅常用。

抬樑式：以下層通樑抬上層通樑，用材較粗，柱距較大，室內空間較寬敞，廟宇較常使用。

建材

紅磚

灰瓦

紅瓦

編竹夾泥牆

磚瓦：色彩有紅、灰兩種，閩南系建築多用紅磚瓦，有些客家及閩東系建築則使用灰磚瓦。傳統磚瓦皆手工製作，色澤均勻且質地細密。

牌坊聖旨碑

蚵灰石牆

竹屋架

灰：是接合劑，可將砌在一起的磚、石或瓦固定，也可當作外表的粉刷材。傳統使用的灰有蠣殼灰、螺殼灰、硓𥑮灰等，是使用蠣殼、螺殼、硓𥑮石等天然物磨成粉狀後再加熱製作而成。

竹：容易取得，可替代木材作屋架，或是以竹篾編織成網狀當骨架，表面填泥抹灰，成為「編竹夾泥牆」。常用的種類有赤竹、麻竹或長枝仔。

石板鋪面

硓𥑮石牆

土埆牆

木屋架

石：使用於牆體、地坪以及重要雕刻。早期以大陸來的泉州白石及青斗石最受歡迎，不過價位高，除大廟或達官貴人的宅第，一般民宅很少使用。台灣本地的石材則有安山岩、砂岩、硓𥑮石及鵝卵石等，都是就地取用的材料。

土：最容易取得，可使用於地面及牆體。土質本身若黏性夠強可直接使用，否則得加入黑糖、石灰、糯米及稻殼、草根等，增加附著力。可製成土埆磚或用於版築法。

木門扇

木：多用在屋架及門窗，早期以大陸進口的福州杉為主，台灣本地則有茄苳、樟木、肖楠等，品質優良的檜木則遲至日治時期才大量的開採。

木雕技法

圓雕象座

圓雕憨番

圓雕：為全形的立體雕，用的木料大，常見於獅象座、憨番等。

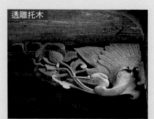
透雕托木

透雕太極八卦窗

透雕：保留圖案的部份，將背景全部雕除，形成鏤空的效果，常見於門窗、束橢、員光或托木。

浮雕門扇

浮雕員光

浮雕：又稱剔底雕，將襯底向下剔平，使主題圖案明顯浮突，有深淺之分，亦常見於員光、托木、束橢、門窗等構件。

石雕技法

透雕：背景全部雕除，可透光，常用在石窗。

圓雕：全形的立體石雕，如石獅、抱鼓石等。

「水磨沈花」陰雕

「減地平鈒」陰雕

陰雕：圖案以陰刻的方式內凹，淺線雕者特稱「減地平鈒」；背景磨平，主題圖案呈面狀仍有凹凸的立體感者，特稱為「水磨沈花」。

深浮雕：特稱「剔地起突」，圖案較具立體感。

淺浮雕：特稱「壓地隱起」，「地」指的是背景。

彩繪技法

水墨：單以墨色來表現，呈現水墨的效果，多出現在壁堵。

退暈：又稱化色，是以同色系作出由深到淺的變化，早期的匠師技法高明，他們能以指頭沾色來製作這種效果。

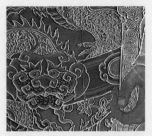

瀝粉貼金：以灰泥加綠豆粉及膠攪成泥，裝在圓錐狀筒子裡擠壓出輪廓線，乾後再貼金。這是後期發展的技法，多用在門神，具有立體感。

平塗：最常見的技法，直接以刷筆沾色料繪製。

擂金畫：以黑色為底，再以金粉塗擦出圖案，整體給人高貴典雅的感覺。

安金箔：以大小約一寸見方的金箔紙，安貼在彩繪中，呈現絢麗的效果。

其他裝飾技法

剪黏：匠師用剪子將各色陶瓷杯碗剪成所需大小，再以灰泥黏貼在內胚表面。近代多改用玻璃或塑膠片當作材料，色彩鮮麗，但樸拙原味盡失。常見於脊飾及墀頭等處。

交趾陶：是一種低溫燒製的彩釉軟陶，製作較繁複，但表面色澤鮮豔，常出現在壁堵或墀頭內。

泥塑：以灰泥捏塑成形，表面再上漆，常出現在壁堵、墀頭或脊堵內。

磚雕：又稱磚畫、磚刻，多出現在壁堵，以小品為多。

組砌：利用磚、瓦、木、石等建材的原有造形組列成圖案，使其產生變化與趣味。常見於院牆、窗孔及壁堵等處。

近代建築

台灣的近代建築，簡言之就是受到西方近代建築思潮影響下的建築物，其中包括設計觀念、建築形式、材料運用及施工技術等的改變。

什麼是近代建築？

台灣的近代化是受到西洋文化的刺激產生的，所以亦是一個西化的過程。在台灣歷史上，這個過程首先出現在十七世紀的荷西時期，但由於範圍小、時間短，並未深入民間造成太多的影響。

直至十九世紀中後期，台灣開放通商，加上劉銘傳建造鐵路，使得孤懸在外的台灣島反而比大陸內地先擁有近代化的機會。而甲午戰爭後，台灣割讓給日本，更在其殖民政策下加快了近代化的腳步。

近代化的觀念反映到建築上，就出現了近代建築，但並非在近代所造的都稱為近代建築，重要的是要表現出近代文化的特色。

早期的社會封閉，近代化主導於執政者，所以初時的近代建築以官方建造為主，再形成流風影響民間，不過根深蒂固的傳統文化並未退出舞台，仍然具有影響力，這也是台灣的近代建築不完全等同於西歐或日本的原因之一。

台灣光復後，又隨著世界的潮流進入現代文化的階段，故所謂的近代建築也走入了歷史當中。

近代建築的特色

兩大系統：台灣的近代建築，可以區分為兩大系統，一是由西方人直接主導的，如領事館、洋行及教會建築；另一則是藉由日人間接移植的歐風建築。前者數量較少，風格較具一致性；後者在日人五十年的統治下，隨著世界流風成為台灣近代建築的主流，不過日人對台灣的殖民心態，使得這些建築比日本本國內同時期的作品，更多了幾分帝國主義的氣焰。

設計與營造分家：台灣傳統建築設計與營造常是不分家的，近代建築則是由專業訓練培養出來的技師負責設計，另由營造單位負責施工。

日治時期大型的公共建築，多為公家營繕單位的技師負責設計，所以建築的本土性薄弱；而民間建築則常由台灣本地人才參與，施工也多是當地工匠，故較常出現融合本土風格的趣味。

新的式樣與材料：近代化使得不同功能的建築種類增多，而外來文化的進入，也使建築的式樣更形豐富。

此外，近代建築大量使用新式的材料，如人造石、水泥、鋼鐵、面磚、洗石子等，初時這些材料多由外地運來，慢慢的亦於台灣設廠製造。

都市計劃與建築法規：近代建築雖不受傳統建築規制的影響，但因應整體都市計劃觀念的產生，必須遵守相關的建築法規，如建築的高度、寬度與街道的關係等。

日治時期官方建築的孕生地

日本殖民政府治台的第二年，總督府即設立了臨時土木部，掌理台灣的建築事務；至1901年擴編為民政部土木局營繕課；到1915年又提高層級，擴大為總督府官房營繕課，並任用許多畢業於東京帝大、受完整西洋建築教育的人才，如野村一郎（設計國立台灣博物館）、近藤十郎（設計台大醫院舊館）、森山松之助（見P.134）及井手薰（設計中山堂）等，他們都是歷任營繕課中的要角，因殖民地的建設殷切，而在台灣得到一展宏圖的機會。

近代建築的風貌

台灣的近代建築形式豐富，出現的時間雖有明顯的時序，但早期的建築類型，亦有於後期仍在興建者。我們從外觀的形式、使用的材料及建築元素，將常見的近代建築大致分成以下六類，其中，樣式建築又可約略區分成五種風格。

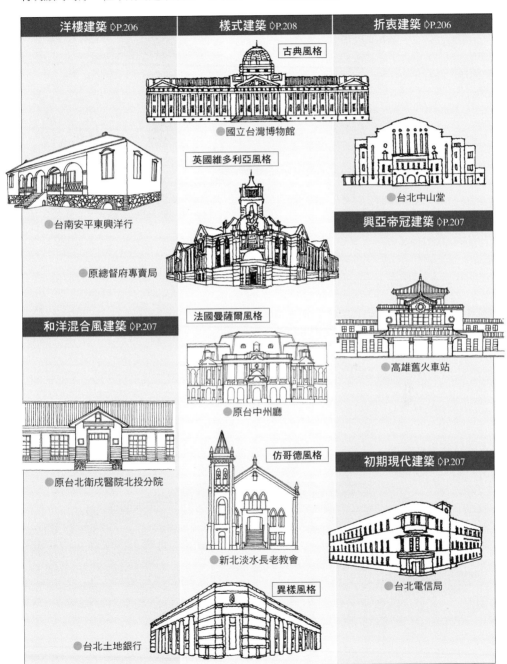

洋樓建築 ◇P.206
●台南安平東興洋行

樣式建築 ◇P.208
古典風格
●國立台灣博物館
英國維多利亞風格
●原總督府專賣局
法國曼薩爾風格
●原台中州廳
仿哥德風格
●新北淡水長老教會
異樣風格
●台北土地銀行

折衷建築 ◇P.206
●台北中山堂

興亞帝冠建築 ◇P.207
●高雄舊火車站

初期現代建築 ◇P.207
●台北電信局

和洋混合風建築 ◇P.207
●原台北衛戍醫院北投分院

洋樓建築

　　其建築形式又稱為殖民式樣，流行於當時東亞的英屬殖民地，外部有寬闊的拱廊，作為休閒活動的空間，也可減少室內的日曬，以適應炎熱的氣候。

　　出現時間最早，多為來台從事貿易及傳教的西方人所建，建築種類以領事館、洋行及教堂、學校等為主。

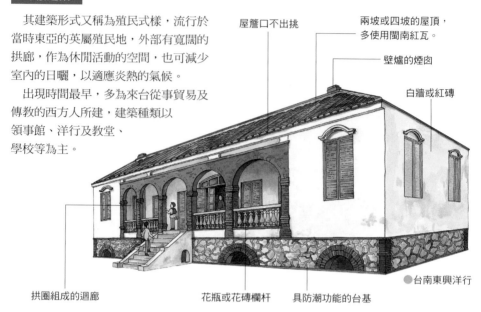

屋簷口不出挑

兩坡或四坡的屋頂，多使用閩南紅瓦。

壁爐的煙囪

白牆或紅磚

●台南東興洋行

拱圈組成的迴廊　　　花瓶或花磚欄杆　　具防潮功能的台基

折衷建築

　　指的是樣式建築（P.208）邁入初期現代建築的過渡形式。一九二〇年代後，西方盛行的現代建築特色影響到台灣的近代建築，但是對華麗的樣式建築仍不能忘情，所以古典風格的對稱形式、簡化的裝飾元素，與水平簡潔的現代感，折衷地存在於此時的建築當中。

　　構造普遍使用鋼筋混凝土，外表以貼面磚來挽回樣式建築磚石結構的美感，早期多使用接近紅磚色的深色面磚，慢慢才出現淺色面磚，與現代建築的白色外壁越來越接近。

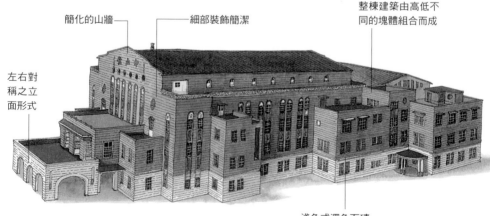

簡化的山牆　　　　細部裝飾簡潔

整棟建築由高低不同的塊體組合而成

左右對稱之立面形式

淺色或深色面磚

●台北中山堂

和洋混合風建築

受到近代建築風潮的影響,當時一些屋頂鋪著日本黑瓦、牆面貼著雨淋板、入口仿唐破風式,或以簡化斗栱裝飾的建築,雖然外觀保留了常見的和風元素,但在使用功能及結構形式上卻具西洋近代建築的精神,如室內不再使用架高床組及鋪設榻榻米,改配置西式家具、屋頂採用洋式屋架、壁體為仿磚牆的大壁、西式門窗開口等,故仍屬近代建築的一環。此種建物因結構簡化施工快速,日治初期興建了許多,直到後期仍有一些小型的公共建築及住宅採用之。

日本黑瓦的屋頂 ── 簡化的唐破風式入口 ── 簡化的斗栱支撐

木製雨淋板 ──

多為一層樓

● 原台北衛戍醫院北投分院

興亞帝冠建築

一九四〇年代前後,日本軍國主義高張,連建築也受到影響,除純日本式的神社、武德殿大量增加外,到了二次世界大戰後期,更出現了標榜東方風味的興亞帝冠式建築,其特色是在折衷建築的屋身,加上東方式的瓦頂,充滿威權的意味。不過這種建築形式,以官方興建為主,並未影響到民間。

東方的攢尖屋頂 ──
似唐破風的作法 ──
貼面磚 ──
塊體組合 ──

細部裝飾具東方味

● 高雄舊火車站

初期現代建築

一九二〇年代成熟於西方的現代主義建築思想,至三〇年代後期也吹到了台灣,重要的觀念為主張反映新時代的精神、擺脫歷史樣式的束縛、實用功能重於外觀形式、減少無謂的裝飾、積極採用新材料等,由於一些標準形式在許多國家的建築中出現,故又被稱為國際樣式。

在台灣仍以官方建築為主,但民間也有一些經濟條件好,能接受新觀念的知識分子,如醫生等,其住宅採用初期現代式建築。

淺色面磚
以方形玻璃窗為主

外牆少有突出物 ──
立面強調水平線條 ──
極少或無裝飾的線腳 ──

常見圓弧狀的轉角處理

● 台北電信局

樣式建築

　　樣式建築多出現在一九二〇年代以前，主要是模仿十九世紀歐美流行的後期文藝復興式建築，其根源於歐洲長久發展的建築歷史，依據外觀的特色有多種風格，總體而言，典雅的氣氛及巴洛克風味的華麗裝飾，為共同特色。

　　日本統治台灣的初期，正是其明治維新時期，許多接受西方建築訓練的技師就把這些建築形式移植至台灣，接著大正時期的自由主義，更增添了樣式建築的發展空間。

　　初時以官方建築為主，很快的連民間的匠師也嗅到這一股樣式風，將其融入其他建築中。不過台灣的樣式建築因受到殖民背景及地域性的影響，較不純粹，一棟建築常混合著多種風格，只能依外觀上較明顯易辨的建築語彙，大致區分成以下五類。

古典風格：採用希臘、羅馬等古代建築中常見的元素，表面處理較為簡潔典雅，並以白色來表現仿石材的效果，具有嚴謹的古典氣息。

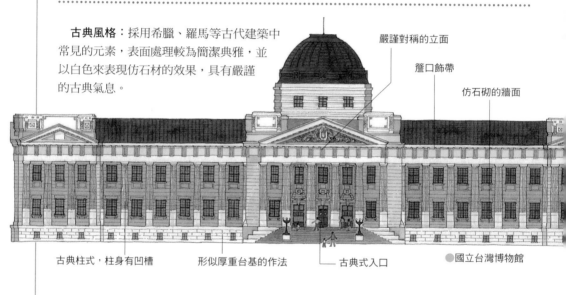

嚴謹對稱的立面

簷口飾帶

仿石砌的牆面

古典柱式，柱身有凹槽

形似厚重台基的作法

古典式入口

●國立台灣博物館

英國維多利亞風格：仿英國維多利亞時期流行的紅磚建築，牆面以白色橫飾帶形成紅白相間的效果，立面亦充滿巴洛克風格的裝飾，具浪漫的特質。

中央尖頂塔

白色粉刷或石材形成的水平橫飾帶

清水紅磚結構或似紅磚的面磚

●原總督府專賣局

法國曼薩爾風格：採用法國建築師曼薩爾氏發明的上緩下陡之兩折式屋頂，屋頂所占比例較大，配上各式老虎窗特別搶眼。

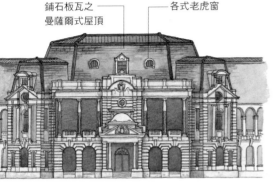

鋪石板瓦之——
曼薩爾式屋頂

——各式老虎窗

●原台中州廳

何謂巴洛克風味的裝飾？

　　十七至十八世紀，西歐於文藝復興的基礎上所發展出的藝術風格，稱為「巴洛克」，與當時的主流古典主義相較，原意是指其「稀奇古怪」，運用在建築上有外形自由、追求動態、裝飾繁複、色彩強烈等特色。

　　樣式建築即受其影響，深具巴洛克風味，特別是古典、英國維多利亞、法國曼薩爾風格的建築最常見，如立面以柱式、窗戶開口，形成具律動的凹凸面；再搭配富麗的花草紋飾、鮑魚飾、渦卷形托架，及豐富多變的女牆、山頭、簷口飾帶等。

仿哥德風格：採用中世紀流行的哥德教堂元素，特別是向上延伸的尖形構造及細部裝飾，此風格仍較常出現在教堂建築。

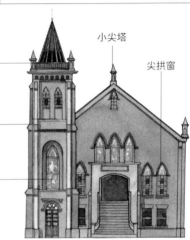

尖頂鐘塔——

具牆體結構
加強作用，
上小下大的
扶壁

鑲嵌彩色
玻璃

小尖塔

尖拱窗

●新北淡水長老教會

異樣風格：以古典風格為基礎，但在某些建築形式及細節的表現上，應用了中東、印度、中南美等地域元素，展現有別於西方系統的異國風味。

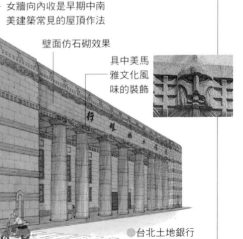

女牆向內收是早期中南
美建築常見的屋頂作法

壁面仿石砌效果

其中美馬
雅文化風
味的裝飾

仿希臘神殿之柱列

●台北土地銀行

屋頂形式

兩坡頂：是最常見的屋頂形式，兩坡屋面呈人字形搭接，故左右山牆亦呈人字形。

四斜坡屋頂：屋頂由四個坡向的屋面組成，四周牆體等高，因此沒有左右山牆。

曼薩爾式屋頂：由一陡一緩的屋面組成，遠觀屋頂如方體狀，其上開設許多老虎窗，外觀華麗。

複折式屋頂：亦有四向屋坡，但左右兩側坡頂較低，與傳統建築的歇山頂相類似。

切角頂：將兩坡屋頂的兩端切去一角，有如削肩的背心，所以又叫背心式屋頂。

圓頂：穹窿形屋頂，有半圓、橢圓及扁圓狀，多出現在入口門廳，有加強意象的作用。

興亞式屋頂：具東方風味的屋頂，遠觀如戴著一頂冠帽，是日本軍國主義下的產物。

尖頂：不同方向的屋坡向上收於中央的一個高點，多用於塔樓。

入口

古典式：以比例嚴謹的三角形希臘山頭及柱式形成入口。

折衷式：入口有如立方體突出在外，開口多呈方形或圓拱形，簷口及轉角有少數的幾何裝飾。

巴洛克式：常位於建築轉角，以圓頂、山頭或柱列強調，外觀華麗。

現代式：入口無特別建築，僅以鋼樑或是鋼筋混凝土懸挑大型雨庇，下方無柱。

窗戶

圓拱窗

尖拱窗

方形窗：窗子開口呈方形，窗框或頂部常配有裝飾。

牛眼窗：位於山牆上部的圓形高窗，因形如牛眼而得名。

拱形窗：最常見的開窗形式，依上部的形狀分有圓拱、弧拱及尖拱窗。

老虎窗：位於陡峭屋頂上的開窗，作為閣樓的採光通風之用，也增加屋頂的變化。

帕拉底歐式窗：由二根柱子頂著拱形窗，乃義大利文藝復興時期的重要建築師帕拉底歐常用的處理手法。

凸窗：窗子外凸於牆面，可以接受較多的陽光，原為西歐寒冷日曬少的地方特別喜歡使用，也可增加視線的廣度。

氣窗：位於屋脊上，主要功能不在採光，而是通氣，特別是對木屋架有防潮作用。

建材

面磚：鋼筋水泥結構的牆體，表面黏貼面磚，以表現磚塊的疊砌感，同時也具有保護牆面的作用。

木材：可以運用在各種部位，特別是木屋架、壁板及門窗。

石材：牆面常使用的建材，其自然的質感，增加建築的美感。

紅磚：比傳統閩南紅磚寬厚，色澤溫潤細密，較現今的紅磚質感佳。

仿假石：以水泥或白灰等材料作成仿石材的感覺，這樣就不受大塊石材取得不易的限制。

洗石子：將小石子用水泥沙漿固著在牆面，再將多餘的沙漿洗去，表面呈顆粒狀。

水泥沙漿打毛：以水泥沙漿粉刷牆面，再用特殊工具在其未乾之前，拍打拉起成粗糙面。

牆面裝飾

圓形山頭

破山頭

三角形山頭

山頭：入口、門窗開口或是女兒牆等部位上方突出的圓形或三角形牆體，其中間呈破口狀者，特稱為破山頭。

橢圓形勳章飾（鮑魚飾）

方形勳章飾

勳章飾：門窗開口、山頭或山牆上方，有如勳章的雕飾，常見有橢圓形及方形，周邊並圍以花草紋飾，橢圓者形如鮑魚，又稱鮑魚飾。

獅頭

貓頭鷹

動物浮雕：常出現在柱頭頂端或牆面的飾帶，具有中南美或北非的特殊風味。

花綵紋飾：以花、草及綵帶纏繞成環形的雕飾，有如西方節慶常用的花圈，表現非常細膩。

隅石：門窗開口或是牆體轉角，仿長短石塊砌築，呈整齊的鋸齒狀，並具有加強結構的作用。

拱心石：位於拱形開口部上方的中心，原來有加強拱圈結構的作用，後來變成美化拱圈的裝飾。

簷口飾帶：在屋簷處以多層的線腳、圖案雕塑，或凹凸狀的牙子砌裝飾。

橫帶裝飾：以數條不同於牆面顏色的水平帶裝飾，色彩與牆體呈強烈的明暗對比。

柱子

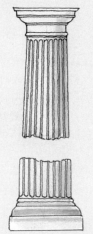

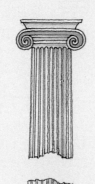

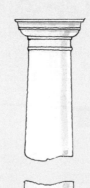

拜占庭柱式：柱頭如方斗狀或花籃形

多立克柱式：古羅馬流行的五大柱式之一，源於希臘古典柱式，柱頭如倒圓錐形平板，裝飾較簡單，柱身有凹槽。

愛奧尼克柱式：古羅馬流行的五大柱式之一，柱頭有一對如羊角的渦卷裝飾。

塔斯干柱式：古羅馬流行的五大柱式之一，外形及比例與多立克柱式相似，但柱身無凹槽。

埃及柱式：柱頭上方以早期埃及建築使用的棕櫚葉形裝飾。

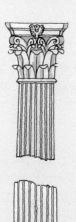

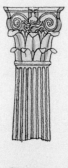

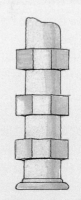

科林斯柱式：古羅馬流行的五大柱式之一，柱頭有向上捲曲的毛莨葉裝飾。

複合柱式：古羅馬流行的五大柱式之一，柱頭裝飾由愛奧尼克柱的羊角渦卷，及科林斯柱的捲葉組合而成，更顯華麗。

變體柱式：近代發展的柱式，柱頭及柱身的變化較多，可以作各種組合及創新的式樣，有的還結合地方風味，沒有固定的形式。

立體柱式：圓形柱身外環以數層幾何形塊體，向外突出。

日本式建築

日人治台期間將發展悠久的日本建築文化引入台灣，因具鮮明的特徵，眾人習稱「日本式建築」，其為數不少，也成為台灣建築史不可或缺的一部分。

什麼是日本式建築？

日本作為一個島國，文化的發展有其特殊的獨立自主性，日本建築在自古孕育的悠久傳統上，一直不間斷地吸收外來文化，遠者如高麗與唐代的建築與都城規劃，近者如十九世紀引進美洲的木造建築與歐洲的磚石造建築，這些養分不斷滋潤著日本式建築，也為其奠定了成熟的基礎。

從1895年至1945年的五十年，日本依據馬關條約殖民統治台灣，致使台灣的社會、經濟與文化皆面臨巨大的改變，建築風貌也不例外。最初，日人暫用台灣原有的傳統建築作為各種使用；之後隨著政局的掌控，開始將家鄉的建築文化引入，但因對台灣的風土環境不夠了解，形式及材料構造上的設計失當，導致建築使用的年限過短，不過日人發揮其吸收異地文化的特長，逐漸修正調整，發展出適合在這個新殖民地中立足的日本式建築。

在台灣日本風格最濃厚的是神社建築，它是大和民族精神的象徵，數量最多的則是全台各地的木造公家宿舍，其為十九世紀才逐漸發展成熟的日本木造住宅；據學者研究，日本為開發北海道而向北美洲吸取木造建築的技術，例如外牆的雨淋板構造，但室內地板較高，並有輕盈且具彈性隔間的拉門，收藏棉被的押入或房間內鋪榻榻米等，卻是日本古老的傳統，這種和室的生活空間至今仍深受台灣民間的喜愛。

日本式建築的特色

科學性的模矩觀念：以間及疊為一座建築的基本尺寸，一間約6尺，一疊為3尺×6尺的榻榻米，很多樑柱或門窗的高低尺寸亦皆以3尺或6尺為標準單位，可說是一種具有科學性的「模矩」，二塊塌塌米稱為一坪，坪數則是度量房屋大小的單位，延用至今。

架高的和室空間：源於古代杆欄式建築，對於木構造有防蟲防腐的作用，作法是將建物地板下方以數量較多的砌磚或小木柱基礎抬高，稱為「布基礎」。它承受木樑「大引」及「根太」之重量，上面再鋪木板及榻榻米，並以軸組系統建構成和室，隔間之間以拉門取代牆體，使室內運用更具彈性。不論是一般住宅或是社寺，都可以見到此種和室的概念。

特定建築採用嚴謹的和樣：日本傳統古建築吸收中國唐代建築的特色，形成特有的和樣，其構造與形式具有嚴謹的規則及樣式，多用在神社、寺院及武德殿等建築，如早期神社為山牆面朝前的「大社造」建築，後來受大陸系統的影響，出現「神明造」、「流造」等，此種建築樣式一般民間不會僭越使用。它的外觀常可見到得自中國影響的木結構，雖然名稱不同，但是與唐宋的斗栱、鋪作、叉手、虹樑等，如出一轍。

以木造或仿木造為主：常見的日式住宅以木骨架、雨淋板等木造為主，高等級的社寺建築也多以上等木料為結構材，但是隨著近代材料的多元，日本式建築亦開始使用鋼筋混凝土結構，不過只是將木樑木柱改換為水泥樑柱，基本上外觀仍然維持仿木造的結構精神。

日本式建築的風貌

日治時期引進台灣的日本式建築，源於日本傳統的和風建築，但隨著近代文化的影響、建築技術的發展，在構造及材料上也多所變革，不過外觀仍維持傳統精神，讓人一眼就認出其特色；在台灣多出現於宣揚日本特有信仰的神社、佛寺建築，或官方主導興建的武德殿、日人使用的家屋，及強調日本風情的休閒營業場所等。

神社建築

為日本原始神道宗教的信仰中心，有嚴謹的社格規制，配置含本殿、拜殿、社務所、手水舍、鳥居、參道等，採用上等木料或鋼筋混凝土仿木建造。日治後期刻意地運用宗教政策將神社建造落實至全台，也是對台灣人民皇民化的一種手段。

手水舍　鳥居　社務所　拜殿　參道

●全台保留最完整的桃園神社，採用台灣檜木建造。

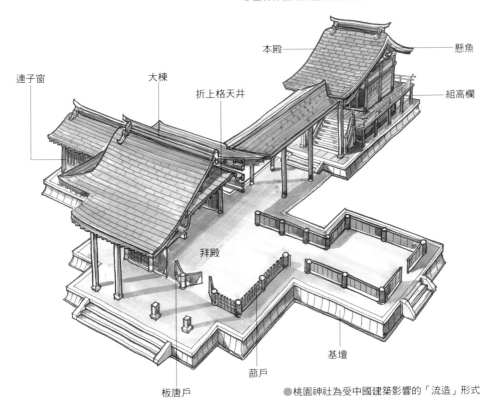

連子窗　大棟　本殿　懸魚

折上格天井　組高欄

拜殿

板唐戶　蔀戶　基壇

●桃園神社為受中國建築影響的「流造」形式

佛寺建築

源自中國唐宋的佛教寺院，木結構特色傳入日本後與當地文化結合，衍生出獨立而成熟的各種佛寺樣式。建築不施彩繪、鮮少裝飾，以展現純粹的結構美為主，整體呈現清雅肅穆之感，與台灣的傳統寺廟截然不同，除純木造亦常見鋼筋混凝土仿木結構。

●木造的花蓮吉安慶修院

●鋼筋混凝土仿木造的中和圓通禪寺

武德殿建築

又稱演武場，由大日本武德會引進來台宣揚武士道精神的建築，結合武神信仰及推廣武術等功能，主要由警察、監獄、軍隊及學校系統設置，武術練習以劍道、柔道與弓道為主。建築採用莊嚴的日本宮殿造，近代多為鋼筋混凝土仿木造並搭配洋式屋架的設計，周邊則配置有木造和室建物，作為休憩及聯誼之處。

●台中刑務所演武場及附屬木造建物

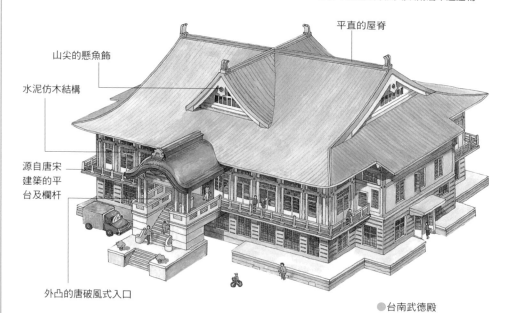

平直的屋脊

山尖的懸魚飾

水泥仿木結構

源自唐宋建築的平台及欄杆

外凸的唐破風式入口

●台南武德殿

官舍建築

　　為了安頓日本內地來台的軍公教人員，而按職等規劃面積大小、設計格局的官建宿舍，空間配置符合日人的生活習性，採用鋪設榻榻米的和室、地坪架高以隔絕地氣，建築以木造為主，較高等的官舍常搭配洋式空間，作為重要的接待場所，形成和洋並置的風格。

●台北賓館為和洋並置官舍的極致之作

心形池

肘掛窗

棧瓦葺

雨淋板

車寄

洋館

●建於1940年的台北市長官邸

●嘉義林務局的雙拼宿舍

料亭及旅社建築

　　指高級的日式料理餐廳，及溫泉旅館或招待所一類的休閒營業場所，日治時期這裡常進出著政商名流在此交際應酬，除了建立精緻的飲食文化，附帶的藝文活動亦相當豐富，其中最知名的就是傳統藝伎的助興表演。建築形式除展現濃濃的日本味，亦敏銳地將新式材料、裝飾手法等融入室內裝修中，呈現時尚多元的風味，以吸引顧客。

●台南鶯料理在一九二○年代是知名的交際場所

●以招待所為主要功能的金瓜石太子賓館

屋頂形式

入母屋：具有四面斜坡頂及一條正脊、四條垂脊與斜脊，即中國傳統建築的歇山頂。

寄棟：具有四面斜坡頂及一條正脊，即中國傳統建築最高等級的廡殿頂，但在日本為民間常見的屋頂形式。

切妻：具有兩面斜坡頂及一條正脊，屋面向兩側伸出牆面，以保護向外露頭的桁條，即中國傳統建築的懸山頂，「妻」指建築的山牆面。

半切妻：將切妻式屋頂的兩端斜切一角，使屋頂更多變化，即西洋的切角頂。

向拜：於入口處將屋面向外延伸，與唐破風一樣強調入口意向及遮擋雨水。

寶形：具有收於一點的四面斜坡，但無正脊，即中國傳統建築的攢尖頂。

唐破風：於入口處設置向外突出的捲棚軒，受到中國唐朝建築的影響，故名之。

八注：具有八面斜坡面的攢尖頂，有如雨傘。

千鳥破風：在屋面中央設一個三角形的破風頂，稱之。

●擁有唐破風入口的台南武德殿

屋面材料

丸瓦　平瓦

巴瓦

唐草瓦

冠瓦　熨斗瓦　棧瓦

鬼瓦

隅巴

軒瓦

日本瓦：以土燒製而成的屋瓦，呈黑灰色，又稱燻瓦，主要有本瓦葺及棧瓦葺兩種。前者與台灣傳統的筒、板瓦相似，較常出現於社寺這類正式建築；後者瓦形如同結合筒、板瓦於一，常見於各種日式住宅屋頂。這些屋瓦又依所在屋面位置，而有不同的名稱。

●本瓦葺

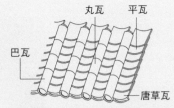
本瓦葺

●棧瓦葺

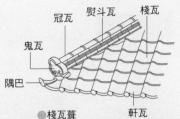
棧瓦葺

水泥瓦：近代水泥材料發展成熟後出現的瓦材，以水泥漿塑成，日治時期約在一九三〇年代以後才開始大量出現，製程較燒成的日本瓦簡易。

桃園神社的銅板屋面與空氣接觸後，呈現高雅莊嚴的色澤。

常見的銅板鋪法，稱為「一文字葺」。

內襯一根木條使屋面呈凹凸狀的「瓦棒葺」

金屬瓦：有銅板、鍍鋅鐵板（日文稱「亞鉛板」）等，一般使用於廊道或雨庇的屋面，有些莊嚴的社寺建築亦會使用銅板屋面，銅與空氣接觸久後會產生鏽蝕的銅綠，反而增添屋面特殊效果。

石棉瓦：日治後期開始使用石棉瓦材，屬仿銅板或是檜皮屋頂等高級材料的替代品（不過近年因為具毒性化學物質，已經禁止使用）。

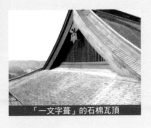
「一文字葺」的石棉瓦頂

土居葺：鋪設於屋瓦及屋面板之間、以釘子交疊固定之薄木片，具有防水、隔熱的作用，為日本式建築特有的防水層。

傳統的土居葺工法

屋架形式

和小屋：以橫的樑與貫、直的束（短柱）組合而成的斜坡頂木屋架，較少使用斜向木樑，類似台灣傳統建築的穿斗式，亦為日本發展久遠的傳統式屋架。

棟束
束
樑

貫　樑　棟束　束

洋小屋：以大型的左右合掌（斜撐樑）與水平的陸樑，組合成剛性三角形屋架，中間以方杖（斜撐材）補強，榫接處以鐵件加強固定，為西洋式屋架。

●對束洋小屋組，又稱偶柱式桁架。

真束
合掌
方杖
陸樑

●真束洋小屋組，又稱中柱式桁架。

樑枋斗栱：指外露於天花板下、簷口，視覺觀看得到之木構件，特別出現在神社、寺院及武德殿等類正式建築，源自中國傳統建築的木棟架。

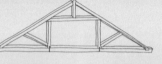

手挾
虹樑

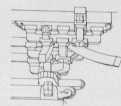

●台北臨濟護國禪寺簷下轉角精巧的斗栱棟架

●北投普濟寺向拜屋頂下的樑枋斗栱

壁體形式

大壁
真壁

木柱外露的真壁

真壁：為日本傳統壁體，填實的壁面較薄，位於木柱間，使木柱外露。

木柱藏於內的大壁

大壁：受洋式工法影響，填實的壁面較厚，將木柱包在其內，外觀看來如同磚牆。

筋違：為增加牆體結構穩定性，於軸組木構架內加入補強的斜撐材。

小舞下地：內層以竹篾（稱「小舞竹」）綁覆成格網狀，固定於木骨架上，外部再以土、白灰一層層填實的壁體。

木摺

小舞竹　筋違　筋違

小舞下地　　木摺下地

木摺下地：內層以3~4公分的木片（稱「木摺」），等距釘在木骨架上，外部再以白灰一層層填實的壁體。

壁體裝修

漆喰：即粉刷層，壁面施以下、中、上塗，至少三層的白灰粉刷，各塗層的配比不同，不論小舞竹或木摺的間隙，就是為了使灰泥層擠壓入內使其牢固，或於木摺表面上釘上交錯排列的苧麻，使粉刷層的握裹力更佳。

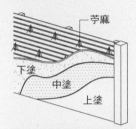

苧麻

下塗

中塗

上塗

●從施工中的木摺壁可以看到灰泥與木摺緊密結合

下見板張：即雨淋板，木板以橫向略為重疊排列，覆蓋於外牆上保護壁面，常見的有英國（或稱南京）、押緣、簓子、德國下見板張等。

英國下見板張

●英國下見板張（或稱南京）

●押緣下見板張

●簓子下見板張

●德國下見板張

簓子下見板張

台度以下採用德國下見板張，板材重疊處藏於內。

洗石子：將色彩豐富的小石子與水泥等混合，塗刷於外牆面或牆基處，至半乾時以清水沖洗至石粒表面外露。

天花板

竿緣天井：以平行等距的木竿固定懸吊的天花板材，日式住宅常用。

通氣孔：天花板為木構造，四隅常會設置通氣孔，除具有空氣對流的功能外，講究者還會施以鏤花裝飾。

格天井：木竿交錯成格子狀，木條的下緣常有線腳收頭，裝飾性強，社寺建築較常使用。

通氣孔

洋風天井：以木摺釘於骨架上，再塗抹粉刷層，與木摺下地壁體作法相似，與牆面搭接處的弧形轉角收頭稱為「蛇腹」。

蛇腹

通氣孔上緣凸出於屋架空間內，以助於空氣對流。

形成篇

用時間軸串起各類古蹟，為你建立完整架構，
使古蹟建築與台灣歷史緊密結合

史前・原住民時期

台灣史前人類的活動可以上溯至三萬年以前的左鎮人與長濱文化，屬於舊石器時代，他們的住屋多利用天然洞穴。至新石器時代後，包括大坌坑、圓山、卑南與十三行文化，據近代考古出土物顯示，已經開始建造干欄式住屋以及平面礫石結構建築。

一般人常以為台灣只有四百多年人文歷史，其實並不正確，史前人類及原住民在台灣的活動不能單獨研究，一定要納入太平洋西岸的南島文化系統中來比較，我們才能對台灣史前的建築有較多的了解。

原住民的建築通常符合因地制宜與就地取

繩紋陶器

石斧

石鋤

◀大坌坑文化的代表性器物為表面有繩紋的陶器及石斧、石鋤。

▼圓山文化的貝塚及紅褐色夾砂陶器。圓山文化人過著漁獵及農耕生活，有磨製而成的石器、陶罐以及貝塚出土。

◀位於台東縣長濱鄉八仙洞的長濱文化遺址。長濱文化人以漁獵維生，代表性器物為以打鑿方式製作的石器。

西元前 50000	西元前 5000	西元前 4000	西元前 3000
（舊石器時代晚期～）	（新石器時代～）		
●西元前30000年左鎮人於南部活動。東岸出現長濱文化，以八仙洞遺址為代表。	●西元前5000年西岸普遍出現大坌坑文化，以新北八里的大坌坑遺址為代表。	●西元前4000年大坌坑文化人類遷移至東部海岸及縱谷。	●西元前3000年南部出現牛稠子文化。 ●西元前2500年中部出現牛罵頭文化。

材的原則；為了防潮及安全，填高台基或抬高地面的方式普遍被運用。為了氣候因素也有凹入地穴或半地穴之住屋。大部份原住民建築也反映出宗教信仰與藝術審美需求，例如建築物的方位、門口位置、柱子安排、臥房與起居空間關係、雕刻與色彩裝飾等。

台灣島幅員雖小，但地形變化複雜，崇山峻嶺與丘陵盆地各有特色，各族原住民建築不盡相同，像布農族住在高山，牆壁禦寒設計考慮週到，排灣族門楣及柱子多精緻的木雕，皆是台灣建築文化中的瑰寶。

◀台東成功鎮麒麟遺址挖掘出的岩棺。麒麟文化最大的特色是以岩塊雕鑿的大型石造物。

▲清代古圖中淡水地區平埔族人的干欄式住屋。據學者推論，北部平埔族可能是十三行文化人的後裔。

▲台東卑南遺址發現為數驚人的石板棺及房屋遺址

◀▲十三行文化的陶罐及裝飾品

西元前 2000	西元前 1000	西元元年	1000

● 西元前1600年
  北部出現芝山岩文化及圓山文化。
● 西元前1500年
  東部出現卑南文化以及麒麟文化（又稱巨石文化）。
  中部出現營埔文化。
  南部出現鳳鼻頭文化。

▼原住民阿美族的祖先可能追溯至史前的靜浦文化

（金屬器時代～）
● 西元100年
  北部出現十三行文化，以新北八里十三行遺址為代表。
  ● 西元200年
    中部出現番仔園文化。
    南部出現蔦松文化。
  ● 西元600年
    東部出現靜浦文化。

（信史時代～）
● 西元1600年
  有文字的信史時代開始，結束台灣史前時期，及以原住民為主要住居者的台灣社會。

荷西時期

十六世紀新船路發現之後，人類的文化交流起了更大的變化。歐洲人東來尋求貿易利益，過去只有利用中亞的絲路，現在通過印度洋與南中國海可以直接到達東亞。其

中海上強權荷蘭、西班牙與葡萄牙人很早即知道台灣島。明末中國東南沿海漢人漁民及海盜亦有登陸台灣及建廟之記錄。

十七世紀初，西班牙人登陸台灣北部，在基隆建造聖薩爾瓦多城（San Salvador），在淡水建造聖多明哥城（San Domingo）。而荷蘭人同時占據了台灣南部，在大員（今安平）建造熱蘭遮

▲澎湖天后宮原名娘媽宮，相傳是台灣創建最早的寺廟，惟今殿宇乃改建於日治時期。

▶「沈有容諭退紅毛番韋麻郎等」碑，現位於澎湖天后宮後殿，是台灣最古石碑。

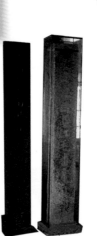

▲▲熱蘭遮城是荷蘭長官駐在地，懸有國旗的內城是軍政中樞，長方形的外城除公共建築，也有繁華住商區。
▲熱蘭遮城僅遺存少數牆垣殘蹟，矗立於台南安平古堡區內。一般習見之高臺、紀念館均為日治時所建。

1585	1595	1605	1615
● 1592（明萬曆20）據傳澎湖天后宮創建。	● 1602（明萬曆30）荷蘭於印尼爪哇成立聯合東印度公司，為經營亞洲貿易的根據地。 ● 1604（明萬曆32）荷蘭人侵犯澎湖，沈有容將軍諭退之。	● 1613（明萬曆41）荷蘭於日本設立的平戶商館建議占據台灣，以為中日貿易的轉接站。	● 1617（明萬曆45）沈有容於馬祖莒光列島生擒倭寇六十九人，有「大埔石刻」為記。 ● 1622（明天啟2）荷蘭人再侵澎湖，並築城堡。顏思齊與鄭芝龍屯聚台灣。 ● 1624（明天啟4）荷蘭人轉至台南安平築熱蘭遮城。鄭成功生於日本平戶。

226

城（Zeelandia）及普羅民遮城（Provintia）。西洋人在台建城堡的目的主要是保護貿易利益及設立殖民地據點，城堡中居住著長官、省長、軍隊與傳教士等。

荷蘭人擅長在海邊築堤，他們以紅磚及三合土建築海邊的城堡，西班牙人擅長用石塊築城，使用穹窿或半圓拱構造。十七世紀的歐洲流行有稜堡式的城堡，在正方形城牆四個角隅突出稜堡，安置大砲，以利遠射，而四邊凹入，以利防禦，這些特色都運用到台灣的城堡上。

除上述的四座大城堡，荷西強權尚建造了數十個小城堡，在澎湖風櫃也可見到荷蘭城堡遺址。與城堡相比，住宅商店及教堂規模較小，無法保存下來。今天我們仍可參觀這幾座年代超過三百五十年的西洋建築。

▶聖多明哥城原為西班牙人所建，後又為荷蘭人所據，當時荷人被稱為紅毛，故有紅毛城之稱，清末淡水開港之後，又被英人當作領事館之用。

▼普羅民遮城，為荷人商業及行政中心，城堡中央階梯狀牆面的閣樓，是荷式建築的特徵。
▼▼普羅民遮城今僅餘大門及城牆遺跡，台南赤嵌樓文昌閣台基下的門洞，正是該城大門所在。

▲十七世紀古圖中的基隆和平島，圖中高地的西式堡壘即聖薩爾瓦多城，目前已無跡可尋。

1625	1635	1645	1655

- 1626（明天啟6）
  西班牙人進占基隆，築聖薩爾瓦多城。
- 1629（明崇禎2）
  西班牙人占領淡水後，築聖多明哥城。
- 1632（明崇禎5）
  荷蘭人為傳教，於南部蕭壠、新化等地興建教堂。

- 1642（明崇禎15）
  荷蘭人驅逐西班牙人，進據台灣北部。
  漳州移民曾振暘之墓創建，為台灣本島現存最早之明代墳墓。
- 1644（明崇禎17）
  清軍入關，明亡。

- 1647（明永曆1）
  鄭芝龍降清後，鄭成功憤而起師海上。
- 1648（明永曆2）
  荷蘭人於台南及麻豆興建學堂。
- 1652（明永曆6）
  郭懷一抗荷事件後，荷蘭人倡建普羅文遮城。

- 1661（明永曆15）
  鄭成功登陸台南鹿耳門，於普羅文遮城設東都承天府，轄天興、萬年二縣。
- 1662（明永曆16）
  鄭成功將荷蘭人逐出台灣，並以熱蘭遮城為府邸。

明鄭時期

明末政治不安定，流寇四起，清軍入關，明朝只剩南方半壁江山。鄭成功入台驅荷，子孫經營二十三年，史稱為明鄭時期。短短二十餘年間，台灣起了很大的變化：鄭氏在參軍陳永華建議下，將中國傳統文化引入台灣。其中規劃東寧府（今台南）、建造孔子廟、武廟以及佛寺道觀等為主要貢獻，奠定了日後漢人墾拓的基礎。

明鄭時期所建的文武廟與佛寺，今天尚有部份保存下來，雖經後人重修，但仍可窺其舊制，對研究明末的台灣建築非常重要。明鄭的立國精神為維繫明朝之漢人政權，特別強調儒家忠恕之道文化，孔

▲鄭成功驅逐荷蘭人收復台灣，被視為民族英雄。

▶台南孔廟是台灣第一座孔子廟，大成殿之承重牆構造為其特色。

▲台南祀典武廟的前身據傳乃寧靖王府關帝廳

▲寧靖王府的正宅部份入清後改為台南大天后宮

1660	1663	1666	1669
● 1662（明永曆16）鄭成功驅荷數月後旋即病逝，享年39，子鄭經即位，由陳永華輔政，陳素有「明鄭孔明」之稱。	● 1664（明永曆18）鄭經棄金門、廈門退守台灣，改東都為東寧。鄭經奉迎明寧靖王渡台，建王府。 ● 1665（明永曆19）陳永華以先知灼見力陳教育之重要，主事興建台南孔廟。	● 1666（明永曆20）府城十字街形成。	● 1669（明永曆23）台南開基武廟創建，為台灣最早的關帝廟。

子廟與武廟是其象徵。台南孔廟與祀典武廟之主體建築仍為明鄭創建時的規制。

台南孔廟大成殿及祀典武廟大殿，係以山牆為主要構造，在上面伸出雙重屋簷，形成歇山重簷的屋頂造形，這種作法源自泉州，為四周無迴廊環繞的簡潔作法，入清之後逐漸罕見。

明鄭時期漢人數量增加，東寧府市街形成，以坊為規劃制度也是襲自宋朝或明朝的中國城市。民居未見實例保存下來，但鄭經為其母所建北園別館之庭園殘跡，仍可見於今台南開元寺。

▲▶五妃廟與五妃塑像。入清後清廷為表彰五妃氣節，修建其墓，並於墓前建廟。

▼▶今台南開元寺之前身為北園別館，寺中七絃竹相傳為鄭經母董氏所植。

1672	1675	1678	1681
● 1673（明永曆27）大陸三藩變起，鄭經受吳三桂之約，欲共謀「反清復明」大事。	● 1677（明永曆31）鄭氏以台南為中心的開拓已頗具規模，漢人始開拓雲林一帶。	● 1680（明永曆34）鄭經反清西征失敗，陳永華抑鬱病逝。鄭經建北園別館，作為行館及母親安養之所。	● 1681（明永曆35）鄭經逝世，其子鄭克塽即位。 ● 1683（明永曆37）施琅率清軍攻台，鄭克塽降，寧靖王暨五妃自縊殉國，明鄭覆亡。

清代初期

清初的台灣人口大量增多，官方雖然屢有禁令，但仍擋不住移民潮，台灣中北部出現漢人聚落，與原住民平埔族聚落相鄰並存，彼此貿易並通婚。當時漢人以泉州、漳州及客家移民為主，所開墾的田園與建立的聚落略有差別，泉人多居港口一帶，漳人多居內陸平原，客家人多居平原臨近山丘之地。但較大城鎮裡常可見相互混居，泉州廟與客家的三山國王廟並立。

康熙年間的漢人民居可能多仍為簡陋建築，雍正與乾隆時期，社會富庶，望族興起，台南中州鄭宅與麻豆郭舉人宅為少數保存完整的大宅，其庭院寬廣，出入方便，反映出

▲台南大天后宮
媽祖像

▲台南三山國王廟由潮州籍官吏率粵東商民捐建，兼做同鄉會館，是台灣僅存完整的廣東式建築。

◀左營鳳山舊城為台灣第一座土石城池，清道光時又大肆修建。

1680	1697	1714	1731

- 1684（清康熙23）
設台灣府及台灣、諸羅、鳳山三縣，澎湖置巡檢，並建府學、縣學。媽祖晉封天后，台南大天后宮為全台首稱天后宮之媽祖廟。
- 1690（清康熙29）
台南祀典武廟重修。

- 1704（清康熙43）
建造諸羅木柵城（今嘉義）。

▲台南的台灣府城初築時為木柵城池，乾隆時始築土城，如今僅餘城門及少數殘垣。

- 1715（清康熙54）
台南孔廟重修，稱「全台首學」。
- 1721（清康熙60）
朱一貴之亂，促築鳳山縣土城。
- 1723（清雍正1）
設彰化縣、淡水廳；台灣府築木柵城。
- 1726（清雍正4）
彰化縣儒學創建，即今彰化孔廟。

- 1731（清雍正9）
移淡水廳治於新竹，政治中心北進。
- 1738（清乾隆3）
台北艋舺龍山寺創建。
- 1742（清乾隆7）
台南三山國王廟創建。

初期移民農戶之特徵。

　移民村落守護廟建立是真正定居的象徵，許多規模較大的寺廟多肇建於清乾隆年間，當時石材與木材仍運自漳泉一帶，甚至匠師亦聘自中國內地，如台北龍山寺、台南三山國王廟與鹿港龍山寺等為典型之例。

　清初建築仍承續明代的樸拙風格，石雕龍柱呈單龍圓柱形式，柱身較短，造形渾圓。木結構斗栱分佈較疏朗，栱身形式簡單，少用雕琢複雜的螭虎形栱，這些都是鑑別清初建築之參考依據。

▶乾隆時鹿港繁榮富足，紳賈聚資遷建鹿港龍山寺，廟貌壯闊考究，為泉州廟宇的精品。

▶台南開基天后宮正殿龍柱為清初的代表作品。

◀台南赤嵌樓前的御龜碑，碑文乃乾隆皇帝親書福康安敉平林爽文亂事的經過。

▲吳沙是移民開墾台灣東部的先鋒，其墓位於新北澳底，正是他率眾開蘭的啟程地。

1748	1765	1782	1799

● 1777（清乾隆42）台灣知府蔣元樞立台南接官亭石坊。
● 1778（清乾隆43）蔣元樞捐建澎湖西嶼燈塔，為七級石塔式。
◀接官亭坊立於昔日府城西門外的渡頭，地方官員在此迎接清廷聖旨或朝臣登岸。

● 1786（清乾隆51）林爽文事件，鳳山（今左營）、淡水均陷。鹿港龍山寺遷建於現址
● 1796（清嘉慶1）吳沙入墾噶瑪蘭（今宜蘭）。

● 1804（清嘉慶9）同安人建台北大龍峒保安宮。
● 1806（清嘉慶11）王得祿攻剿海賊蔡牽。
● 1812（清嘉慶17）邱良功因平亂有功，奏請旌表其母，創建牌坊於金門。宜蘭昭應宮創建。
● 1815（清嘉慶20）台南重道崇文坊創建。

清代中期

清代中期的台灣，聚落發展為城市，開發地區上達中北部，人口漸趨飽和，各地出現望族巨戶，大宅院及寺廟如雨後春筍，建築水準為之提高很多。傳統式民宅的形制反映出士大夫、農夫與商人三種類型，士大夫多建四合院，如道光年間的彰化馬興陳益源大宅與咸豐初年的板橋林本源三落大厝。農夫多建三合院，所謂正身帶護龍之佈局，前埕可供曬稻穀之用。商人則多建臨街的店屋，前落開店，後落當住家用，如淡水、艋舺及鹿港的街屋。為了爭取空間，街屋常有夾層半樓或高達三樓者。

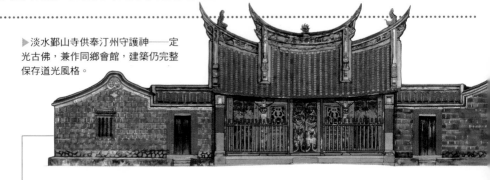

▶淡水鄞山寺供奉汀州守護神——定光古佛，兼作同鄉會館，建築仍完整保存道光風格。

▲台北士林芝山岩隘門是由漳州人創建，為漳泉分類械鬥的明證。

▼圓形的噶瑪蘭城

▶嘉義王得祿墓前的石翁仲。王得祿生前多次平亂有功，其墓規制宏偉。

1820	1826	1832	1838
● 1822（清道光2）汀州人建淡水鄞山寺。 ● 1823（清道光3）新竹鄭用錫中進士。 ● 1824（清道光4）鹿港文開書院創建。 ● 1825（清道光5）鳳山舊城改築為石城。台北芝山岩隘門創建。	● 1826（清道光6）竹塹城（今新竹市）改為磚石城。 ● 1828（清道光8）吳全入台東建城。 ● 1830（清道光10）噶瑪蘭城（今宜蘭市）重修。	● 1834（清道光14）新竹「金廣福」公館創建，乃閩粵兩籍人士合資開墾新竹的集團辦公處。	● 1838（清道光18）曹謹於鳳山曹公圳。鄭用錫於新竹北門一帶建進士第。 ● 1841（清道光21）金門瓊林蔡氏十一世祠堂創建。王得祿病逝。

由於漢人移民日多，因土地及水源利益的爭奪導致分類械鬥，城市與聚落多設隘門以茲防禦，象徵各族群守護神的廟宇成為市鎮核心，泉州移民建廣澤尊王、保儀大夫或龍山寺，漳州移民建開漳聖王廟，客家或潮州移民建三山國王廟。

望族巨戶的豪宅旁常附建庭園，台南吳園、新竹潛園與北郭園、板橋林本源庭園及霧峰林宅萊園是清代中期台灣的名園，騷人墨客成立詩社，悠遊於庭園中吟詠唱和。

清代中期台灣建築之材料與施工技術亦達到高峰，雕刻、彩畫與交趾陶名匠輩出，這是台灣社會由草莽開墾時期轉變為優雅的文化社會之見證。

▶爽吟閣是昔日潛園中的主景，日治時遭遷移，近年僅存的一樓部分亦已拆除。

▶學甲慈濟宮存有交趾陶名匠葉王的作品

▲霧峰林宅是台灣最大的宅第群，為福建陸路提督林文察故居，圖為下厝宮保第，面寬十一間，有抱鼓石及門神彩繪。曾因1999年九二一大地震幾致全毀，後歷時多年重修。

▲益源古厝是多護龍大宅，門前有巨大的旗杆座，是典型的開墾致富、進而步上仕途的家族。

▲彰化和美道東書院為地方紳儒所倡建，影響地方文風甚鉅。

1844　　　　　1850　　　　　1856　　　　　1862

● 1846（清道光26）
彰化馬興益源古厝創建
● 1848（清道光28）
南投草屯登瀛書院創建
● 1849（清道光29）
新竹林占梅築潛園。

● 1851（清咸豐1）
台中霧峰林宅創建。
● 1853（清咸豐3）
艋舺頂下郊拼。
林國華建板橋林家三落大厝，其庭園部份建築可能同時創建。

● 1857（清咸豐7）
彰化和美道東書院創建
● 1860（清咸豐10）
北京條約開放安平及淡水口岸通商。
台南學甲慈濟宮重建。
● 1861（清咸豐11）
泉州派名匠王益順出生於泉州惠安溪底村。

● 1862（清同治1）
戴潮春事件，彰化城失陷。
桃園大溪李騰芳舉人宅創建。

233

清代末期

進入清同治與光緒年間，台灣的社會發生極大的轉變，移民互相之間的械鬥逐漸消失，他們必須共同面對國際衝擊的來臨。同治十三年的牡丹社事件，日軍犯台，引起清廷與西洋列強之注意，清廷乃開始較積極經營台灣。光緒十年法軍犯台後，台灣建省，劉銘傳任巡撫，近代化建設逐漸開展。

台北設府，興建台灣唯一的方形城池，城內諸多衙門的建築規模宏偉，甚至出現中國江南一帶的建築風格。從基隆山至新竹的鐵路鋪設完工通車，基隆獅球嶺隧道與數座鐵橋成為清末台灣土木工程之里程碑。

▶億載金城是台灣第一座現代化西式砲台。創建人沈葆楨對清末台灣的開發貢獻卓著。

▲虎字碑位於台北及宜蘭間的草嶺古道，是相當特殊的碑碣類古蹟。

▲萬金天主堂是台灣現存最早的教堂

▼淡水牛津理學堂為培育傳教士的學校，是新式教育的先聲，建築具有傳統四合院的趣味。

1860	1865	1870	1875
● 1863（清同治2） 高雄、基隆相繼開港。 ● 1864（清同治3） 漳派名匠陳應彬出生。	● 1865（清同治4） 高雄英國領事館創建。 ● 1867（清同治6） 台灣鎮總兵劉明燈巡視噶瑪蘭，立虎字碑、雄鎮蠻煙碑。 ● 1869（清同治8） 西班牙神父郭德剛設計建造屏東萬金天主堂。	● 1872（清同治11） 基督教傳教士馬偕抵淡水。 ● 1874（清同治13） 琉球人漂至恆春為原住民所殺，史稱牡丹社事件，日人藉題犯台。	● 1875（清光緒1） 基督教傳教士巴克禮抵台南。 設台北府，北台地位奠定。 創建台南億載金城砲台重建歐式的高雄旗后砲台。 桃園龍潭聖蹟亭創建。 南投八通關古道關建。 ● 1879（清光緒5） 屏東佳冬蕭宅創建。 馬偕建淡水偕醫館。

◀馬偕年輕時抵淡水傳教，死後也葬於淡水，其墓位在淡江中學內。

清代中期崛起的地主豪族，這時或轉為對外貿易商或參與政治，形成傳統封建社會之中堅力量，板橋林家為典型代表。林本源庭園擴建，其設計兼有江南與嶺南園林之特色。另外如霧峰林家、永靖陳宅餘三館、麻豆林宅與佳冬蕭宅也都是清末台灣住宅。

基督教再度傳入台灣，南部的巴克禮、馬雅各及北部的馬偕為初期宣教師，建立不少教堂與學校，淡水尚保存馬偕的牛津理學堂，為台灣第一所高等教育學校。

清末的台灣建築除了傳統式達到高峰，外來的教堂、學校、領事館或砲台、燈塔等也相繼出現，成為台灣近代化的歷史見證。

▶台灣首任巡撫劉銘傳

▶布政使司衙門是清末全台最大的官衙建築，日治時遭拆除，僅存殘跡移至台北植物園內。

◀台北城是本島最後一座中式城池，經劉銘傳銳意建設，頗具現代化都市的格局。

◀獅球嶺隧道為劉銘傳現代化建設之一，工程艱鉅，完全以人工鑿造而成。

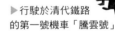
▶行駛於清代鐵路的第一號機車「騰雲號」

1880　1885　1890　1895

- 1880（清光緒6）巴克禮建台南神學院。
- 1882（清光緒8）馬偕建牛津理學堂。
- 1884（清光緒10）台北府城竣工。中法戰爭爆發。

- 1885（清光緒11）台灣建省，劉銘傳任首位巡撫。
- 1886（清光緒12）建淡水滬尾砲台。
- 1887（清光緒13）於台北城內設巡撫行台及布政使司衙門。建澎湖西台古堡砲台。彰化節孝祠創建。
- 1888（清光緒14）板橋林家擴建庭園。台北急公好義坊創建。
- 1889（清光緒15）彰化永靖餘三館創建。

- 1890（清光緒16）劉銘傳去職。獅球嶺隧道完成，基隆至台北鐵路通車。
- 1891（清光緒17）修建淡水英國領事館。
- 1893（清光緒19）台北至新竹鐵路通車。

▶淡水英國領事館壁面上有象徵英國的薔薇花磚雕

- 1895（清光緒21）馬關條約割讓台灣。紳民推舉唐景崧為總統，成立台灣民主國。

235

日治前期

日本在明治維新之後，走上帝國主義的道路，向外擴張，中日甲午戰爭勝利取得台灣，為其初次殖民地。日本對台灣的建設頗為積極，主要乃是為獲取更多利益，從另一個角度來看，對加速台灣邁向現代化亦有所貢獻。

日治前期先從改善交通、衛生與教育三方面著手，並建立有效統治機構，所以火車站、鐵道部、交通部、醫院、郵局、學校、博物館，以及州廳官署、專賣局與統治的最高中樞總督府及官邸，相繼建立。當時急需人才，從東京帝大畢業的一群優秀的建築家受聘抵台，他們受到西洋建築的訓練，特別擅

▲台北府城南城牆拆除後所闢建之道路，即為今愛國西路，遠方為小南門。

▲總督官邸即今之台北賓館，外觀華麗，興建當時因耗費鉅大，而受到日本朝野的批評。

▲橋頭糖廠建築風格具有殖民地的風味

▲台北公園為日治時期官方的重要展示及集會場所，與博物館構成優雅的歐式公園風貌。

1895	1898	1901	1904

- 1895（明治28）
日軍進占台北城，於布政使司衙門舉行「始政」儀式。
- 1897（明治30）
各地抗日活動起，陳秋菊攻台北。
全台施行戒嚴令。
日人陸續拆除台北城內清代重要建築。

- 1899（明治32）
頒佈「家屋建築規則」，規定建築與道路的關係。
- 1900（明治33）
日人開始拆除台北府城城牆，於原址闢建三線道路。
台灣第一座製糖工廠建於今高雄橋頭。

- 1901（明治34）
第四任總督兒玉建總督官邸。

- 1906（明治39）
嘉義、雲林斗六大地震。

▶西門市場八角樓光復後改成「紅樓劇場」

236

長設計十九世紀流行歐美的後期文藝復興式樣的建築，即一般所謂的「樣式建築」，其結合古希臘羅馬的建築形式與近代鋼筋水泥的構造，追崇巴洛克城市規劃理論，將這些華麗高聳的建築配置在圓環及十字路口，凸顯其統治威權的性格，並且成為台灣城市的新地標。

現存較早的樣式建築有台北西門市場八角樓與總督官邸，其次是台北公園博物館、台北州廳、台中州廳、台南州廳、台中火車站、專賣局與總督府。總督府即今總統府，落成於1919年，它標誌著一座里程碑，不但規模龐大，也是台灣最後一座西洋後期文藝復興式樣的建築，替日治前期劃下一個句點。

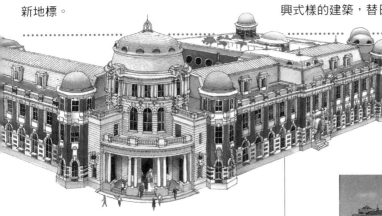

◀台北州廳即今監察院，在日治時期是僅次於總督府的官署機構，建築相當壯觀。

◀台中公園雙亭立於水面之上，為慶祝縱貫鐵路全線通車而建，是台中的地標建築。

▲總督府即今之總統府，象徵殖民統治者的威權。

▶下淡水溪鐵橋即高屏鐵橋，在鐵路史上扮演重要的角色，直到1987年才功成身退。

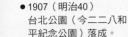

1907	1910	1913	1916
●1907（明治40）台北公園（今二二八和平紀念公園）落成。 ●1908（明治41）縱貫鐵路全線完工，通車典禮於台中舉行。雲林北港朝天宮因地震重修，名匠陳應彬因而聲名大噪。興建台北西門市場八角樓。	●1910（明治43）佛教禪宗之一的曹洞宗由日本傳入台灣，並建別院於台北。 ●1911（明治44）台北、台南進行都市改正，街區風貌改變。建總督府，原址陳氏及林氏宗祠被迫遷移。 ●1912（大正1）建台南地方法院。台大醫院開始改建。	●1913（大正2）建台中州廳。國父孫中山在台停留，夜宿台北「梅屋敷」。 ●1914（大正3）下淡水溪鐵橋竣工，為遠東最長的鐵路橋樑。 ●1915（大正4）建台北州廳。台北公園內的博物館竣工。	●1916（大正5）建台南州廳。建台北濟南教會。 ●1917（大正6）建台中火車站。 ●1919（大正8）總督府興建完工。

日治後期

1920年之後，台灣及世界各國皆面臨重大的變化，包括各種社會思想蓬勃，民族主義與自由民主之風興起，藝術表現趨於多元化，建築設計思潮亦琳瑯滿目。台灣的政治氣氛逐漸鬆綁，民間結社眾多，人民生活水準提升，這時台灣所培養的建築工程師投入設計實務，一些較知名的台灣建築家成立台灣建築會，發行島內的建築會誌，鼓吹造形簡潔、構造堅固的現代建築。

當時民間建築亦受到影響，逐漸從繁瑣複雜的巴洛克式裝飾風格中走出來，正巧此時台灣發生中部大地震，災後鄉鎮街屋重建時，多採用外觀較為簡潔的鋼筋水泥建築

◀艋舺龍山寺創建於乾隆3年（1738），今日所見之廟貌是1920年改建的結果，規模及氣勢都比以往宏大。

▶台灣八景之一——鵝鑾鼻，位處本島最南端，矗立著純白高聳的燈塔，面對萬頃波濤。

▶淡江中學八角塔校舍至今仍大致維持舊制，為中西合璧建築的成熟表現。

1920	1923	1926	1929
● 1920（大正9） 艋舺龍山寺改建，聘泉州名匠王益順來台設計建造。	● 1923（大正12） 台南長榮女中落成。 ● 1924（大正13） 新竹都城隍廟重建。 ● 1925（大正14） 台北士紳倡議重建孔廟，聘王益順設計建造。淡江中學八角塔校舍落成。	● 1927（昭和2） 台灣日日新報舉辦票選「台灣八景」。 ● 1928（昭和3） 台北帝大成立。	● 1929（昭和4） 建台北高等法院。 ● 1930（昭和5） 訂立「史蹟名勝天然紀念物保存法」。 ● 1931（昭和6） 建高雄州廳。

。教會建築也蓬勃展開，台北與台南的基督長老教會學校與教堂，都採用融合西洋與台灣本土的風格，其中淡水淡江中學校舍為一佳例。

一九三○年代之後，時局又急驟轉變，日本軍國主義興起，藝術家的創造受到干擾，建築設計流行一種標榜東方味道的形式，例如屋頂為中國式琉璃瓦，屋簷呈現曲線，或窗子採用阿拉伯式圓拱，被稱為興亞式建築。其中以台北司法大廈、高雄火車站與市役所等建築為代表。其外觀共同的特色是淺綠色面磚與尖形屋頂，兼有防空與東方色彩，中央高塔的屋頂有如冠帽，所以又稱為興亞帝冠式建築。

▲台北公會堂即今之中山堂，為寬敞的集會展演場所，可提供當時頻繁的社會文化活動之用。

▶高雄火車站是典型的興亞帝冠式建築

▲台北帝大（台灣大學的前身）校門造形優美、厚實淳樸，為台灣高等教育的起始象徵。

◀桃園神社為今僅存完整的日式神社，全棟為台灣檜木所建之和式木結構，是日治末期為強化天皇統治權威下的產物。

1932	1935	1938	1941
● 1932（昭和7）台灣最早的百貨大樓菊元百貨落成。 ● 1933（昭和8）建嘉義火車站。建台北勸業銀行。	● 1935（昭和10）台灣施政四十週年紀念博覽會於台北舉行。中部大地震。 ● 1936（昭和11）為紀念日皇登基，建台北公會堂。藤島亥治郎至台灣進行建築調查。	● 1938（昭和13）建桃園神社。建高雄市役所。	● 1941（昭和16）建高雄火車站。 ● 1945（昭和20）日本投降，台灣光復。

戰後初期

1945年二戰結束之後，台灣面臨政治、社會的動盪，經濟發展停滯，建築數量也嚴重受到影響，民間企業尚未形成，只有少數在戰爭期中受損建築之修復工程，台北的舊總督府曾遭受到盟機轟炸，中央塔南側破壞嚴重，二戰後再予修復。1949年中國大陸變局，國府搬遷來台，修復了一些日本人留下來的建築，改為中央政府機關所用，例如台北州廳改為監察院，台北市役所改為行政院，原台北第二高女改為立法院，而原紅十字會被國民黨改為中央黨部。

國府遷台，中國大陸的一些建築師也跟著來台執業，其中有些出身中央大學及中山大

▲1948年首批四四兵工廠員工自青島抵台，於台北市信義區復工，陸續完成南村、西村及東村眷舍，今僅存四四南村。

▲楊梅國中為教育家張芳杰創立，其所居的校長宿舍現為楊梅故事館，繼續擔負地方教育的責任。

▶1954年教育部積極推動籌建科學館計畫，盧毓駿設計的南海學園科學館當時發揮了振興台灣科學教育的角色。

▼後壁菁寮天主堂，為德國建築師哥特佛伊德·波姆（Gottfried Böhm）在獲普立茲克建築獎前少見的海外作品。

1946	1949	1952	1955
● 1946（民國35） 金門呂厝土水師林清安建造的陳景成洋樓落成。  ▲具現代主義立體派風格的左營海軍四海一家。	● 1949（民國38） 國民政府遷台。 北埔姜阿新故宅完工。 　● 1950（民國39） 　朝鮮戰爭爆發。 　蔣中正宋美齡士林官邸落成。 　建左營海軍四海一家。 　● 1951（民國40） 　左營海軍中山堂建成。 　四四南村完工。	● 1952（民國41） 蔣渭水遷葬於六張犁墓園。 北溝故宮文物典藏山洞興建。 ● 1953（民國42） 跨越濁水溪的西螺大橋通車。 楊梅國中校長宿舍興建 ● 1954（民國43） 為申援朝鮮戰爭戰俘返台，於澎湖建自由塔。	● 1955（民國44） 後壁菁寮天主堂創建。 ● 1956（民國45） 南海學園科學館興建。 台灣大學工學館建。 ● 1957（民國46） 位於中興新村的臺灣省政府第一期辦公廳舍興建。

學之建築師，也有少數從歐美回台的建築師，他們受到的是現代主義設計的訓練，因此戰後初期，至少至1960年代，台灣出現了一些頗具水準的現代建築，例如台灣大學工學館（1956）、台北農復會大樓（1958）、左營海軍營區內的四海一家等。另外，還有外國籍建築師的作品，如台南後壁菁寮天主堂與台東公東高工的教堂，雖然數量極少，但作品內斂、藝術價值極高。在復興中華文化的精神感召下，結合現代與傳統成為具有使命感的設計目標，台北植物園內的科學館外觀為仿天壇圓形屋頂，但內部空間實為有機主義的思考。

◀ 因馬公居民用水量增多，故自來水廠於1960年再增第三水源地，建直徑10公尺、高17公尺可貯水一千噸的配水塔一座。

▼ 浮洲榮工修配廠房使用的鋁製桁架，為美援計畫興建石門水庫時所遺存的組裝廠房，反應當時的機械工業技術。

▼ 全台第一座清真寺，興建當時亦具有促進與伊斯蘭教國家來往的外交意義。

1958   **1961**   **1964**   **1967**

- 1958（民國47）
八二三金門炮戰。
台北新生南路的清真寺興建。
台北農復會大樓建。
- 1959（民國48）
台灣中南部地區遭八七水災侵襲。
- 1960（民國49）
台東私立公東高級工業職業學校教堂建成。
馬公市第三水源地一千噸配水塔創建。
中部橫貫公路通車，建太魯閣牌樓。

- 1961（民國50）
彰化八卦山大佛竣工。
- 1963（民國52）
建台大農業陳列館。

▲ 台大農業陳列館由張肇康建築師設計，採黃色預鑄琉璃管鑲嵌牆面以達遮陽效果，有「洞洞館」之稱，極具特色。

- 1964（民國53）
石門水庫竣工，原臨時組裝廠房改由榮工處修配廠續用。
花壇八卦窯啟用。
- 1965（民國54）
美援中止。
- 1966（民國55）
復興巴陵橋竣工。
由修澤蘭規劃設計之陽明山中山樓完工。

- 1967（民國56）
台北市升格為直轄市。
臺灣省糧食局稻種倉庫興建。
- 1968（民國57）
新店二十張景美軍事看守所完工。

走遊篇

依台灣地理分區，精選各類古蹟必遊點，
讓你輕而易舉規劃專屬的知性之旅

觀察古蹟

的首要方法，就是帶著你的真心親臨現場、走遊一趟！

台灣的古蹟依文化資產保存法在 1997 年 5 月 14 日以前，公告等級分為第一、第二及第三級，921 大地震之後，為了保護更多有價值的老建築，於 2000 年調整等級為國定、直轄市定、縣（市）定古蹟，並增歷史建築類，2005 年增聚落建築群類，且將遺址獨立於古蹟之外，另章說明，2016 年再增紀念建築類；古蹟採「指定」制，具較嚴格的法令限制及保護，其他類別則採「登錄」制，在使用上給予較寬鬆的彈性，不過價值上並沒有古蹟高於歷史建築的絕對性。

依據文化部文化資產局網站的統計資料（2018 年 3 月底前，以下各縣市數據亦同），台灣已指定的古蹟有 904 處，登錄的歷史建築有 1367 處，聚落建築群 13 處，紀念建築 1 處。

全台古蹟依所在區位、地理環境、人文背景，各有特色，我們按各縣市、類型分別擇要列表如下，加上作者的簡短評介，可幫助讀者規劃出專屬自己的古蹟深度之旅。

基隆市

明鄭時就顯出其戰略地位不凡，從中法戰爭銳意建設到日治時期築港，使得這裡擁有全台最多的砲台及港務相關的古蹟。本市有古蹟14處、歷史建築27處。

名稱	類型	等級	位置	評介
靈泉禪寺佛殿	寺廟	歷史建築	基隆市信義區六合路1號內	台灣佛教史重要祖庭
許梓桑古厝	宅第	歷史建築	基隆市仁愛區愛四路2巷15號	閩洋混合風的三合院
清法戰爭紀念園區	古墓	市定古蹟	基隆市中正區中正路與東海街交叉路口	中法戰爭少數保存良好之真實見證
二沙灣砲台	砲台	國定古蹟	基隆市中正區中正路旁，民族英雄紀念碑對面山上，位於大沙灣及二沙灣之間	港口要塞砲台，中法戰爭被毀，後劉銘傳重建。
大武崙砲台	砲台	國定古蹟	基隆市安樂區大武崙情人湖邊	建於日治時期之要塞砲台，設計完善。
槓子寮砲台	砲台	國定古蹟	基隆市信義區深澳坑路7巷32號（後方山區）	日治時期所建之砲台，石構造砲座及斜坡道，反映當時的砲台設計水準。
彭佳嶼燈塔	燈塔	市定古蹟	基隆市中正區彭佳嶼8號	保留二戰盟軍轟炸痕跡的燈塔
基隆市政府大樓	官署	歷史建築	基隆市中正區義一路1號	折衷主義的近代建築
海港大樓	官署	歷史建築	基隆市仁愛區港西街6號	現代主義並作圓弧面造型設計之典型案例
七堵火車（前）站	火車站	歷史建築	基隆市七堵區光明路23號	台鐵數量最多的木造小型車站
劉銘傳隧道（獅球嶺隧道）	產業設施	市定古蹟	基隆市安樂區崇德路底或鶯歌里八德路81號（軍管區）	劉銘傳所建的鐵路遺跡，洞口仍可見其題字殘跡。
暖暖淨水場幫浦間	產業設施	歷史建築	基隆市暖暖區水源路38號	擁有百年機械設備的自來水廠幫浦室

市長官邸	日式住宅	市定古蹟	基隆市中正區中正路261號	和洋並置的日式宿舍

台北市

清末築城後逐漸成為全台首善之都，不僅古蹟類型多元，且多引領當代建築流風的傑作，如官署以及名人豪宅等，在台灣建築史上佔有重要一席。本市有古蹟167處、歷史建築242處、聚落建築群2處，數量居全國之冠。

名稱	類型	等級	位置	評介
台北府城──東門、南門、小南門、北門	城郭	國定古蹟	台北市中正區東門：中山南路、信義路交叉路口，南門：公園路、愛國西路交叉路口，小南門：延平南路、愛國西路交叉路口，北門：忠孝西路、延平南路、博愛路、中華路交叉路口	東門（景福門）：台北府城有半月形外郭的城門；南門（麗正門）：台北府城的主門，屋頂為歇山重簷；小南門（重熙門）：板橋林本源家出資建造的府城門；北門（承恩門）：完整僅存的清末台北城城門，少見的碉堡式城門。
北投普濟寺	寺廟	直轄市定古蹟	台北市北投區溫泉路112號	日式風格的佛寺，木結構精巧，庭園環境優美。
東和禪寺鐘樓	寺廟	直轄市定古蹟	台北市中正區仁愛路、林森南路口	日式建築造形的鐘樓
清真寺	寺廟	直轄市定古蹟	台北市大安區新生南路二段62號	年代雖稱不上久遠，卻是有歷史與宗教意義之清真寺。
臨濟護國禪寺	寺廟	直轄市定古蹟	台北市中山區玉門街9號	日式木造佛寺，尚存日式鐘樓及大雄寶殿。
大龍峒保安宮	寺廟	直轄市定古蹟	台北市大同區哈密街61號	台北盆地同安人最主要的守護廟，1917年大修，由兩派匠師對場競建之作品。
艋舺龍山寺	寺廟	直轄市定古蹟	台北市萬華區廣州街211號	台北最精緻華麗的寺廟，泉州名匠王益順在台之代表作品。
士林慈諴宮	寺廟	直轄市定古蹟	台北市士林區大南路84號	清同治年間漳泉械鬥後，漳州人重建新市街所建的守護廟。
景美集應廟	寺廟	直轄市定古蹟	台北市文山區景美街37號	供奉唐朝名將的民間信仰廟，由高姓安溪移民所建。
艋舺清水巖	寺廟	直轄市定古蹟	台北市萬華區康定路81號	台北盆地泉州府安溪縣移民之主要守護廟，仍為清同治年間原建物。
大稻埕霞海城隍廟	寺廟	直轄市定古蹟	台北市大同區迪化街一段61號	清咸豐年間頂下郊拼之後所建廟宇，廟小但香火極盛。
陳德星堂	祠堂	直轄市定古蹟	台北市大同區寧夏路27號	台北地區陳氏大宗祠，原在城內，1912年由陳應彬遷建，有一柱雙龍的石柱，為台灣首見。
台北孔子廟	孔廟	直轄市定古蹟	台北市大同區大龍街275號	日治時期聘泉州匠師以傳統技術所建之孔子廟

學海書院	書院	直轄市定古蹟	台北市萬華區環河南路二段93號	陳維英曾擔任山長之書院
蔣中正宋美齡士林官邸	宅第	國定古蹟	台北市士林區福林路60號	蔣中正、宋美齡二人在台所居住最久的官邸
大稻埕辜宅	宅第	直轄市定古蹟	台北市大同區歸綏街303巷9號	中西合璧式的洋樓，二〇年代富商華宅之代表作。
圓山別莊	宅第	直轄市定古蹟	台北市中山區中山北路三段181-1號	台灣的歐式半木構造洋樓之精品
陳悅記祖宅（老師府）	宅第	直轄市定古蹟	台北市大同區延平北路四段231號	公媽廳與公館廳並存之住宅
內湖郭氏古宅	宅第	直轄市定古蹟	台北市內湖區文德路241巷19號	運用石材與磚木構造的古宅，具有台北附近古宅之特點。
四四南村	宅第	歷史建築	台北市信義區松勤街50號（松勤街與莊敬路交會區域內）	眷村建築保存與再利用之佳例
台北撫台街洋樓	街屋	直轄市定古蹟	台北市中正區延平南路26號	一九一〇年代僅存下來的台北城內日人所建店舖，一樓為優良石構造，二樓為木造
剝皮寮歷史建築群	街屋	歷史建築	台北市萬華區，北鄰老松國小南校舍、西接康定路、南面廣州街、東至昆明街所圍成之街廓	現有艋舺仍保有清代街屋最集中之老街
急公好義坊	牌坊	直轄市定古蹟	台北市中正區二二八和平紀念公園	為表彰獻地建考棚的洪騰雲所建之石坊，為四柱三間式，石雕風格渾厚。
周氏節孝坊	牌坊	直轄市定古蹟	台北市北投區豐年路一段36號門口	以青灰色石材所建的牌坊，為台灣罕見之作。
林秀俊墓	古墓	直轄市定古蹟	台北市內湖區舊宗路二段101號旁	清初開拓台北之先賢的大墓
蔣渭水墓園	古墓	歷史建築	台北市信義區六張犁崇德街底大安第六公墓	為台灣民權鬥士之紀念建築
前美國駐台北領事館	領事館	直轄市定古蹟	台北市中山區中山北路二段18號	略帶美國南方別莊風味的領事館
濟南基督長老教會	教堂	直轄市定古蹟	台北市中正區中山南路3號	日治時建築家井手薰來台的早期設計，紅磚與石雕工藝精美之教堂。
台灣總督府博物館	博物館	國定古蹟	台北市中正區襄陽路2號	台灣仿文藝復興式建築的最高典範
南海學園科學館	博物館	直轄市定古蹟	台北市中正區南海路41號	融合圓形天壇祈年殿形式與現代建築有機主義之傑作
總統府（原總督府）	官署	國定古蹟	台北市中正區重慶南路一段122號	日治時期全台高度最高之建築，代表行政樞紐
監察院（原台北州廳）	官署	國定古蹟	台北市中正區忠孝東路一段2號	具有數座圓頂的州廳建築

專賣局（今台灣菸酒股份有限公司）	官署	國定古蹟	台北市中正區南昌路一段1、4號	具有與總督府同樣風格高塔的官署建築
行政院（原台北市役所）	官署	國定古蹟	台北市中正區忠孝東路一段1號	日治後期造形簡潔的現代建築，由台灣人營造廠建造。
台灣布政使司衙門	官署	直轄市定古蹟	台北市中正區南海路台北植物園內西側	唯一保存下來的清代衙門建築
原台北信用組合（今合作金庫城內支庫）	銀行	直轄市定古蹟	台北市中正區衡陽路87號	立面出現貓頭鷹，成為耐人尋味之裝飾。
勸業銀行舊廈	銀行	直轄市定古蹟	台北市中正區襄陽路25號	用厚重巨大的柱列顯示銀行建築的安全感
台灣大學原帝大校舍（舊圖書館、行政大樓、文學院）	學校	直轄市定古蹟	台北市大安區羅斯福路四段1號	折衷主義的建築群，外表貼褐色面磚，具防空作用。
台灣師範大學原高等學校校舍（講堂、行政大樓、文薈廳、普字樓）	學校	直轄市定古蹟	台北市大安區和平東路一段162號	模仿哥德趣味的學院建築，為日治時期進入大學之前的學校。
建國中學紅樓	學校	直轄市定古蹟	台北市中正區南海路56號	全台年代較早的中學紅磚校舍
老松國小	學校	直轄市定古蹟	台北市萬華區桂林路64號	為老松小學第二代校舍，保存較完整的一九二〇年代典型校舍。
台大農業陳列館	學校	歷史建築	台北市大安區羅斯福路四段1號	現代主義建築結合鄉土傳統陶瓷技術的傑作
台大醫院舊館	醫院	直轄市定古蹟	台北市中正區常德街1號	台灣醫療史之重要建築，建築造形古典，且規模宏大。
前日軍衛戍醫院北投分院	醫院	直轄市定古蹟	台北市北投區新民路60號	依山坡而建造的療養所，景色宜人。
司法大廈（原台北高等法院）	法院	國定古蹟	台北市中正區重慶南路一段124號	具東方屋頂曲線特色的一九三〇年代折衷主義建築，貼國防色面磚。
台灣總督府交通局鐵道部（廳舍、八角樓男廁、戰時指揮中心、工務室、電源室、食堂）	產業設施	國定古蹟	台北市大同區延平北路一段2號	廳舍仿英國半木構造的洋式建築
台北機廠	產業設施	國定古蹟	台北市信義區市民大道48號	一九三〇年代台灣跨距最宏偉工廠建築，運用鐵桁架到達頂峰。

台北酒廠	產業設施	直轄市定古蹟	台北市中正區八德路一段1號	有連續大型倉庫與特殊設備的大跨距廠房
松山菸廠	產業設施	直轄市定古蹟	台北市信義區光復南路133號	規模宏大的製菸工廠,建築為藝術裝飾派風格。
台北水道水源地	產業設施	直轄市定古蹟	台北市中正區思源路1號	唧筒室為台灣現存較早的文藝復興式近代建築之一,為精美的機器廠房。
西門紅樓	產業設施	直轄市定古蹟	台北市萬華區成都路10號	為台灣現存年代最早的洋樓市場建築,八角形制為罕見特色。
台灣總督府電話交換局	產業設施	直轄市定古蹟	台北市中正區博愛路168號	一九三〇年代流行的現代建築風格,水平線條構造為造形特色。
原樟腦精製工場	產業設施	歷史建築	台北市中正區八德路一段1號	建築採折衷主義,仍然帶一點古典味。
台北賓館(原總督官邸)	日式住宅	國定古蹟	台北市中正區凱達格蘭大道1號	1901年落成後十年大改建,成為台灣最精緻的巴洛克建築。
嚴家淦故居	日式住宅	國定古蹟	台北市中正區重慶南路二段2、4號	日治時期為台銀副董事長官邸,戰後為嚴家淦居所。
北投文物館	日式住宅	直轄市定古蹟	台北市北投區幽雅路32號	規模較大的傳統日式旅店
中山橋	橋樑	歷史建築	台北市中山區中山北路三段橫跨基隆河接中山北路四段(整座橋以原構件重組異地重建方式保存)	日治中期最大也最著名的鋼筋混凝土拱橋,有東方式橋燈。
中正橋(川端橋)	橋樑	歷史建築	坐落於台北市中正區重慶南路三段及新北市永和區永和路二段銜接之橋體	日治時期台北四大名橋之一,採鋼骨構造。
紀州庵	其他	直轄市定古蹟	台北市中正區同安街115號及109巷4弄6號	日治時期的高級日式料理店
原草山御賓館	其他	直轄市定古蹟	台北市士林區新園街1號	日治時期為接待日皇太子來台而建之木造別莊
北投溫泉浴場	其他	直轄市定古蹟	台北市北投區中山路2號	數量甚少的溫泉浴場建築,歐洲半木式構造,二樓為日式會堂。

新北市

北起北海岸、南接雪山山脈,多變地形使其擁有豐富的古蹟類型,尤其是清末即開港的淡水。此外,全台唯一完整保存的園林也是代表性的珍貴資產。本市有古蹟84處、歷史建築56處。

名稱	類型	等級	位置	評介
鄞山寺(汀州會館)	寺廟	國定古蹟	新北市淡水區鄧公路15號	台灣罕見的汀州人移民所建會館與守護神廟
廣福宮(三山國王廟)	寺廟	國定古蹟	新北市新莊區新莊路150號	保存木材原色,尚未油漆的粵東式寺廟。
三重先嗇宮	寺廟	直轄市定古蹟	新北市三重區五谷王北街77號	由兩位木匠對場興建之寺廟,供奉農神。

中和區「圓通禪寺」	寺廟	直轄市定古蹟	新北市中和區圓通路367巷64號	融合台灣傳統寺院、西洋及日式風貌的佛寺
頂泰山巖	寺廟	直轄市定古蹟	新北市泰山區明志村應化街32號	名匠陳應彬設計之寺廟，屋頂變化豐富。
新店劉氏家廟（啟文堂）	祠堂	歷史建築	新北新店區民生路86巷43號	優異的洗石子供桌，雖為水泥構造，但仍有豐富的裝飾。
理學堂大書院	書院	國定古蹟	新北市淡水區真理街32號	馬偕所建的神學校，為台灣高等教育之始。
明志書院	書院	歷史建築	新北市泰山區明志路二段276號	左山牆上留有珍貴的「興直堡新建明志書院碑」
深坑黃氏永安居	宅第	直轄市定古蹟	新北市深坑區北深路三段8號	山居型的三合院，擁有數十個銃孔之北部型民居。
蘆洲李宅	宅第	直轄市定古蹟	新北市蘆洲區中正路243巷19號	大厝九包五，三落百二門的三進大宅。
淡水重建街街屋	街屋	直轄市定古蹟	新北市淡水區重建街14、16號街屋	具一九三〇年代加強磚造的街屋特色
林本源園邸	園林	國定古蹟	新北市板橋區西門街42之65號及9號	台灣清代私家園林之代表
吳沙墓	古墓	直轄市定古蹟	新北市貢寮區仁里段522地號	開蘭先賢吳沙之墓
馬偕墓	古墓	直轄市定古蹟	新北市淡水區真理街26號	長老教會傳教士馬偕，其傳奇故事的最後一章。
滬尾砲台	砲台	國定古蹟	新北市淡水區中正路一段6巷31號	門額有劉銘傳題字的砲台
瑞芳四腳亭砲台	砲台	直轄市定古蹟	新北市瑞芳區瑞亭段1、66及76地號	日治後期所建基隆港要塞砲台之一
淡水紅毛城	領事館	國定古蹟	新北市淡水區中正路28巷1號	包含荷蘭、清代與日治時期所建之三種不同類型建築
原英商嘉士洋行倉庫	洋行	直轄市定古蹟	新北市淡水區鼻頭街22號	由茶倉庫轉變為油料倉庫的古蹟
淡水禮拜堂	教堂	直轄市定古蹟	新北市淡水區馬偕街8號	仿哥德式的磚造教堂，由馬偕兒子所設計。
前清淡水總稅務司官邸	官署	直轄市定古蹟	新北市淡水區真理街15號	具有拱廊的殖民樣式建築
新店二十張景美軍事看守所	官署	歷史建築	新北市新店區復興路131號	白色恐怖與戒嚴時期的監獄
菁桐車站	火車站	直轄市定古蹟	新北市平溪區菁桐街52號	小型木磚混合造火車站
滬尾小學校禮堂	學校	直轄市定古蹟	新北市淡水區建設街1巷7號	磚砌山牆為西洋式
滬尾偕醫館	醫院	直轄市定古蹟	新北市淡水區馬偕街6號	台灣目前僅存的最早西醫診所
新莊樂生療養院	醫院	歷史建築	新北市新莊區中正路794號	早期對痲瘋病患採隔離治療的歷史見證

滬尾水道	產業設施	直轄市定古蹟	新北市淡水區水源街二段346巷5號	創建於十九世紀末，台灣第一個現代化的自來水廠
金瓜石礦業圳道及圳橋	產業設施	直轄市定古蹟	新北市瑞芳區金瓜石段15-5、20-8地號	具有罕見之過水橋、新舊路橋，三橋高低並列的景觀。
粗坑發電廠	產業設施	歷史建築	新北市新店區永興路45號	台灣目前仍在運轉的最古老之水力發電廠
台陽礦業公司平溪招待所	日式住宅	直轄市定古蹟	新北市平溪區菁桐村菁桐街167號	木造日式建築，屋頂組合頗自由，反映空間高低之安排，內部地板略抬高，為日治中期北部礦業招待所之用。
金瓜石太子賓館	日式住宅	直轄市定古蹟	新北市瑞芳區金瓜石金光路6號	為迎接日本皇太子裕仁巡視礦業而預備的高等賓館
淡水街長多田榮吉故居	日式住宅	直轄市定古蹟	新北市淡水區馬偕街19號	日本在台商人從政所建的日式住宅，可眺望淡水河。
三芝三板橋	橋樑	直轄市定古蹟	新北市三芝區土地公埔段三板橋小段92-1、北新庄子段店子小段1地號	最古老的構造方法，以石板併列成橋。
三峽拱橋	橋樑	直轄市定古蹟	新北市三峽區礁溪段264-8地號	鋼筋混凝土構造的拱形吊橋，共有三孔，全台孤例。
坪林尾橋	橋樑	直轄市定古蹟	新北市坪林區北勢溪上游河床坪林茶業博物館左前側	以鋼桁架在橋面之下支撐的特殊力學設計
碧潭吊橋	橋樑	直轄市定古蹟	新北市新店區新店捷運站旁碧潭風景區內	出自台灣本地營建專業所建的巨大吊橋
雄鎮蠻煙碑	碑碣	直轄市定古蹟	新北市貢寮區遠望坑段草嶺小段103地號	草嶺古道上象徵先人篳路藍縷、開墾艱辛的歷史見證。

桃園市

早年住民以客家族群為多數，故留存一些堪稱客家匠師代表作的古蹟；另大溪老街佳例眾多，更是北部觀察街屋的首選地點。本市有古蹟21處、歷史建築81處。

名稱	類型	等級	位置	評介
大溪齋明寺	寺廟	直轄市定古蹟	桃園市大溪區員林里齋明街153號	樸素而優美的寺廟，設計出自名匠師葉金萬之手。
桃園忠烈祠（桃園神社）	寺廟	直轄市定古蹟	桃園市桃園區成功路三段200號	台灣現存最完整的神社日式木造建築
桃園景福宮	寺廟	直轄市定古蹟	桃園市桃園區中和里中正路208號	前殿與正殿木雕風格不同的對場建築
壽山巖觀音寺	寺廟	直轄市定古蹟	桃園市龜山區萬壽路二段6巷111號	陳應彬代表性的廟宇作品，看架螭虎斗栱優美。
龍潭聖蹟亭	寺廟	直轄市定古蹟	桃園市龍潭區凌雲村竹窩子段20號	台灣現存規模最大的石造惜字爐
蘆竹五福宮	寺廟	直轄市定古蹟	桃園市蘆竹區五福里五福路1號	近代名匠師廖石成所建廟宇，木結構技巧高超。

新屋范姜祖堂	祠堂	直轄市定古蹟	桃園市新屋區新生里中正路110巷9號	全台罕見的雙姓范姜氏之祖堂，建築風格有客家人之樸素淡雅特色。
李騰芳古宅（李舉人古厝）	宅第	直轄市定古蹟	桃園市大溪區月眉里月眉路34號	三合院與四合院結合之古宅，護室使用減柱法。
楊梅道東堂玉明屋	宅第	直轄市定古蹟	桃園市楊梅區楊新路三段1巷36號	客家族群一堂多橫屋式三合院的代表作
大溪蘭室	街屋	歷史建築	桃園市大溪區中山路11、13號	大溪老街上，以維護街屋歷史價值為目的之經營典範。
黃繼炯公墓園	古墓	歷史建築	桃園市龜山區文明路	墓園規模完整，並保留著嘉慶年之古墓碑。
白沙岬燈塔	燈塔	直轄市定古蹟	桃園市觀音區新坡下16號	一座日治初期由日人所設計建造的燈塔
基國派教堂	教堂	歷史建築	桃園市復興區基國派段413號	由牧師帶領原住民信徒，合力興建的石造小教堂。
大溪公會堂	官署	歷史建築	桃園市大溪區普濟路21-3號	曾作為總統行館的地方民眾集會中心
台灣電力公司楊梅倉庫（I棟通風倉庫）	產業設施	歷史建築	桃園市楊梅區中山北路一段423號	運用美援時期盛行的美國進口鋁桁架構築而成
大溪警察局宿舍群	日式住宅	歷史建築	桃園市大溪區普濟路5、7、17、19、21、23、23-1、25、27、52號、普濟路13巷1、2、3、5、6、7、9、11、13、15、17號	涵蓋不同等級及不同時期興建的官舍
大平橋	橋樑	歷史建築	桃園市龍潭區大平村14 鄰打鐵坑溪	具有船首狀橋墩的紅磚拱橋，並保留有記錄興建始末的橋碑。
復興巴陵橋暨巴陵一、二號隧道	橋樑	歷史建築	桃園市復興區巴陵橋及其兩端隧道（北端近台七線45k+900處，南端近台七線46k+200處）	由唐榮台北機械廠製造的鋼構吊橋
大溪武德殿	其他	歷史建築	桃園市大溪區普濟路33號	屋面使用原有的平板石綿瓦，目前已罕見。

新竹市

清時為淡水廳治所在，故囊括多類漢文化傳統的古蹟；加上日治時期留存的火車站、官署、軍工廠、水道設施等，整體展現此一城市在台灣歷史上的重要性。本市有古蹟35處、歷史建築23處。

名稱	類型	等級	位置	評介
竹塹城迎曦門	城郭	國定古蹟	新竹市東區東門街中正路口	淡水廳城僅存的城門，歇山重簷式屋頂。
新竹神社殘蹟及其附屬建築	寺廟	市定古蹟	新竹市北區崧嶺路122號	客雅山的日本神社，仍有少數建物殘蹟。

新竹都城隍廟	寺廟	市定古蹟	新竹市北區中山里中山路75號	全台唯一的省級都城隍廟，近代由泉州名匠王益順修建，雕琢精美。
新竹鄭氏家廟	祠堂	市定古蹟	新竹市北區北門里北門街175號	廟前有族人中舉的旗杆座數個
新竹市孔廟	孔廟	歷史建築	新竹市東區公園路289號	以拆卸的部分石材及木樑，從城內遷建至東門外的孔廟。
進士第（鄭用錫宅第）	宅第	國定古蹟	新竹市北區北門里北門街163號	開台進士鄭用錫的宅第，門面多石雕為其特色。
周益記	街屋	市定古蹟	新竹市北區北門街57、59、61號	面寬五間，室內寬三間的店屋，有北門街上最豪華的立面。
楊氏節孝坊	牌坊	市定古蹟	新竹市北區石坊里石坊街4號旁	泉州白石所雕的石坊，位於古街之中。
鄭用錫墓	古墓	國定古蹟	新竹市東區光鎮里客雅段447之36地號	石翁仲、石馬、石羊、石文筆俱全之清代大墓
新竹州廳	官署	國定古蹟	新竹市北區大同里中正路120號	以精美的紅磚與洗石子技巧建造的洋式建築
新竹州市役所	官署	市定古蹟	新竹市中央路116號	折衷主義風格的市役所
新竹火車站	火車站	國定古蹟	新竹市東區中華路二段445號	縱貫線僅存與台中火車站同時代之歷史建築
新竹信用組合	銀行	市定古蹟	新竹市大同路130號	三〇年代風格的近代建築
新竹高中劍道館（前新竹武道場）	學校	市定古蹟	新竹市學府路36號	磚造建築，內部大跨距木屋架為其特色。
新竹國小百齡樓	學校	市定古蹟	新竹市東區興學街106號	歷經多次遷校後，保留最古老的校舍。
日本海軍第六燃料廠新竹支廠	產業設施	歷史建築	新竹市東區建美路24巷6號週邊	台灣北部僅存的二戰時期大型軍事工業廠房遺跡
新竹水道	產業設施	市定古蹟	新竹市東區博愛街1號	象徵新竹市現代化發展的自來水設施
辛志平校長故居	日式住宅	市定古蹟	新竹市東門街32號	日式宿舍，前後庄園，辛校長教育英才甚多。
新竹少年刑務所職務官舍群	日式住宅	歷史建築	新竹市北區廣州街及延平路一段處共18棟	涵蓋不同階段、多種等級的官舍，及共同浴室。
新竹州圖書館	其他	市定古蹟	新竹市文化街8號	具有一九三〇年代流行的建築風格
康樂段防空碉堡	其他	市定古蹟	新竹市北區康樂段396地號（新竹市東大路三段335巷42號旁）	二戰末日軍為迎擊美軍轟炸的防空設施

新竹縣　為北台客家大縣之一，保存許多的客家伙房、傳統寺廟及祠堂等古蹟，亦有罕見的日軍為鎮壓原住民而築的隘勇監督所。本縣有古蹟25處、歷史建築28處。

名稱	類型	等級	位置	評介
北埔慈天宮	寺廟	縣定古蹟	新竹縣北埔鄉北埔村1號	開拓新竹東南山區的金廣福組織所造之守護寺廟,供奉觀音菩薩。
新埔褒忠亭	寺廟	縣定古蹟	新竹縣新埔鎮下寮里義民路三段360號	台灣北部客家最宏偉的褒忠廟,為其信仰中心,廟後有墓。
關西太和宮	寺廟	縣定古蹟	新竹縣關西鎮大同路30號	徐清在三〇年代設計之寺廟,其看架斗栱充滿力學之美,廟中亦有峰前蔣氏石匠及陶匠蘇陽水的作品。
竹北采田福地	祠堂	縣定古蹟	新竹縣竹北市中正西路219巷38號	平埔族漢化之見證
新埔劉家祠	祠堂	縣定古蹟	新竹縣新埔鎮新生里和平街230號	北部客家地區典型的家祠,磚工及木作優異。
關西豫章堂羅屋書房	書院	歷史建築	新竹縣關西鎮南山里7鄰46號	作工精細的私人學堂,三合院形制保留完整。
金廣福公館	宅第	國定古蹟	新竹縣北埔鄉北埔村5鄰中正路1號及6號	外觀平實,但具有閩粵移民合作開墾意義之古蹟。
北埔姜阿新洋樓	宅第	縣定古蹟	新竹縣北埔鄉北埔街10號	典型的新竹山區客家宅第
新埔上枋寮劉宅	宅第	縣定古蹟	新竹縣新埔鎮上寮里義民路二段460巷42號	規模宏大且保存良好之客家古宅,後山前水,形勢優美。
尖石Tapung古堡(李崠隘勇監督所)	砲台	縣定古蹟	新竹縣尖石鄉玉峰村7鄰馬美部落	清代隘勇線少數尚存之遺蹟
老湖口天主堂	教堂	歷史建築	新竹縣湖口鄉湖口老街108號	順著山坡地形而建的教堂,由耶穌會神父所興建。
關西分駐所	官署	縣定古蹟	新竹縣關西鎮東興里大同路23號	鄉鎮地區少見的非木造警察分駐所,立面具洋風裝飾。
竹東車站	火車站	歷史建築	新竹縣竹東鎮東林路196號	配合山區資源開發以利工業發展,所建的內灣支線鐵路之見證。
新湖口公學校講堂	學校	縣定古蹟	新竹縣湖口鄉愛勢村民族街222號	具大跨距木屋架、磚牆承重的國小禮堂。
關西台灣紅茶公司	產業設施	歷史建築	新竹縣關西鎮中山路73號	關西羅家於一九三〇年代創立,至今仍不遺餘力以文創角度經營,展示文物豐富。
植松材木竹東出張所	產業設施	歷史建築	新竹縣竹東鎮東林路131號	日治時期許多重要建物的木材提供商,植松的歷史見證。
蕭如松故居建築群	日式住宅	歷史建築	新竹縣竹東鎮榮樂街68巷1號-26號	以在地畫家故居為核心,保留的五棟日式宿舍。
關西東安古橋	橋樑	縣定古蹟	新竹縣關西鎮東安里中山東路牛欄河畔	昭和年間興建的五孔石砌拱橋

苗栗縣

作為北部客家族群的集中地，除了特有的伙房及祠廟之外，就屬舊山線鐵路的橋樑、隧道及車站，與油礦產業的相關設施，為全台罕見的文化資產。本縣有古蹟12處、歷史建築44處。

名稱	類型	等級	位置	評介
中港慈裕宮	寺廟	縣定古蹟	苗栗縣竹南鎮中美里民生路7號	一座左右雕刻不同的對場寺廟，風格各異其趣。
苗栗文昌祠	寺廟	縣定古蹟	苗栗市綠苗里中正路756號	有照壁的文昌祠
四湖劉恩寬大伙房	祠堂	歷史建築	苗栗縣西湖鄉四湖村6鄰老屋11號	經歷次增修建，仍維持苗栗客家大伙房的建築特色。
山腳蔡氏濟陽堂	宅第	縣定古蹟	苗栗縣苑裡鎮山腳里355號	具精良構造及裝飾的四合院宅第
賴氏節孝坊	牌坊	縣定古蹟	苗栗縣苗栗市大同里福星山苗栗段767-17地號	四柱三間石坊，雕工精湛，曾經遷移過。
鄭崇和墓	古墓	國定古蹟	苗栗縣後龍鎮龍坑里16鄰轄區	石虎、石羊、石馬與文武石人皆備的大墓
舊銅鑼分駐所	官署	歷史建築	苗栗縣銅鑼鄉復興路56號	外觀具洋風，內部配置有和室。
勝興火車站	火車站	縣定古蹟	苗栗縣三義鄉勝興村9號	小巧而精美的木造火車站，昔日台鐵縱貫線最高點。
尋常小學校禮堂	學校	歷史建築	苗栗縣竹南鎮中正路92號	門窗開口部具多層內縮的特殊設計
出礦坑舊重機具維修庫	產業設施	歷史建築	苗栗縣公館鄉開礦村3鄰36號	採油工程機具的維修庫房，為出礦坑油礦產業重要設施之一。
原大湖蠶業改良場建築群	產業設施	歷史建築	苗栗縣大湖鄉民族路42號	為特殊產業量身設計的木造建築群
苑裡鎮山腳國小日治後期宿舍群	日式住宅	歷史建築	苗栗縣苑裡鎮舊社里47號	雙拼型日式宿舍的優良案例
魚藤坪斷橋	橋樑	縣定古蹟	苗栗縣三義鄉魚藤坪段40-1地號	山線鐵路橋樑工程之高峰傑作，毀於1935年中部大地震。
臺鐵舊山線—大安溪鐵橋	橋樑	縣定古蹟	位於臺鐵舊山線，緊鄰苗栗三義第七號隧道南口至台中市后里區間。	二十世紀初興建的鐵路桁架橋，構造保存良好。

台中市

自古為農業重鎮，也造就了許多大地主，他們留下精緻的宅第及祠堂，而考棚及霧峰林家戲台，則擁有台灣本島罕見的福州式木構，均是台中的瑰寶。本市有古蹟53處、歷史建築111處。

名稱	類型	等級	位置	評介
台灣省城大北門	城郭	歷史建築	台中市北區台中公園內	雖非清代城門原貌，但仍為台灣省城的歷史見證。
台中樂成宮	寺廟	直轄市定古蹟	台中市東區旱溪街48號	名匠陳應彬所建之媽祖廟

梧棲真武宮	寺廟	直轄市定古蹟	台中市梧棲區西建路104號	供奉玄天上帝之廟宇，廟內保存多項古文物。
萬和宮	寺廟	直轄市定古蹟	台中市南屯區萬和路一段51號	漳州風格的媽祖廟
台中西屯張廖家廟	祠堂	直轄市定古蹟	台中市西屯區西安街205巷1號	彩畫精美，外牆為黑色，全台罕見。
台中林氏宗祠	祠堂	直轄市定古蹟	台中市南區國光路55號	名匠陳應彬高峰時期所建，木雕水準很高。
台中張家祖廟	祠堂	直轄市定古蹟	台中市西屯區安和路111號	台中望族張氏族人所建之祖廟
磺溪書院	書院	直轄市定古蹟	台中市大肚區磺溪村文昌路60號	磚雕最豐富的古建築
霧峰林宅	宅第	國定古蹟	台中市霧峰區民生路（頂厝42號，下厝28號，頤圃38號，萊園91號）	四合院帶多護室之古宅，建築風格屬台灣中部型。頂厝及下厝大都毀於九二一地震，重建之花廳戲台亦倒毀。
大甲梁宅瑞蓮堂	宅第	直轄市定古蹟	台中市大甲區大智街80號	裝飾藝術價值高，且為罕見的民間採對場作之傳統合院。
后里張天機宅	宅第	直轄市定古蹟	台中市后里區墩南村南村路332號	展現地方望族對洋式建築風潮的敏銳度
社口林宅	宅第	直轄市定古蹟	台中市神岡區社口村文化路76號	四合院帶多護室之古宅，建築風格屬台灣中部型。
神岡呂家頂瓦厝	宅第	直轄市定古蹟	台中市神岡區中興路30巷32號	詔安客家移民的代表作
清水黃家瀞園	宅第	直轄市定古蹟	台中市清水區三美路57號	泥塑、洗石子裝修發揮極致的四合院建築
筱雲山莊	宅第	直轄市定古蹟	台中市神岡區三角里大豐路四段211號	一座包含了四合院、書齋、庭園與近代住宅的優美宅邸
摘星山莊	宅第	直轄市定古蹟	台中市潭子區潭富路二段88號	台灣中部在清末所建兩落多護龍大宅第，雕飾冠於全台，尤其是磚雕、交趾陶與木雕，藝術價值極高。
林氏貞孝坊	牌坊	直轄市定古蹟	台中市大甲區庄美里順天路119號（與光明路交叉口）	四柱三間的石坊
吳鸞旂墓園	古墓	直轄市定古蹟	台中市太平區茶寮段227地號	以洗石子技巧表現西洋式柱頭的罕見近代家族墓園
柳原教會	教堂	歷史建築	台中市中區興中街119號	外籍牧師依據英國教會所興建的紅磚教堂
路思義教堂及鐘樓	教堂	直轄市定古蹟	台中市西屯區台灣大道四段1727號	由知名建築師貝聿銘與陳其寬設計，不論外觀及結構材料，都是創新的傑作。

台中州廳	官署	直轄市定古蹟	台中市西區民權路99號	森山松之助的三大州廳代表作之一
台灣府儒考棚	官署	直轄市定古蹟	台中市西區民生路39巷內	為全台少見僅存的福州式木構架建築
內埔庄役場	官署	直轄市定古蹟	台中市后里區公安路84號	為一九三○年代所建庄役場，平面對稱，構造堅固。
台中市役所	官署	歷史建築	台中市西區民權路97號	古典風格的外觀具有圓頂，為全台最壯觀、華麗的市役所建築。
台中火車站	火車站	國定古蹟	台中市中區建國路一段172號	縱貫線最華麗的文藝復興式樣火車站
縱貫鐵路（海線）日南車站	火車站	直轄市定古蹟	台中市大甲區中山路二段140巷8號	T形屋頂的木造火車站，三面圍繞披簷以增加候車空間，外觀造形小巧。
縱貫鐵路舊山線——泰安車站	火車站	直轄市定古蹟	台中市后里區泰安里福星路50號	一九三○年代現代主義設計思想下的小型鐵路車站
彰化銀行舊總行	銀行	直轄市定古蹟	台中市中區自由路二段38號	具日治時期銀行建築高大莊嚴柱式的典型特色
清水公學校	學校	直轄市定古蹟	台中市清水區光華路125號	保留日治時期原貌的一層樓校舍
公賣局第五酒廠（台中酒廠舊廠）	產業設施	歷史建築	台中市南區復興路三段362號	以文化創意園區模式經營管理的優良案例
月眉糖廠「製糖工場」	產業設施	歷史建築	台中市后里區甲后路864號	見證台灣製糖發展的觀光糖廠
台中支局葉煙草再乾燥場建築群	產業設施	歷史建築	台中市大里區中興路二段704號	全台少數保存完整的菸葉乾燥工廠
台中刑務所典獄官舍	日式住宅	直轄市定古蹟	台中市西區自由路一段87號	為台灣日治時期監獄典獄官舍的代表，為獨棟的高等形式。
中山綠橋（舊稱：新盛橋）	橋樑	歷史建築	台中市中區中山路與綠川上	造型精緻小巧的城市橋樑
舊山線鐵道一大甲溪鐵橋	橋樑	歷史建築	台中市豐原區	1908年台灣西部鐵路全線通車的代表性鐵路橋
中山公園湖心亭	其他	直轄市定古蹟	台中市北區公園路37-1號	台鐵縱貫線通車之紀念建築，採和洋混合式建築。
北溝故宮文物典藏山洞	其他	歷史建築	台中市霧峰區吉峰里	一九五○年代故宮文物在台中期間的重要庫房

彰化縣

彰化平原富含沃土，開發極早，故古蹟以漢文化傳統類型為主，尤其是寺廟。鹿港則因清早期就設為商業港，而擁有豐富且精良的各類古蹟。本縣有古蹟51處、歷史建築78處。

名稱	類型	等級	位置	評介
鹿港隘門	城郭	縣定古蹟	鹿港鎮洛津里後車巷47號前	台灣僅存的市街隘門，額題「門迎後車」。
鹿港龍山寺	寺廟	國定古蹟	彰化縣鹿港鎮金門街81號	台灣清代佛寺中建築藝術水準最高之作品，戲台內有八角藻井。
元清觀	寺廟	國定古蹟	彰化縣彰化市光華里民生路207號	罕見以觀為名的道教廟
聖王廟	寺廟	國定古蹟	彰化縣彰化市富貴里中華路239巷19號	漳州風格建築，供奉開漳聖王。
定光佛廟（汀州會館）	寺廟	縣定古蹟	彰化縣彰化市長樂里光復路140號	少數移民福建汀州人所建寺廟，供奉宋代定光古佛。
南瑤宮	寺廟	縣定古蹟	彰化縣彰化市南瑤里南瑤路43號	建築風格與鹿港天后宮相似，後殿混合洋式風格，全台罕見。
鹿港天后宮	寺廟	縣定古蹟	彰化縣鹿港鎮中山路430號	由惠安底名匠王益順重修之著名媽祖廟，前殿與正殿對場。
大村賴景祿公祠	祠堂	縣定古蹟	彰化縣大村鄉南勢村南勢巷1號	福建賴姓移民的見證，由在地匠師設計興造。
節孝祠	祠堂	縣定古蹟	彰化縣彰化市卦山里公園路1段51號	正殿為使視界寬闊，採用移柱法的建築。
彰化孔子廟	孔廟	國定古蹟	彰化縣彰化市孔門路30號	建築細節冠於全台的孔廟
道東書院	書院	國定古蹟	彰化縣和美鎮和西里和卿路101號	格局完整的清代書院
興賢書院	書院	縣定古蹟	彰化縣員林鎮三民路1號	正殿內之彩畫出自名匠師之手筆，用色典雅。
馬興陳宅（益源大厝）	宅第	國定古蹟	彰化縣秀水鄉馬興村益源巷4號	平面宏大的古宅，前有旗杆座，為中舉之象徵。
永靖餘三館	宅第	縣定古蹟	彰化縣永靖鄉港西村中山路一段451巷2號	正堂帶軒亭，並有門樓之優美的光緒年間民宅。
鹿港元昌行	街屋	歷史建築	彰化縣鹿港鎮中山路188號	鹿港重要商業街的代表性長條型街屋，有兩層樓井。
員林曹家開台祖塋	古墓	歷史建築	彰化縣員林鎮大峰巷與中州技術學院間，原第一公墓	以卵石疊砌墓手的墳塋，規模極大。
埔心羅厝天主堂原教堂（文物館）	教堂	歷史建築	彰化縣埔心鄉羅厝村羅永路109號	中部開發最早的天主教堂之一，已歷經三代重建。
原彰化警察署	官署	縣定古蹟	彰化縣彰化市民生路234號	一九三〇年代典型的、位於街角的城市型警察廳舍
溪湖糖廠五分車站	火車站	歷史建築	彰化縣溪湖鎮彰水路二段762號	具有寬窄兩種尺寸軌道的糖廠車站
二林公學校禮堂	學校	歷史建築	彰化縣二林鎮東和里斗苑路5段22號	外觀具扶壁及雨淋板的木造建築
原嘉義廖氏診所	醫院	歷史建築	彰化縣花壇鄉灣雅村三芬路360號	為全台第一位女性婦產科醫師使用的木造診所

彰化扇形車庫	產業設施	縣定古蹟	彰化縣彰化市彰美路一段1號	全台僅存較完整的蒸氣機車維修車庫
福興鄉農會碾米廠暨穀倉	產業設施	歷史建築	彰化縣福興鄉橋頭村復興路27號	為防潮設計有整排的太子樓
二林公學校職員宿舍群	日式住宅	歷史建築	彰化縣二林鎮東和里斗苑路五段22號	擁有校長、主任及教師各種等級的日式宿舍
西螺大橋（北段）	橋樑	歷史建築	彰化縣溪州鄉水尾村	戰後初期由美援協助興建的公路鐵橋，橋墩在二戰前已完成。
彰化市武德殿	其他	縣定古蹟	彰化縣彰化市公園路一段45號	日本社殿式建築的典型，以鋼筋水泥仿木構建造。

南投縣

這裡雖不鄰海又擁有最多的原住民族，但仍深受漢文化的影響，致書院型古蹟就有3處；戰後台灣省政府設於此，相關建築亦有多處列為文化資產。本縣有古蹟15處、歷史建築38處。

名稱	類型	等級	位置	評價
楠仔腳蔓社學堂遺跡	原住民聚落	縣定古蹟	南投縣信義鄉望美村部落	劉銘傳治台時期番學堂之遺跡
月眉厝龍德廟	寺廟	縣定古蹟	南投縣草屯鎮碧山路1158號	曾經遭水災淹沒，現提高地基重修。
竹山社寮敬聖亭	寺廟	縣定古蹟	南投縣竹山鎮社寮里集山路一段1738號	全部石雕之惜字爐，為敬學之見證。
竹山連興宮	寺廟	縣定古蹟	南投縣竹山鎮竹山里下橫街28號	台灣中部漳派風格的寺廟
南投縣陳姓宗親會西水祠	祠堂	歷史建築	南投縣名間鄉新街村客庄巷1號	九二一大地震後受損，並修復完成的祠堂。
祭祀公業張琯溪公宗祠	祠堂	歷史建築	南投縣南投市平和里南陽路196巷20號	日治大正年間的四合院祠堂代表
明新書院	書院	縣定古蹟	南投縣集集鎮永昌里東昌巷4號	與小學校區結合，書院內氣氛寧靜，供奉文昌帝君。
登瀛書院	書院	縣定古蹟	南投縣草屯鎮新庄里史館路文昌巷30號	建築格局完整，環境清幽，正堂屋頂為硬山與歇山之混合式，頗特殊。
藍田書院	書院	縣定古蹟	南投縣南投市崇文里文昌街140號	近代由書院逐漸轉變為廟宇，供奉文昌帝君與孔子。
草屯燉倫堂	宅第	縣定古蹟	南投縣草屯鎮茄荖里13鄰芬草路335號	一座漳州風格的建築，其懸山頂與木屋架為漳州常見形式。
國姓鄉南港村——林屋伙房	宅第	歷史建築	南投縣國姓鄉南港村16鄰南港路40-1號	保存多處伙房的客家聚落，此三合院為代表。
賴家古厝	宅第	歷史建築	南投縣水里鄉永興村林朋巷141、142、143號	正身及護龍均設簷廊的三合院

林鳳池舉人墓	古墓	縣定古蹟	南投縣鹿谷鄉初鄉村中村巷23號	墓制簡樸，前仍有旗杆座，當地清代文士林鳳池引入凍頂烏龍茶，並助平亂有功。
南投稅務出張所	官署	歷史建築	南投縣南投市康壽里中山街260號	具日治昭和年間風格的官署建築
台灣省政府	官署	縣定古蹟	南投縣南投市中興新村省府路1號	國民政府遷台後，以新鎮精神規劃，成為省政核心。
集集火車站	火車站	歷史建築	南投縣集集鎮民生路75號	集集線鐵路的代表車站，採木造形式。
台灣銀行中興新村分行	銀行	歷史建築	南投縣南投市中興新村光華路11號	省政府成立後，為中興新村及周邊重要的金融機構。
國立中興大學實驗林管理處埔里連絡站（原北海道帝國大學農學部附屬台灣演習林辦公室）	學校	歷史建築	南投縣埔里鎮隆生路86號	和洋混合風的木造小型辦公室
新庄國小禮堂	學校	歷史建築	南投縣草屯鎮芬草路219號	九二一大地震後倖存的國小舊禮堂
台中菸葉場竹山輔導站（原專賣局台中支局竹山葉煙草收納場）	產業設施	歷史建築	南投縣竹山鎮竹山里祖師街32號	中部已少見的買菸場，為向菸農收購菸葉的場所。
行政院農業委員會茶業改良場魚池分場	產業設施	歷史建築	南投縣魚池鄉水社村中山路270巷13號	仍具生產製造功能的日治時期茶廠
添興窯及其附屬設施	產業設施	歷史建築	南投縣集集鎮田寮里楓林巷10號	九二一大地震後，受損嚴重但已獲修復重生的老蛇窯。
竹山隆恩圳隧渠	產業設施	縣定古蹟	南投縣竹山鎮富州里（吊橋頭集集攔河堰南端）	清代灌溉水圳的少數遺蹟
新庄國小日治宿舍	日式住宅	歷史建築	南投縣草屯鎮新庄里新庄三路32號	日治時期典型的小學教職員宿舍
國姓鄉北港溪石橋（糯米橋）	橋樑	縣定古蹟	南投縣國姓鄉北港村第10鄰	日治時期所建多孔石拱橋
八通關古道	其他	國定古蹟	至花蓮縣玉里鎮（清光緒元年所開闢之古道）	清代橫越中央山脈之古道，地面多鋪石板，可見歲月痕跡。
武德殿	其他	歷史建築	南投縣南投市彰南路2段65號	變更為縣史館使用的日治時期武德殿

雲林縣

為重要糖鄉，虎尾及北港糖廠即是糖業發展的見證；另北港朝天宮為全台媽祖信仰代表、麥寮拱範宮乃泉漳名匠之作，因極具價值，列國定古蹟。本縣有古蹟21處、歷史建築48處、聚落建築群1處。

名稱	類型	等級	位置	評介
北港朝天宮	寺廟	國定古蹟	雲林縣北港鎮中山路178號	一座歷史豐富、建築技巧、雕刻精美，且香火鼎盛的媽祖廟。
麥寮拱範宮	寺廟	國定古蹟	雲林縣麥寮鄉麥豐村中正路3號	多位名匠師的前後對場作，具高度的藝術價值。
大埤三山國王廟	寺廟	縣定古蹟	雲林縣大埤鄉大德村新街20號	石雕精美的客家廟宇
西螺廖家祠堂	祠堂	縣定古蹟	雲林縣西螺鎮福興里15鄰福興路222號	格局完整而優美之祠堂
西螺振文書院	書院	縣定古蹟	雲林縣西螺鎮廣福里興農西路6號	有三開間軒亭的書院
古坑東和陳宅	宅第	歷史建築	雲林縣古坑鄉東和村文化路115-1號	詔安客在古坑發展的見證
北港集雅軒	街屋	縣定古蹟	雲林縣北港鎮博愛路62號	後由北管子弟戲團集雅軒使用的古市街屋
口湖下寮萬善同歸塚	古墓	縣定古蹟	雲林縣口湖鄉下崙村下寮仔北邊	將海嘯罹難者骨灰，集合同葬的小型塚。
口湖文生天主堂	教堂	歷史建築	雲林縣口湖鄉湖東村文明路125之3號	由任職神父創建的樸實教堂
虎尾郡役所	官署	歷史建築	雲林縣虎尾鎮公安里林森路一段498號	全台少見的半木造官署建築
原二崙派出所	官署	縣定古蹟	雲林縣二崙鄉崙西村中山路102號	大正年間和洋混合風的木造辦公室
虎尾糖廠虎尾驛	火車站	歷史建築	雲林縣虎尾鎮中山路10號	結合客運及小火車使用的小型木造車站
原北港農校校舍	學校	歷史建築	雲林縣北港鎮新街里19鄰太平路80號	戰後初期興建的一層樓校舍
林內濁水發電所	產業設施	縣定古蹟	雲林縣林內鄉烏塗村烏塗100號	為建造烏山頭水庫工程而興建的發電設施
北港自來水廠歷史建築群	產業設施	歷史建築	雲林縣北港鎮民生路1號	由北港朝天宮資助興建的自來水設施
西螺戲院	產業設施	歷史建築	雲林縣西螺鎮觀音街2號	立面具有誇張華麗的巨大山頭
虎尾糖廠第一公差宿舍	日式住宅	縣定古蹟	雲林縣虎尾鎮民主九路1號	招待視察高官的糖廠招待所
虎尾糖廠廠長宿舍	日式住宅	縣定古蹟	雲林縣虎尾鎮民主九路7號	屬和洋並置的日式獨棟住宅
虎尾糖廠鐵橋	橋樑	縣定古蹟	雲林縣虎尾鎮1082-1、1082-2地號	由英國公司設計，日本營造公司施工的一座鐵橋。

嘉義市

開發極早，於清初即已築城；至日治時期又因阿里山林業及森林鐵路的起點，而繁華興盛，不僅反映在古蹟類型上，建築材料亦以木造為多數。本市有古蹟16處、歷史建築23處、紀念建築1處。

名稱	類型	等級	位置	評介
嘉義城隍廟	寺廟	國定古蹟	嘉義市東區民族里吳鳳北路168號	名匠師王錦木修建之城隍廟，木雕精美。
嘉義仁武宮	寺廟	市定古蹟	嘉義市東區北榮街54號	木雕及石雕精緻的古廟
日本神社附屬館所	寺廟	市定古蹟	嘉義市公園街42號	典型日本木造建築，木工精緻。
嘉義蘇周連宗祠	祠堂	市定古蹟	嘉義市東區垂楊路326號	由民宅改建的祠堂，木結構具泉州派特色。
王祖母許太夫人墓	古墓	市定古蹟	嘉義市東區盧厝里羌母寮41號	與清代水師提督王得祿有關之古墓
嘉義西門長老教會禮拜堂	教堂	市定古蹟	嘉義市西區導民里15鄰垂楊路309號	外牆為雨淋板構造的木造教堂
菸酒公賣局嘉義分局	官署	市定古蹟	嘉義市西區中山路659號	一九三〇年代現代主義影響下的建築
嘉義舊監獄	官署	國定古蹟	嘉義市東區太平里4鄰維新路140（舊監獄）、142（舊看守所）號	台灣僅存的日治時期放射狀平面監獄
阿里山鐵路北門驛	火車站	市定古蹟	嘉義市東區共和路482號	木造之小型鐵路車站
嘉義火車站	火車站	市定古蹟	嘉義市西區中山路528號	一九三〇年代折衷主義建築，外表貼褐色國防色面磚。
水源地沉澱井暨濾過井	產業設施	歷史建築	嘉義市東區民權東路46號	慢濾技術的自來水設施，機房雨庇有精緻的鐵件。
原嘉義製材所（竹材工藝品加工廠）	產業設施	歷史建築	嘉義市東區泰安里6鄰林森西路4號	以阿里山檜木建造的木材工場
原嘉義農林學校校長官舍	日式住宅	市定古蹟	嘉義市東區內安里8鄰忠孝路188號	反映當時嘉義林業盛況的木造官舍
嘉義市共和路與北門街林管處國有宿眷舍	日式住宅	歷史建築	嘉義市東區共和街191巷1-12號199巷1-11號201巷2-5號243巷2.4-7號356巷2-8號378巷1-12號14-17號382.384.354.372號北門街1-3號19.19-1.21號共65戶	除日式宿舍亦含戰後初期的眷舍，已規劃為檜藝森活村。
道爺圳糯米橋	橋樑	市定古蹟	嘉義市東區宣信街與立仁路口芳草橋下方	清代建造的石砌單拱橋
八獎溪義渡	碑碣	市定古蹟	嘉義市東區短竹里彌陀路1號（彌陀寺）前	台灣少數僅存之義渡碑
嘉義營林俱樂部	其他	市定古蹟	嘉義市東區共和路370號	木造洋樓風格特殊

東側山脈森林資源豐富，日人積極開採使得這裡擁有許多與林業相關的產業設施；亦有全台少見的清代官宦大墓，被列為國定古蹟。本縣有古蹟22處、歷史建築15處。

名稱	類型	等級	位置	評介
笨港水仙宮	寺廟	國定古蹟	嘉義縣新港鄉南港村3鄰舊南港58號	保留有乾隆年間的一對石柱，且內牆浮塑工藝水準極高，具清代笨港港口變遷見證之水神廟。
大士爺廟	寺廟	縣定古蹟	嘉義縣民雄鄉中樂村中樂路81號	紀念漳泉械鬥的廟宇
六興宮	寺廟	縣定古蹟	嘉義縣新港鄉溪北村9鄰溪北路65號	名匠陳應彬之傑作，正殿有八角形藻井。
半天巖紫雲寺	寺廟	縣定古蹟	嘉義縣番路鄉民和村2鄰岩仔6號	大木風格優異的山區古寺，前殿吊筒數量很多為其特色。
朴子配天宮	寺廟	縣定古蹟	嘉義縣朴子市開元路118號	名匠陳應彬的對場作媽祖廟
新港大興宮	寺廟	縣定古蹟	嘉義縣新港鄉大興村12鄰中正路73號	前殿凸出軒亭作為拜亭之典型例
新港奉天宮	寺廟	縣定古蹟	嘉義縣新港鄉大興村3鄰新民路53號	名匠吳海桐與洪坤福的代表作，木雕及交趾陶皆屬上乘之作。
後寮羅氏宗祠	祠堂	歷史建築	嘉義縣水上鄉南和村後寮9鄰2之1號旁（羅氏祠堂附近協天宮地址）	北港匠師所建的祠堂建築
義竹翁清江宅	宅第	縣定古蹟	嘉義縣義竹鄉六桂村六桂段261號	第一進為兩層紅磚造樓房的合院
番路鄭家古厝	宅第	歷史建築	嘉義縣番路鄉觸口村10鄰埔尾16號	立面以木板壁為構造的傳統宅第
王得祿墓	古墓	國定古蹟	嘉義縣六腳鄉雙涵村東北邊農地上	墓前的石象生完整，且雕刻風格雄渾的清代官宦大墓。
原台灣總督府氣象台阿里山觀象所	官署	縣定古蹟	嘉義縣阿里山鄉中正村東阿里山73-1號	外觀為石砌台基與雨淋板的二層樓建物
東石郡役所	官署	縣定古蹟	嘉義縣朴子市平和里光復路33號	日治時期地方郡警合一的廳舍代表
竹崎車站	火車站	縣定古蹟	嘉義縣竹崎鄉竹崎村舊車站11號	阿里山森林鐵路沿線的木造小火車站代表
朴子國小舊禮堂	學校	歷史建築	嘉義縣朴子市山通路11號	以平英式砌法的紅磚造建築
日新醫院	醫院	縣定古蹟	嘉義縣朴子市向榮路25號	為朴子第一代西醫師所建，配置結合醫院及住家。
朴子水道配水塔	產業設施	縣定古蹟	嘉義縣朴子市文明路28號	頂端以小塔樓裝飾的水塔
奮起湖車庫	產業設施	縣定古蹟	嘉義縣竹崎鄉中和村奮起湖車站旁	阿里山森林鐵路的維修中繼站
阿里山貴賓館	日式住宅	縣定古蹟	嘉義縣阿里山鄉阿里山國家森林遊樂區內	為日本皇族、高官巡視所建的招待所

中央廣播電台民雄分台日式宿舍區	日式住宅	歷史建築	嘉義縣民雄鄉民權路50、52、54、56、58、60、62、66、68、70、72號共11棟	昭和年間建造的日式宿舍群，含有四種等級。
樹靈塔	碑碣	縣定古蹟	嘉義縣阿里山鄉阿里山國家森林遊樂區內	因大量伐木而建造的安奉樹靈之紀念塔

台南市

從荷據、明鄭至清中一直是台灣的政經中心，所屬古蹟不僅年代久遠且藝術價值高者眾，不愧為人文薈萃的古都。本市有古蹟138處、歷史建築62處、聚落建築群1處，其中含國定古蹟22處乃全國之冠。

名稱	類型	等級	位置	評介
台灣城殘蹟（安平古堡殘蹟）	城郭	國定古蹟	台南市安平區國勝路82號	台灣現存最古的建築之一
兌悅門	城郭	國定古蹟	台南市中西區忠信里文賢路與信義街122巷交叉口	台南府城保存下來的外郭防衛遺物
熱蘭遮城城垣暨城內建築遺構	城郭	國定古蹟	台南市安平區古堡段678、679、756、769、771、821、777-1、981、982、984、858、860、849、754、752、748、865等地號內	隱身於民宅之間的荷蘭古城牆，較薄的紅磚以紅毛土結合。
原台灣府城東門段城垣殘蹟	城郭	直轄市定古蹟	台南市東區東門路一段156巷23號南側，光華街225號對面	台灣府城夯土造之城垣，分層工法明顯易見。
台灣府城大東門	城郭	直轄市定古蹟	台南市東區東門路一段320號前	城門洞為清代原物，城樓係近年所建。
台灣府城大南門	城郭	直轄市定古蹟	台南市中西區南門路34巷32-1號後面	全台仍保存甕城的城門
台灣府城城垣南門段殘蹟	城郭	直轄市定古蹟	台南市中西區郡王里大埔街97號後（台南女中校內）	可見夯土構造的台灣府古城牆
北極殿	寺廟	國定古蹟	台南市中西區民權路二段89號	創建於明末供奉玄天上帝的大廟
大天后宮（寧靖王府邸）	寺廟	國定古蹟	台南市中西區永福路二段227巷18號	寧靖王府改建的媽祖廟，規模宏大。
五妃廟	寺廟	國定古蹟	台南市中西區五妃街201號	墓與廟結合之古蹟
台南三山國王廟	寺廟	國定古蹟	台南市北區西門路三段100號	典型的潮州風格寺廟，古時兼用為會館。
台灣府城隍廟	寺廟	國定古蹟	台南市中西區青年路133號	創建於明末的城隍廟
祀典武廟	寺廟	國定古蹟	台南市中西區永福路二段229號	從三川殿、拜亭、正殿至後殿之山牆連為一體，造形壯麗。
南鯤鯓代天府	寺廟	國定古蹟	台南市北門區鯤江里蚵寮976號	名匠王益順所設計，殿內幽暗為典型王爺廟的特色。
開元寺	寺廟	國定古蹟	台南市北區北園街89號	從鄭經北園別館改建的佛寺

開基天后宮	寺廟	國定古蹟	台南市北區自強街12號	台南最早建造的媽祖廟
全台吳氏大宗祠	祠堂	直轄市定古蹟	台南市中西區觀亭街52號	開山撫番總兵吳光亮所倡建的宗祠
陳德聚堂	祠堂	直轄市定古蹟	台南市中西區永福路二段152巷20號	由明鄭參軍陳永華故居改建的家廟
台南孔子廟	孔廟	國定古蹟	台南市中西區永慶里南門路2號	建於明鄭時期，為台灣最古老之孔子廟，格局完整。
後壁黃家古厝	宅第	直轄市定古蹟	台南市後壁區後壁里40號	面寬七開間的紅磚造四合院，略帶西式建築之細部。
鹽水八角樓	宅第	直轄市定古蹟	台南市鹽水區中境里中山路4巷1號	鹽水葉家大厝僅存的樓閣建築，欄杆成八角形。
安平盧經堂厝	宅第	直轄市定古蹟	台南市安平區安平路802號	安平僅存少數的傳統古宅，尚有精美門樓。
台南石鼎美古宅	宅第	直轄市定古蹟	台南市中西區西門路二段225巷4號	台南鬧區中保存之古宅
安平市仔街何旺厝	街屋	直轄市定古蹟	台南市安平區延平街86號	安平台灣第一街的店屋，有一九二○年代洗石子牌樓裝飾。
重道崇文坊	牌坊	直轄市定古蹟	台南市北區公園路356號（台南公園燕潭畔內）	典型的四柱三間石牌坊，表揚文士林朝英之貢獻。
接官亭	牌坊	直轄市定古蹟	台南市中西區民權路三段143巷7號前	清代迎送官員之碼頭石坊
施瓊芳墓	古墓	直轄市定古蹟	台南市南區南山公墓內	台南著名文士之墓，左右伸手作書卷形。
藩府二鄭公子墓	古墓	直轄市定古蹟	台南市南區桶盤淺段墓園內（俗稱旗杆）	鄭成功兩個兒子之古墓
四草砲台（鎮海城）	砲台	國定古蹟	台南市安南區顯草街一段381號	有圓形砲孔的砲台
二鯤鯓砲台（億載金城）	砲台	國定古蹟	台南市安平區光州路3號	沈葆楨聘法國工程師所做的洋式砲台
安平小砲台	砲台	直轄市定古蹟	台南市安平區西門里安平小段1006-7地號	姚瑩在鴉片戰爭期間所建之砲台
原德商東興洋行	洋行	直轄市定古蹟	台南市安平區西門里安北路183巷19號	磚砌拱廊，台基有隔潮層為其特色。
台灣開拓史料蠟像館（原英商德記洋行）	洋行	直轄市定古蹟	台南市安平區安北路194號	拱廊式樣的洋樓
原台南神學校校舍暨禮拜堂	教堂	直轄市定古蹟	台南市東區東門路一段117號	一九五〇年所建具古典風格的校舍，精緻的施工代表戰後初期的高峰之作。
赤嵌樓	官署	國定古蹟	台南市中西區赤崁里民族路二段212號（包括蓬壺書院）	荷蘭時期的古建築，但樓閣為清末所建。

原台南州廳	官署	國定古蹟	台南市中西區中正路1號	森山松之助設計的三大州廳之一，現為國家台灣文學館與國立文化資產保存研究中心。
原台南測候所	官署	國定古蹟	台南市中西區公園路21號	上層圓塔與下層傘狀屋面，因功能而造形特殊。
原台南警察署	官署	直轄市定古蹟	台南市中西區南門路37號	高低錯落的造型，為折衷主義建築。
台南火車站	火車站	國定古蹟	台南市北區北門路二段4號	一九三〇年代折衷主義的近代建築，有圓拱長窗採光，內部附設旅館。
保安車站	火車站	直轄市定古蹟	台南市仁德區保安村文賢路一段529巷10號	木造小車站，入口凸出唐破風式屋頂。
台南土地銀行（原日本勸業銀行台南支店）	銀行	直轄市定古蹟	台南市中西區中正路28號	有巨大廊柱的銀行建築
台南二中活動中心（原台南中學校講堂）	學校	直轄市定古蹟	台南市北區北門路二段125號	日治時期典型的大跨距學校講堂
台南女中（原台南高等女學校）	學校	直轄市定古蹟	台南市中西區大埔街97號	造形優雅的近代建築，入口上方有半圓山頭裝飾。
忠義國小禮堂（原台南武德殿）	學校	直轄市定古蹟	台南市中區忠義路二段2號	鋼筋水泥造的日式建築，在日治中期頗多，作為劍道、柔道館。
原台南高等工業學校校舍	學校	直轄市定古蹟	台南市東區大學路1號（成大成功校區內）	建於一九三〇年代初期之近代建築，反映折衷主義特色，入口居中，左右平面對稱，牆面貼紅色面磚。
原日軍台南衛戍病院	醫院	直轄市定古蹟	台南市東區小東路成功大學力行校區內	磚造拱廊式醫院，具有日治時期軍部建築特色。
台南地方法院	法院	國定古蹟	台南市中區府前路一段307號	南台灣保存最好的文藝復興式建築
原台南水道	產業設施	國定古蹟	台南市山上區山上里16號	南台灣保存完整的自來水道系統
西市場	產業設施	直轄市定古蹟	台南市中西區西門路、中正路、正興街與國華街街廓	日治初期台灣大型市場建築
原台南州青果同業組合香蕉倉庫	產業設施	直轄市定古蹟	台南市中西區西門路、中正路、正興街與國華街街廓內	具有大跨距木樑桁架的倉庫
台灣糖業試驗所	產業設施	直轄市定古蹟	台南市東區生產路54號	一九三〇年代產業建築的代表作，迴廊貫穿全局。

原林百貨店	產業設施	直轄市定古蹟	台南市中西區忠義路二段63號	近代洋風建築
原台南安順鹽場運鹽碼頭暨附屬設施	產業設施	直轄市定古蹟	台南市安南區四草野生動物保護區安順鹽場內	木造辦公室，入口凸出門廳，略帶和洋混合風格的小洋房。
麻豆總爺糖廠	產業設施	直轄市定古蹟	台南市麻豆區南勢里總爺5號	台灣規模較完整的糖廠，配置合理且功能完整。
原台南刑務所官舍	日式住宅	直轄市定古蹟	台南市中西區和意街16、20號	日式木造宿舍，典型中級官員住宅。
原台南縣知事官邸	日式住宅	直轄市定古蹟	台南市東區衛民街1號	紅磚建造的洋樓式官邸
原台南廳長官邸	日式住宅	直轄市定古蹟	台南市東區育樂街197巷2號	紅磚造的洋樓，外牆紅白相間為其特色。
二層行溪舊鐵路橋	橋樑	直轄市定古蹟	台南市仁德區跨高雄市湖內區二仁溪（舊稱二層行溪）上	昭和年間雙軌化工程興建的鐵路橋
嘉南大圳曾文溪渡槽橋	橋樑	直轄市定古蹟	台南市官田區省道台1線曾文溪橋旁	道路與嘉南大圳水路以上下層結合的橋樑
鹿陶洋江家聚落	聚落	聚落建築群	台南市楠西區鹿陶洋354地號	保留最多傳統磚木造建築的單姓聚落
原日軍步兵第二聯隊營舍	其他	國定古蹟	台南市東區大學路1號（成大光復校區內）	日本明治末年軍營建築採西洋古典式樣之代表，中央入口有巨大希臘山頭與六根白色圓柱，造形優雅。
原台南武德殿	其他	直轄市定古蹟	台南市中西區忠義路二段2號	全台規模最宏大的武德殿，以鋼筋水泥仿木構。
原台南刑務所要道館	其他	直轄市定古蹟	台南市中區永福路一段233巷21、23、25、27、29、31號，和意街48、50號	日式木造的大跨距宅第，內部作為武道館。
原台南放送局	其他	直轄市定古蹟	台南市中西區南門路38號	混合折衷主義與現代主義特色的建築，平面不對稱。
原台南愛國婦人會館	其他	直轄市定古蹟	台南市中西區府前路一段195號	和洋混合風格之近代建築
原安平港導流堤南堤	其他	直轄市定古蹟	台南市安平區舊安平港海邊	見證安平港歷史與地形變遷之運河堤防

高雄市	清末開港至日治時期大規模的築港工程及作為南進基地，加上近山地區有客家族群、內山有原住民，使其古蹟多元，且擁有港都及軍事特色。本市有古蹟49處、歷史建築48處。

名稱	類型	等級	位置	評介
茂林區得樂的卡（瑪雅）部落遺址	原住民聚落	歷史建築	高雄市茂林區萬山地區	擁有數量龐大的石板屋遺跡

鳳山縣舊城	城郭	國定古蹟	高雄市左營區興隆段158-1號等	台灣最早的城池之一，北門外牆有門神浮塑，全台罕見。
鳳山縣城殘蹟	城郭	直轄市定古蹟	高雄市鳳山區三民路44巷內（東便門）；鳳山區中山路5巷內（訓風砲台）；鳳山區曹公路曹公廟後方（平成砲台）；鳳山區復興街與立志街口（澄瀾砲台）	砲台與城牆結合之古蹟
瀰濃東門樓	城郭	直轄市定古蹟	高雄市美濃區（東門里）東門段417-1、417-2、745、746等地號	原為六堆客家村莊柵門，近代以水泥改建並增高。
鳳山龍山寺	寺廟	國定古蹟	高雄市鳳山區和德里中山路7號	保存清乾隆初年所建廟貌，寺明得自泉州安海龍山寺。
旗後天后宮	寺廟	直轄市定古蹟	高雄市旗津區廟前路93號	漢人抵達打狗最早的歷史證物
瀰濃庄敬字亭	寺廟	直轄市定古蹟	高雄市美濃區中山路與永安路口	磚砌六角形之惜字爐
旗山天后宮	寺廟	直轄市定古蹟	高雄市旗山區湄洲里永福街23巷16號	木結構優異的傳統廟宇，龍柱富古拙之美。
龍肚庄里社真官伯公	寺廟	直轄市定古蹟	高雄市美濃區龍肚里	台灣南部典型的客家土地公廟，為墓塚式。
鳳山舊城孔子廟崇聖祠	孔廟	直轄市定古蹟	高雄市左營區蓮潭路47號（舊城國民小學內）	僅存孔廟的後殿，其餘皆化為學校操場。
鳳儀書院	書院	直轄市定古蹟	高雄市鳳山區鳳崗里鳳明街62號	規模宏大的書院，建築仍為清代原物，修復可行性很高。
李氏古宅	宅第	直轄市定古蹟	高雄市鼓山區內惟路379巷11號	與陳中和舊宅並稱為日治時期高雄兩大洋樓住宅
楊家古厝	宅第	直轄市定古蹟	高雄市楠梓區右昌街223巷41號	南部型合院官宅，正身作出厝起，屋簷較低。
高雄市大仁路原鹽埕町二丁目連棟街屋	街屋	直轄市定古蹟	高雄市鹽埕區大仁路181、183、185、187、189、191號	鹽埕區少見的三層樓轉角街屋，立面具特色。
旗山亭仔腳（石拱圈）	街屋	歷史建築	高雄市旗山區復新街21、23、25、27、29、26、28、30、32號、中山路3號	見證旗山市街發展歷史，石拱圈構造精良且作扶壁柱，為全台罕見。
陳中和墓	古墓	直轄市定古蹟	高雄市苓雅區福安路326號	規模宏大的閩南式墓園，石雕工匠來自廈門蔣氏，雕工精細。
甲仙鎮海軍墓	古墓	直轄市定古蹟	高雄市甲仙區五里路58號前方果園	清末開闢越山道路殉職清軍之墓園
明寧靖王墓	古墓	直轄市定古蹟	高雄市湖內區湖內里東方路上（鄰近東方設計學院）	明末寧靖王之衣冠塚
雄鎮北門	砲台	直轄市定古蹟	高雄市鼓山區蓮海路	與旗後砲台共扼打狗港口的小砲台
旗後砲台	砲台	直轄市定古蹟	高雄市旗津區旗後山頂	中西合璧式砲台，門額旁有雙喜字樣裝飾為全台僅見。

旗後燈塔	燈塔	直轄市定古蹟	高雄市旗津區旗下巷34號	高雄港口的燈塔,為日治時期改建。
打狗英國領事館官邸	領事館	直轄市定古蹟	高雄市鼓山區蓮海路18號側(高雄港口哨船頂山丘上)	台灣現存年代最古的紅磚造洋樓
高雄州水產試驗場(英國領事館)	領事館	直轄市定古蹟	高雄市鼓山區哨船街7號	光緒年間所建的陽台殖民地樣式館舍
玫瑰聖母堂	教堂	歷史建築	高雄市鹽埕區五福三路151號	外國神父所建當年最大的哥德式教堂,內部有木造拱筋。
原高雄市役所(高雄市立歷史博物館)	官署	直轄市定古蹟	高雄市鹽埕區中正四路272號	興亞帝冠建築的代表作之一
高雄火車站	火車站	歷史建築	高雄市三民區建國二路318 號	興亞帝冠建築的代表作之一,因鐵路地下化而平移82公尺。
旗山車站(原旗山驛)	火車站	歷史建築	高雄市旗山區大德里中山路1號	造形小巧精美的地方小火車站
舊三和銀行	銀行	歷史建築	高雄市鼓山區臨海三路7號	為昭和年間柱樑結構、外貼面磚的典型之作
旗山國小	學校	直轄市定古蹟	高雄市旗山區湄洲里華中街10鄰44號	一九二〇年代所建,具折衷主義建築風格之公學校,大禮堂仍保持原貌。
打狗水道淨水池	產業設施	直轄市定古蹟	高雄市鼓山區鼓山一路53巷31-1號	淨水池的分水井機房,外觀為圓形。
原日本海軍鳳山無線電信所	產業設施	國定古蹟	高雄市鳳山區勝利路	日軍南進政策的軍事設施之一
台灣煉瓦會社打狗工場(中都唐榮磚窯廠)	產業設施	國定古蹟	高雄市三民區中華橫路220號	台灣罕見僅存的日治時期機器磚窯廠辦公室
竹仔門電廠	產業設施	國定古蹟	高雄市美濃區獅山里竹門20號	為台灣最早水力發電廠之一
橋仔頭糖廠	產業設施	直轄市定古蹟	高雄市橋頭區糖廠路24號	台灣最早的西式糖廠,目前仍保存二十世紀初年所建洋樓數座。
日本第六海軍燃料廠丁種官舍(中油宏南舊丁種雙併宿舍)	日式住宅	直轄市定古蹟	高雄市楠梓區宏毅一路5巷2號及4號	日治末期的日式宿舍,現為中油宏南宿舍。
原台灣總督府交通局高雄築港出張所平和町官舍群	日式住宅	歷史建築	高雄市旗津區廟前路42巷32、34、36、38、40號	高雄築港事業留存的歷史見證

美濃水橋	橋樑	直轄市定古蹟	高雄市美濃區永安路旁	兼具行人通行陸橋的過水橋
武德殿	其他	直轄市定古蹟	高雄市鼓山區登山街36號	紅磚與鋼桁架構造，日治時期柔道與劍道館。
左營海軍中山堂	其他	歷史建築	高雄市左營區實踐路71號	一九五〇年代具現代主義風格的軍方建築

屏東縣

為南部客家族群的集中地，故具有為數不少的傳統客家宅第、寺廟及柵門等，同時也擁有罕見及配置完整的魯凱族好茶聚落。本縣有古蹟20處、歷史建築46處、聚落建築群2處。

名稱	類型	等級	位置	評介
魯凱族好茶舊社	原住民聚落	國定古蹟	屏東縣霧台鄉好茶段	石板屋所組成的聚落
Tjuvecekadan（老七佳部落）石板屋聚落	原住民聚落	聚落建築群	屏東縣春日鄉七佳段437、456地號	擁有約50棟完整的排灣族傳統石板屋
恆春古城	城郭	國定古蹟	屏東縣恆春鎮城南里、城北里、城西里	全台城牆與城門保存最多的一座清代古城池
阿猴城門（朝陽門）	城郭	縣定古蹟	屏東市公園段三小段17-2地號	清道光年間所築阿猴城池之遺物，現只剩東門朝陽門門洞一座。
建功庄東柵門	城郭	縣定古蹟	屏東縣新埤鄉建功段212號、456-5地號	客家聚落為求自保而建之土城，城門採簡單的形式，謂之柵門或隘門。
茄冬西隘門	城郭	縣定古蹟	屏東縣佳冬鄉六根村冬根路上	隘門是台灣民間城鎮自築的小城門，昔日閩、客村莊常見隘門，以資防禦。
新北勢庄東柵門	城郭	縣定古蹟	屏東縣內埔鄉振豐村懷忠路1號	客家聚落築土城，常闢四門，現新北勢庄只剩東柵門。
六堆天后宮	寺廟	縣定古蹟	屏東縣內埔鄉內田村廣濟路164號	屏東六堆客家地區最重要之媽祖廟，廟小但作工精湛。
佳冬楊氏宗祠	祠堂	縣定古蹟	屏東縣佳冬鄉六根村冬根路19-30號	祠堂前水池中有太極形雙島，具有生生不息之象徵。
宗聖公祠	祠堂	縣定古蹟	屏東縣屏東市勝豐里謙仁巷23號	名匠葉金萬設計之祠堂，彩畫出自粵東名師，中西合璧。
屏東書院	書院	縣定古蹟	屏東縣屏東市太平里勝利路38號	格局完整的書院，前門左右伸出牆體，具加固作用。
佳冬蕭宅	宅第	縣定古蹟	屏東縣佳冬鄉佳冬村溝渚路1號	五進大宅，前為廳，後為房之格局。
鵝鑾鼻燈塔	燈塔	歷史建築	屏東縣恆春鎮鵝鑾里燈塔路90號	罕見的堡壘型燈塔，外設壕溝防禦。

萬金天主教堂（萬金聖母聖殿）	教堂	縣定古蹟	屏東縣萬巒鄉萬金村萬興路24號	現存年代最古老的天主教教堂，由菲律賓來台神父所建，建築呈中西合璧式樣。
舊潮州郵局	官署	歷史建築	屏東縣潮州鎮建基路58號	原為潮州庄役場，具華麗的樣式建築風格。
大鵬灣原日軍水上飛機維修廠	產業設施	縣定古蹟	屏東縣東港鎮大鵬里大潭路169號	大鵬營區的軍事設施之一
屏東菸葉廠及其附屬設施	產業設施	歷史建築	屏東縣屏東市民生路57-5號	南部菸農菸葉後續處理、加工的官建工廠
屏東縣長官邸	日式住宅	歷史建築	屏東縣屏東市文明里林森路147號	和洋並置的獨棟官邸
下淡水溪鐵橋（高屏溪舊鐵橋）	橋樑	國定古蹟	高雄市大樹區竹寮路起至屏東縣屏東市堤防路（跨高屏溪）	台灣最長的桁架鐵橋
中山公園水池橋樑	橋樑	歷史建築	屏東縣屏東市中華路與公園路交接口處（中山公園內）	為神社之遺構，橋柱頭有寶珠裝飾。
五溝水	聚落	聚落建築群	屏東縣萬巒鄉五溝村整個行政區域，地籍地號為屏東縣萬巒鄉五溝水段。	保存有客家伙房及祠堂的傳統聚落
石頭營聖蹟亭	其他	國定古蹟	屏東縣枋寮鄉玉泉村大嚮營段947-1地號	清末開山撫番，番社設義學，聖蹟亭為義學或村莊口之敬字亭。

台東縣

獨特的蘭嶼雅美族部落是珍貴的文化資產，而一九五〇年代外籍傳教士奉派至東海岸留下的多棟教堂，亦為台東增添另一番風采。本縣有歷史建築51處。

名稱	類型	等級	位置	評介
蘭嶼雅美族野銀部落傳統建築	原住民聚落	歷史建築	台東縣蘭嶼鄉東清村野銀部落	依山傍海的深穴式雅美族傳統住屋
台東天后宮	寺廟	歷史建築	台東縣台東市中華路一段222號	保留有創建時古碑及光緒皇帝匾一方
綠島燈塔	燈塔	歷史建築	台東縣綠島鄉中寮村燈塔路1號	日治時期因美國郵輪船難而捐建的燈塔
宜灣長老教會	教堂	歷史建築	台東縣成功鎮宜灣路10鄰17號	由信徒自行設計的基督教堂
私立公東高級工業職業學校教堂	教堂	歷史建築	台東縣台東市中興路一段560號	採粗獷主義的風格設計，為戰後台灣現代建築之里程碑。
台東縣議會舊址	官署	歷史建築	台東縣台東市更生路416號	遮陽板的特殊設計，使立面充滿層次變化

蘭嶼氣象站（紅頭嶼測候所、蘭嶼測候所）	官署	歷史建築	台東縣蘭嶼鄉紅頭村1鄰2號	二戰期間曾遭盟軍飛機轟炸的氣象站
關山舊火車站	火車站	歷史建築	台東縣關山鎮新福里中山路2號	荷蘭鄉村風格的建築，有二折式斜頂。
台東市長官舍建築群	日式住宅	歷史建築	台東縣台東市中山路164、166、172、174、182、184號	品質優秀的日式木造建築
市長公館	日式住宅	歷史建築	台東縣台東市中山路164-190號	現為台東市政資料館，區內共有六棟日式宿舍。
嘉賓旅社	產業設施	歷史建築	台東縣關山鎮中山路2號	關山火車站前的旅社，為當年南來北往的旅人提供暫歇之所。
瑞源水車碾米廠及附屬設施	產業設施	歷史建築	台東縣鹿野鄉瑞隆村興民路15號	符合產業特性，量身打造的碾米設施。
東興水力發電廠（大南水力發電廠）	產業設施	歷史建築	台東縣卑南鄉東興村發電廠路17號	東部地區最早興建的水力發電廠
台灣糖業公司台東糖廠	產業設施	歷史建築	台東縣台東市中興路二段191號	曾以美援附設鳳梨工廠的製糖廠
萬安磚窯廠	產業設施	歷史建築	台東縣池上鄉萬安村1鄰1-1號	供應花東縱谷建築用紅磚的窯廠
天龍吊橋	橋樑	歷史建築	台東縣海端鄉霧鹿村1-1號（天龍飯店）後方	留有日人工事人員紀念碑的吊橋
中華會館	其他	歷史建築	台東縣台東市中正路143號	日治時期由台東地區華僑所設立
利吉流籠遺跡	其他	歷史建築	台東縣卑南鄉利吉村利吉大橋東側河床	利吉大橋興建前，居民賴以聯絡兩岸的設施

花蓮縣

台灣最早的日本移民村設於此，故縣內相關的日式住宅、寺院、墓園、紀念碑碣及產業設施等古蹟為數不少，乃其特色。本縣有古蹟18處、歷史建築61處。

名稱	類型	等級	位置	評介
吉安慶修院	寺廟	縣定古蹟	花蓮縣吉安鄉中興路345-1號	日治時期日本移民村所建之佛寺，純木造，採攬尖式屋頂。
新城神社舊址	寺廟	縣定古蹟	花蓮縣新城鄉新城村博愛路64號	改由天主教會使用的神社舊址
富里鄉東里村邱家古厝	宅第	縣定古蹟	花蓮縣富里鄉東里村7鄰道化路30號	東部地區較少見的漢文化傳統建築
太魯閣牌樓	牌坊	歷史建築	花蓮縣秀林鄉台8線東側入口處189k	為紀念東西橫貫公路開闢而立的中式牌樓
壽豐豐裡村日本移民墓園	古墓	歷史建築	花蓮縣壽豐鄉豐裡村中山路280號後側	不同信仰的日人在異鄉過世後，同歸一處的墓園。

花蓮港山林事業所	官署	縣定古蹟	花蓮縣花蓮市菁華街北濱段88號之土地	日治中期折衷主義辦公室
松園別館	官署	歷史建築	花蓮縣花蓮市松園街26號	老松環繞的兵事部辦公處所
玉里信用組合舊址	銀行	歷史建築	花蓮縣玉里鎮中華路179號	花蓮玉里地區首創的金融機構
舊花蓮港廳豐田小學校劍道館（豐裡國小禮堂）	學校	歷史建築	花蓮縣壽豐鄉豐裡村中山路301號	為日本移民子弟所就讀的小學，採加強磚造結構。
舊花蓮鐵路醫院	醫院	歷史建築	花蓮縣花蓮市廣東街326號	全台少見保存良好的鐵道醫院
花蓮糖廠招待所	日式住宅	縣定古蹟	花蓮縣光復鄉大進村大進街19號	曾接待眾多達官顯要的花東地區招待所
花蓮糖廠廠長宿舍	日式住宅	縣定古蹟	花蓮縣光復鄉大進村糖廠街6巷5號	附有日式庭院的獨棟高等官舍
美崙溪畔日式宿舍	日式住宅	歷史建築	花蓮縣花蓮市中正路618巷及622巷（14間）。（花蓮市民勤段1426、1426-4地號）	環境良好的花蓮港廳軍官宿舍
花蓮糖廠製糖工場	產業設施	縣定古蹟	花蓮縣光復鄉大進村糖廠街18號	製糖機具仍保留良好的糖廠
林田圳虹吸式圳道	產業設施	歷史建築	花蓮縣鳳林鎮北林段172、1247、1298地號	展現水利工程智慧的特殊構造
花蓮舊酒廠	產業設施	歷史建築	花蓮縣花蓮市中華路與中正路交叉口	內有木造、半木造、加強磚造及鋼筋混凝土造等各種構造建物，展現廠區的變遷及發展。
中部東西橫貫公路慈雲橋	橋樑	歷史建築	花蓮縣秀林鄉台8線149k+550	為美援時期的桁架橋
吉安吉野記念碑	碑碣	縣定古蹟	花蓮縣吉野鄉慶豐村中山路473號	日治時期日人移民村的歷史見證
吉安橫斷道路開鑿紀念碑	碑碣	縣定古蹟	花蓮縣吉安鄉初音段1070地號	日治初期開闢東部山區道路之紀念碑
林田山（MORISAKA）林業聚落	聚落	聚落建築群	花蓮縣鳳林鎮	台灣現存最完整的伐木村

宜蘭縣

三面環山的蘭陽平原有豐富的產業資產，如林業、酒廠及鐵道，也因面太平洋而成為海岸線軍事佈局的重點，留下了機場設施、營舍等古蹟。本縣有古蹟38處、歷史建築78處、聚落建築群1處。

名稱	類型	等級	位置	評介
頭城慶元宮	寺廟	縣定古蹟	宜蘭縣頭城鎮和平街105號	前殿保留有嘉慶、道光及光緒年間的原創構造

昭應宮	寺廟	縣定古蹟	宜蘭縣宜蘭市新民里中山路160號	為道光年間調轉坐向後之廟宇，其石雕與木雕水準為全台罕見之作。
壯圍鄉游氏家廟追遠堂	祠堂	縣定古蹟	宜蘭縣壯圍鄉壯六路39號	見證游姓家族渡海拓荒的歷史
員山周振東舉人宅	宅第	縣定古蹟	宜蘭縣員山鄉東村蜊碑口五十溪旁	宜蘭地區清代文風鼎盛，舉人宅第較多，員山周舉人宅為保存完整之合院實例，木作頗為考究。
盧纘祥故宅	宅第	縣定古蹟	宜蘭縣頭城鎮城東里和平街139號	和洋混合風格的住宅，室內木作雅致。
頭城鎮十三行街屋	街屋	縣定古蹟	宜蘭縣頭城鎮和平街140、142號	保存良好的宜蘭風格街屋
開蘭進士楊士芳旗杆座	牌坊	縣定古蹟	宜蘭縣宜蘭市進士路46號	宜蘭要人楊士芳遺存的相關構造物
頭城鎮林曹祖宗之墓	古墓	縣定古蹟	宜蘭縣頭城鎮青雲路三段700巷32號旁	外型像紀念塔的日洋混合風墓碑
蘇澳鎮金字山清兵古墓群	古墓	歷史建築	宜蘭縣蘇澳鎮金字山日月宮忠靈塔附近及前方相思林內	形式簡單，象徵兵勇客死他鄉的悲歌
羅東聖母醫院耶穌聖心堂	教堂	縣定古蹟	宜蘭縣羅東鎮中正南路160號	義大利神父設計的中西合璧教堂
羅東鎮北成聖母升天堂	教堂	縣定古蹟	宜蘭縣羅東鎮北成路一段21號	義大利神父設計的仿哥德式教堂
舊羅東郡役所	官署	縣定古蹟	宜蘭縣羅東鎮公正路159號、159-1號及羅東鎮興東路32號	呈現現代建築風格的舊廳舍
宜蘭測候所宜蘭飛行場出張所	官署	歷史建築	宜蘭縣宜蘭市建軍里建軍路25號	具加強磚造的三層樓風力塔
舊宜蘭監獄門廳	官署	歷史建築	宜蘭縣宜蘭市神農路二段117號	台灣第一波現代監獄中留存的木造建築
太平山林鐵舊天送埤站	火車站	歷史建築	宜蘭縣三星鄉天福村（天送埤市街北側）	太平山林場鐵路少數保存的木造車站
第一商業銀行宜蘭分行	銀行	縣定古蹟	宜蘭縣宜蘭市中山路三段77號	正面的立體樣式裝飾極具特色
蘭陽女中校門暨傳達室	學校	縣定古蹟	宜蘭縣宜蘭市女中路2號	具裝飾藝術風格的門柱
五結鄉利生醫院	醫院	縣定古蹟	宜蘭縣五結鄉利澤路66、68號	為初期現代主義的二層樓建築
羅東林區管理處貯木池區	產業設施	歷史建築	宜蘭縣羅東鎮中正北路118號貯木池區	太平山林業發展的見證
二結農會穀倉	產業設施	縣定古蹟	宜蘭縣五結鄉三興村22鄰復興中路22號	典型的日治中期農會穀倉，屋頂跨距很大。

宜蘭磚窯	產業設施	縣定古蹟	宜蘭縣宜蘭市北津里津梅路74巷8號	日仔窯的形式,屬於漢人傳統磚窯。
舊宜蘭菸酒賣捌所	產業設施	縣定古蹟	宜蘭縣宜蘭市新民里康樂街38號	宜蘭較具規模的產業建築
中興紙廠四結廠區	產業設施	歷史建築	宜蘭縣五結鄉中興路三段8號	為現存最完整的日治時期製紙廠
宜蘭酒廠歷史建築群	產業設施	歷史建築	宜蘭縣宜蘭市舊城西路3號	保有日治至戰後不同時期的酒廠設施
宜蘭設治紀念館	日式住宅	歷史建築	宜蘭縣宜蘭市舊城南路力行3巷3號	原為宜蘭首長官邸,屬獨棟的高等官日式宿舍。
舊農校校長宿舍	日式住宅	歷史建築	宜蘭縣宜蘭市舊城南路縣府2巷	由宜蘭廳署宿舍改為農校校長使用的日式住宅
大埔永安石板橋	橋樑	縣定古蹟	宜蘭縣五結鄉協和村協和路成安宮後	光緒年間興築之石板橋,為台灣少數保存的橋樑類型古蹟。
舊大里橋	橋樑	縣定古蹟	宜蘭縣頭城鎮大里里(大里社區活動中心對面)	日治後期所建鋼筋混凝土公路橋,橋面為雙向車道,跨距較大,為台灣現存少數之日治時期公路橋。
宜蘭濁水溪治水工事竣工紀念碑	碑碣	縣定古蹟	宜蘭縣宜蘭市南津里蘭陽大橋西側蘭陽溪北岸堤防上	為紀念蘭陽溪治水工程設立
宜蘭市建軍里飛機掩體群	其他	歷史建築	宜蘭縣宜蘭市建軍路46號(金六結營區附近)	因應太平洋戰事而興建的軍事設施

澎湖縣

漢人於此開發的時間極早,所以古蹟以傳統建築為多數,又因位居台灣海峽、戰略地位重要,而擁有全台最多的城郭及砲台類國定古蹟。本縣有古蹟27處、歷史建築48處、聚落建築群2處。

名稱	類型	等級	位置	評介
馬公風櫃尾荷蘭城堡	城郭	國定古蹟	澎湖縣馬公市風櫃西段2地號	荷蘭人在明末所建正方形帶稜堡式城堡,今已頹圮。
媽宮古城	城郭	國定古蹟	澎湖縣馬公市(順承門:復興里金龍路;大西門:澎防司令部內)	中法戰爭之後所建城池,為台澎地區最後所建城池。
澎湖天后宮	寺廟	國定古蹟	澎湖縣馬公市中央里正義街1號	文獻上所載台灣地區年代最早之媽祖廟,創於明代。
文澳城隍廟	寺廟	縣定古蹟	澎湖縣馬公市西文里3鄰25號	歷史悠久之城隍廟,木作反映潮州風格。
施公祠及萬軍井	寺廟	縣定古蹟	澎湖縣馬公市中央里中央街1巷(施公祠10號,萬軍井11號旁)	與施琅攻台歷史有關之古蹟
馬公觀音亭	寺廟	縣定古蹟	澎湖縣馬公市中興里14鄰介壽路7號	有鐘鼓樓之觀音廟

媽宮城隍廟	寺廟	縣定古蹟	澎湖縣馬公市重慶里光明路8鄰20號	正殿前拜殿為重簷歇山式,極為華麗,但殿內幽暗為城隍廟之特色。
小赤林氏宗祠	祠堂	歷史建築	澎湖縣白沙鄉小赤村12號	該村最具代表性的林氏家族之宗祠
西嶼鄉黃氏宗祠	祠堂	歷史建築	澎湖縣西嶼鄉池西村小池角	為當地少有的格局完整之祠堂
馬公文石書院魁星樓	書院	歷史建築	澎湖縣馬公市西文里104之7號	全台罕見附屬於書院的魁星閣
澎湖二崁陳宅	宅第	縣定古蹟	澎湖縣西嶼鄉二崁村6號	三進之古宅,係澎湖匠人所建,具地方特色。
蔡廷蘭進士第	宅第	縣定古蹟	澎湖縣馬公市興仁里雙頭掛29號	四合院古宅第,近年毀損嚴重。
乾益堂中藥行	街屋	縣定古蹟	澎湖縣馬公市中央街42號	古街中洋風牌樓店面,二樓凸出陽台。
西嶼西台	砲台	國定古蹟	澎湖縣西嶼鄉外垵村278地號	劉銘傳所建砲台之一,現狀保存良好。
西嶼東台	砲台	國定古蹟	澎湖縣西嶼鄉內垵三段4、6、8、9、10地號	劉銘傳所修建的扼守馬公港砲台之一
馬公金龜頭砲台	砲台	國定古蹟	澎湖縣馬公市馬公段2664、2664-3、2664-4、2664-5地號	中法戰爭後所建砲台,拱形城門與澎湖其他砲台相同。
湖西拱北砲台	砲台	國定古蹟	澎湖縣湖西鄉城北段1387、1388、1389地號	劉銘傳在中法戰爭後所建砲台之一,日軍再加以改建。
西嶼燈塔	燈塔	國定古蹟	澎湖縣西嶼鄉外垵村35鄰195號	歷史悠久,現物為清末向英國購置之西洋式燈塔。
高雄關稅局馬公支關	官署	縣定古蹟	澎湖縣馬公市臨海路31號	有拱廊及角樓的近代建築
澎湖廳舍	官署	歷史建築	澎湖縣馬公市中興里治平路32 號	為興亞帝冠風格的廳舍建築
第一賓館	日式住宅	縣定古蹟	澎湖縣馬公市馬公段1929-6、1938地號	二次大戰期間日軍所建和洋混合風接待所
澎湖廳廳長官舍	日式住宅	歷史建築	澎湖縣馬公市中興里治平路30 號	具有洋風外觀,室內則是和洋並置的高等官舍,現規劃為澎湖開拓館。
四眼井	產業設施	縣定古蹟	澎湖縣馬公市中央里中央街40號厝前	一口大井蓋石板,再闢小圓孔以利取水之作法。
馬公市第三水源地一千噸配水塔	產業設施	歷史建築	澎湖縣馬公市中正堂後方介壽路和民族路交叉口處	具現代建築RC樑柱結構美感的水塔
湖西朝日貝釦工廠	產業設施	歷史建築	澎湖縣湖西鄉西溪村101 號	以貝殼為原料加工成鈕釦的工廠,為全台罕見的產業類型。
湖西菓葉灰窯	產業設施	歷史建築	澎湖縣湖西鄉菓葉村	澎湖特有的產業類型,因水泥盛行而走入歷史。

澎湖跨海大橋	橋樑	歷史建築	澎湖縣白沙鄉通樑村與西嶼鄉橫礁村之間	完竣之初，曾是東南亞地區最長的跨海橋樑。
林投日軍上陸紀念碑	碑碣	縣定古蹟	澎湖縣湖西鄉林投段1611-49地號	建於日治初期，為目前台、澎所存最早之日軍登陸紀念碑。
自由塔	碑碣	歷史建築	澎湖縣馬公市馬公段227地號上之定著基地	為聲援朝鮮戰爭戰俘返台而立的紀念塔
台廈郊會館	其他	縣定古蹟	澎湖縣馬公市中山路6巷9號	中西合璧式會館，形式較罕見。
西嶼內垵塔公塔婆	其他	縣定古蹟	澎湖縣西嶼鄉內垵段1845地號	以黑石堆成三角圓錐形大小二塔，具鎮邪意義。
鎖港南北石塔	其他	縣定古蹟	澎湖縣馬公市南塔：鎖港段97-10地號，北塔：海堤段957地號	以石材所堆成之巨型階梯圓錐形塔，具鎮邪作用。
望安花宅	聚落	聚落建築群	澎湖縣望安鄉中社村	聚落中尚保留一百多棟清代興造的傳統建築

金門縣

擁有全台數量最多的宅第及祠堂型古蹟，部分墓坊是罕見原汁原味的明代構造，政略地位使其具有許多軍事設施，均為其特色。本縣有古蹟74處、歷史建築158處、聚落建築群1處。

名稱	類型	等級	位置	評介
慈德宮	寺廟	縣定古蹟	金門縣金沙鎮浦頭99號	原為金門明代進士黃偉故宅，內祀黃偉神位，交趾陶壁飾極為精美。
魁星樓（奎閣）	寺廟	縣定古蹟	金門縣金城鎮東門李珠浦東路43號	振興文運之樓閣建築，內有六角形藻井，工藝頗精。
海印寺、石門關	寺廟	縣定古蹟	金門縣金湖鎮太武山頂峰（梅園）後方	太武山的古剎，寺前石門楣有明代盧若騰字跡。
瓊林蔡氏祠堂	祠堂	國定古蹟	金門縣金湖鎮瓊林村瓊林街13號	瓊林有數座蔡氏祠堂，每座皆不同，典型的金門聚落。
東溪鄭氏家廟	祠堂	縣定古蹟	金門縣金沙鎮大洋村東溪14號	兩殿式家廟，木雕與石雕俱精，新竹鄭家源自金門。
金門朱子祠	書院	國定古蹟	金門縣金城鎮珠埔北路35號	浯江書院中設立朱子祠，讀書人祭拜之。
水頭黃氏西堂別業	宅第	國定古蹟	金門縣金城鎮金水村前水頭55號	金門唯一有園林之勝的古宅第，前水後山環境優美。
西山前李宅	宅第	縣定古蹟	金門縣金沙鎮三山村西山前17、18號	金門梳式佈局村落之典型例，各屋排列整齊。
浦邊周宅	宅第	縣定古蹟	金門縣金沙鎮浦邊95號	金門大六路（五開間）之清代官宅代表
將軍第	宅第	縣定古蹟	金門縣金城鎮珠埔北路24號	清盧成金將軍官邸，為金門地區典型的三落大宅。
陳景成洋樓	宅第	歷史建築	金門縣金沙鎮何斗村1鄰斗門2號	至菲律賓致富的金門華僑出資興建的洋樓

陳景蘭洋樓（陳坑大洋樓）	宅第	歷史建築	金門縣金湖鎮正義村成功街1號	平面方正嚴謹，正立面拱廊與柱列比例為金門最優美之作。
模範街（一度於戰地政務時期稱為自強街	街屋	歷史建築	金門縣金城鎮東門里模範街1-41號	民初吸收西洋連續拱廊文化之商店街，由王益順長子王廷元所承造。
金門城北門外明遺古街	街屋	歷史建築	金門縣金城鎮金門城北門外	為金門所保有可考證之明代街道
邱良功母節孝坊	牌坊	國定古蹟	金門縣金城鎮東門里莒光路一段觀音亭邊	台閩地區保存極完整的石坊，以青石與白石組成，雕琢精美。
陳禎恩榮坊	牌坊	縣定古蹟	金門縣金沙鎮東珩段707號	台閩罕見的明代石坊，為曾任官福州長樂的陳禎墓坊。
瓊林一門三節坊	牌坊	縣定古蹟	金門縣金湖鎮瓊林村外	旌表婆媳三人守節的石坊
陳健墓	古墓	國定古蹟	金門縣金沙鎮東珩村外南郊	明代官宦大墓，石雕風格雄渾。
陳禎墓	古墓	國定古蹟	金門縣金沙鎮埔山村黃龍山上	明代古墓，望柱、石馬、石羊等石象生皆備。
黃偉墓	古墓	縣定古蹟	金門縣金沙鎮後浦頭烏鴉落田	墓塚分為上下二層的罕見明代古墓
黃汴墓	古墓	縣定古蹟	金門縣金沙鎮英坑石鼓山腳	墓塚形制特別，是金門明代古墓中的代表之一。
文應舉墓	古墓	縣定古蹟	金門縣金城鎮古城里小古崗北郊	形制古樸的清代墓，墓碑兩翼題刻對聯較罕見。
邱良功墓園	古墓	縣定古蹟	金門縣金湖鎮太武山小徑村旁	金門最大的古墓，邱良功官至浙江提督。
蔡攀龍墓	古墓	縣定古蹟	金門縣金湖鎮太武山武揚道旁	墓碑形制簡樸，前有六角形望柱樹立左右。
陳顯墓	古墓	縣定古蹟	金門縣金湖鎮漁村段330、342地號	形制古樸之明墓，位於巨石前，環境特殊，民間有「螃蟹穴」之俗稱。
烏坵燈塔	燈塔	縣定古蹟	金門縣烏坵鄉大坵村	曾於二戰末及國共內戰中連番受損的燈塔
基督教會堂	教堂	歷史建築	金門縣金城鎮珠浦北路30號	格局簡單樸實的小教堂
清金門鎮總兵署	官署	縣定古蹟	金門縣金城鎮浯江街53號	前後有四進的清代總兵署，格局宏偉。
睿友學校	學校	縣定古蹟	金門縣金沙鎮三山村碧山1號	民間興學所建早期學校，正面巨大山牆及雙旗圖案為其特色。
金東電影院	產業設施	歷史建築	金門縣金沙鎮光前里陽翟1號	冷戰時期之電影院
觀德橋	橋樑	縣定古蹟	金門縣金沙鎮高坑重劃區636-1地號	花崗石條所建的古橋，為古代交通要津。
虛江嘯臥碣群	碑碣	國定古蹟	金門縣金城鎮古城村金門城南磐山南端	金門摩崖石刻之勝景

漢影雲根碣	碑碣	縣定古蹟	金門縣金城鎮古城村獻台山上	明末魯王避難至金門時所留之巨大石刻，石雖已裂倒，仍可見三字。
文台寶塔	其他	國定古蹟	金門縣金城鎮古城村金門城南磐山南端	具有航海標誌與風水文運意義的石塔
得月樓	其他	歷史建築	金門縣金城鎮水頭44號旁	金門少建的碉樓，為避難之用，厚牆闢小孔以利射擊。
金城城區地下坑道	其他	歷史建築	金門縣金城鎮坑道分佈從金門高中、金門縣國民黨黨部（金門育樂中心）、金門縣政府、土地銀行、北嶽廟至金城車站（公車站）	冷戰時期金門聚落內為防禦系統所挖掘之坑道
金湖鎮瓊林聚落	聚落	聚落建築群	金門縣金湖鎮瓊林里	早在金門明代方志中即已存在之古聚落，房屋群為梳式佈局。

> ## 連江縣
>
> 具特有的福州式古蹟及傳統聚落，數量雖少，卻有二處珍貴的清末洋務運動時期建造之東犬及東湧燈塔被列為國定古蹟。本縣有古蹟4處、歷史建築1處、聚落建築群3處。

名稱	類型	等級	位置	評介
金板境天后宮	寺廟	歷史建築	連江縣南竿鄉連江縣仁愛村59-2號	典型的福州式寺廟建築
東湧燈塔	燈塔	國定古蹟	連江縣東引鄉樂華村142地號	建於清末的燈塔，塔身及附屬建築設計優異，與地形密切配合。
東犬燈塔	燈塔	國定古蹟	連江縣莒光鄉福正村	一座巨大的清代同治年間所建石構造燈塔
大埔石刻	碑碣	縣定古蹟	連江縣莒光鄉大坪村	明代驅倭寇的歷史見證，以四十一字說明抗倭史實，刻石在明崇禎年間。
芹壁聚落	聚落	聚落建築群	連江縣北竿鄉芹壁村	依山傍海，石造民居高低錯落，為保存良好之古聚落。
大埔聚落	聚落	聚落建築群	連江縣莒光鄉大埔村	多石造民居，內部為典型木構的閩東聚落。

以上總計600處：含國定古蹟92處，直轄市定古蹟172處，縣（市）定古蹟170處，歷史建築158處，聚落建築群8處（至2018年3月底止）。

【台灣古蹟八問】

一問 一定要年代久遠才有資格稱為「古蹟」嗎？

　　一般人習慣稱老房子為「古蹟」，1982 年 5 月 18 日公布的文化資產保存法，將古蹟列為法定名詞，指的是古建築物、遺址及其他文化遺蹟，這個「古」字確實代表著年代長久之意，故令許多人質疑台灣歷史不長，古蹟是否有資格稱為「古」呢？這也引起了學者間的論戰，有的認為古蹟一詞易造成誤導，使有價值的建築礙於年限，失去受法令保護的機會，有的以為這是大家約定俗成的用語，不宜輕易變更。隨著觀念的改變及文化資產漸受重視，古蹟一詞仍然沿用，法律定義調整為：「指人類為生活需要所營建之具有歷史、文化、藝術價值之建造物及附屬設施。」但仍應具備時間沈澱的要素，譬如說 101 大樓、台灣高鐵或雪山隧道等，不會被列為古蹟，是因它們尚未歷經長期的時間考驗，必須躲過地震、戰爭威脅，又倖存於未來的都市更新之下，有一天才有可能成為古蹟。

二問 台灣的古蹟如何產出？

　　文化資產主管機關（各縣市文化局或文化處）會針對具古蹟價值者定期普查，此外個人或團體可以具名詳填古蹟提報表送交，而所有人則可以直接向主管機關申請指定古蹟，但以上不論何種途徑，初步斷定具保存價值者，都需再經法定程序審查才能定案。此程序是由主管機關在六個月內邀集具專業能力的委員們，現場勘查及召開審議會，這段期間為了保護該標的物，文化資產保存法賦予主管機關逕列為「暫定古蹟」的權利，一旦審議通過指定為古蹟或是登錄為歷史建築，則對外辦理公告，至此一個新的古蹟或歷史建築正式誕生。若因特殊原因古蹟失去保存的意義，同樣也會提送審議會，經由專家學者完成廢止的程序。

三問 古蹟與現代人類的生活，有什麼關聯性？

　　每個人都是從過往生活中漸漸成長的，隨著時代快速轉變，小時候陪伴我們成長的環境因變動只能在記憶中存留，但它會成為心底深處的生存力量，同樣的家族長輩的過往經驗不僅影響著他們，也傳承給了我們，又如我們習以為常的文字語言或習俗，發展歷史雖久遠，但至今仍在使用，就是這種古今並不矛盾也非對立的關係，使古蹟不僅與現代人的生活發生連結，也對現代社會產生無形的安定力量。以國家角度來看，古蹟是活歷史，能幫助人民更加了解自己所處區域，因而產生認同感並以良好積極的作為回饋社會。從運用面觀之，古蹟產生的時代因沒有過多的電氣設備可供依賴，所以展現古人與環境共存的智慧，正是今日談綠能及環保的典範，加上工藝的價值，實是現代人類創造未來的靈感泉源。

四問　保存修復古蹟相關的行業有那些？從事者需要什麼特質？

　　簡單來說包含以下四類。調查研究類：具專業知識者為古蹟進行現場調查及歷史考證等，建構的基本資料是奠定古蹟價值與評估如何延長其壽命的根據。修復設計類：比一般建築師具備更豐富的建築歷史知識，提供古蹟維持其構造價值的修復方式，並呈現於精細的修繕圖面。施工修繕類：由有經驗的營造廠搭配各工項匠師，進行古蹟現場實質的修復工程，此為古蹟價值存廢的關鍵。經營管理類：賦予整修後的古蹟一個新生命，讓它重新被正確使用，甚或對外開放，讓民眾可以親近它。不論那一類的從事者，除應培養相關職能外，對歷史的興趣不能少，對古蹟的熱愛更有助於展現其創意。

調查研究者登高進行屋架的測量及調查

老匠師以傳統工具及技法修繕屋頂

五問　台灣古蹟修復的現況如何？

　　古蹟保存並非只重外觀，其材料、構造及工法為其重要價值之一，所以修繕時復原形貌與工法同等重要，但有許多構件受限於材料本身，如腐朽的樑柱或風化的磚瓦，如果不更新，很容易讓古蹟成為廢墟。1999 年的九二一大地震使許多老屋受損甚或應聲倒地，為了因應氣候變遷、地震頻仍的大環境，台灣目前已修法予許採用新科技及工法來延長古蹟的壽命，這種現象在世界各國皆然，如雅典巴特農神殿修復時在石材之間加入了鐵件；不過修繕後的古蹟，不論在解說文字或是各種論述，應與現況相符，以免引發真偽之爭。我們若有機會參觀台灣古蹟的修復現場，會發現主事的工匠年齡多在 60 歲以上，他們在危險環境中登高竄低，是古蹟保存的幕後功臣，不過各種工項使用傳統工具的比例降低，諸般現象在在透露出古蹟修繕技術已出現嚴重斷層。

六問 　對於古蹟再利用應該掌握那些原則？

　　古蹟再利用在台灣近年來是個極夯的課題，政府為避免修繕後的古蹟淪為蚊子館，也提供多種優惠方案鼓勵民間進駐作有效的經營管理。不論何種再利用模式，應盡可能維繫其與原功能的連結，否則只是讓古蹟變成失去靈魂的標本，非常可惜。除了日常的基本清理，古蹟為解決通風、採光、隔熱等問題，於創建時設計塑造的物理環境及原有的維護頻率與方法，最好能依循，也就是說不要因仰賴現代設備而隨便封住開口、拆除某些構造、堵住水溝等，這才是對古蹟最有利的管維方式。對於足以說明古蹟價值及特殊性的部位，一定要保留且不可以新裝修遮蔽，如此才能讓接觸者因更加認識而珍惜古蹟。

七問 　為什麼新聞中常有古蹟被燒燬或拆除的消息？
　　我們可以為它作些什麼？

　　古蹟指定的過程，政府主管機關雖然會通知所有人及使用管理者，但這些當事人往往並非提報人，他們被動的得知自己所擁有或使用的建築可能變成古蹟，致擔心個人權益受損，所以某些人會採取較激烈的手段先行破壞之；也有些古蹟以木造為主，若管理維護不佳加上使用不當，很容易發生祝融事件。我們若發現類似事件，應盡速通知在地的文化局（處），以挽救古蹟的命運；不過根本之道應加強對古蹟所有人的溝通及宣導，讓他們能以擁有古蹟為榮，同時政府應主動協助他們所面臨保存上的專業難題，一般民眾也應給予當事人最大的尊重。

八問 　目前台灣古蹟界面臨的重要困難有那些？

　　文化資產保存法雖已訂定近四十年，但台灣社會的整體氛圍仍停留在經濟重於文化發展，且兩者互相衝突的觀念上，同時長期以來從教育層面著力又不夠，於是一旦面臨古蹟存廢問題時，即使有有識之士出面大聲疾呼，常常不敵利益衝突的某些人及對古蹟無感的普羅大眾。相關行業因具專業性、市場過小、收益有限、社會責任又高等因素，培養人才不易，甚至流失者眾以致斷層。目前台灣的古蹟及歷史建築量雖然不少，但真正名符其實受到關注及保護者比例過低，特別是對私有古蹟的權益問題，至今是個難解題；未來我們應以開放的態度借重各方人才，共同為古蹟繼續地作出努力。

【延伸閱讀】

《台灣的史前文化與遺址》　劉益昌著，台灣省文獻委員會、台灣史蹟源流研究會　1996

《台灣考古》　臧振華著，文建會　1995

《遠古台灣的故事──認識台灣的史前文化》　呂理政著，南天書局　1997

《台灣高砂族之住屋》　千千岩助太郎著，南天書局　1988

《台灣原住民風俗》　鈴木質著，原民文化出版社　1999

《台灣的建築》　藤島亥治郎著，臺原出版社　1993

《台灣深度旅遊手冊》1-11　台灣館編著，遠流出版公司　1990-2000

《傳統建築手冊──形式與作法篇》　林會承著，藝術家出版社　1995

《台灣古蹟概覽》　林衡道著，幼獅文化事業公司　1977

《台灣史蹟源流》　林衡道著，文建會　1999

《古蹟的維護》　漢寶德著，文建會　1984

《台灣古蹟與文物》　何培夫著，台灣省政府新聞處　1997

《台灣的書院》　王啟宗著，文建會　1999

《傳統建築入門》　李乾朗著，文建會　1984

《台灣建築史》　李乾朗著，雄獅圖書公司　1979

《學習鄉土藝術百科──台灣傳統建築》　李乾朗著，東華書局　1996

《台灣近代建築》　李乾朗著，雄獅圖書公司　1980

《台灣近代建築之風格》　李乾朗著，室內雜誌　1992

《台灣建築百年》　李乾朗著，室內雜誌　1995

《台灣建築閱覽》　李乾朗著，玉山社　1996

《台灣古建築圖解事典》　李乾朗著，遠流出版公司　2003

《台閩地區古蹟名冊》　內政部　1997

《台閩地區古蹟巡禮》　文建會　1985

《日式木造宿舍修復‧再利用‧解說手冊》　中原大學建築學系編著，文建會　2007

《國定古蹟台灣總督府專賣局廳舍調查研究》　黃俊銘主持，國立台灣博物館　2010

《華山創意文化園區調查研究》　柏森建築師事務所主持，文建會　2004

【名詞索引】

【一劃】

一文字葺　　　　　　P.219

【二劃】

丁面　　　　　　　　P.74
入母屋　　　　　　　P.218
八注　　　　　　　　P.218

【三劃】

上路式　　　　　　　P.185
下見板張　　　　　　P.221
下路式　　　　　　　P.185
千鳥破風　　　　　　P.218
土居葺　　　　　　　P.219
大引　　　　　　　　P.178
大壁　　　　　　　　P.220
女中室　　　　　　　P.175
女牆　　　　　　　　P.29
子供室　　　　　　　P.175
小舞下地　　　　　　P.220
小舞竹　　　　　　　P.220
山頭（Pediment）　　P.212
工業村　　　　　　　P.165

【四劃】

中脊桁（樑）　　　　P.199
中軸線　　　　　　　P.194
中路式　　　　　　　P.185
切角頂（Jerkin head）　P.210
切妻　　　　　　　　P.218
太子樓　　　　　　　P.166
巴西利卡式（Basilica）　P.126
巴洛克（Baroque）　　P.209
心字池　　　　　　　P.180
戶袋　　　　　　　　P.179
斗栱　　　　　P.43、P.195
木摺下地　　　　　　P.220
水泥瓦　　　　　　　P.219
火打樑　　　　　　　P.178
牛眼窗　　　　　　　P.211

【五劃】

凸窗（Bay window）　P.211
半切妻　　　　　　　P.218
台所　　　　　　　　P.176
四斜坡屋頂（Hipped roof）
　　　　　　　　　　P.210
四葉飾（Quatrefoil）　P.125
平拱　　　　　　　　P.120
打毛　　　　　　　　P.211
本瓦葺　　　　　　　P.219
正身　　　　　　　　P.70
正脊　　　　　　　　P.198
玄關　　　　　　　　P.174
瓜筒　　　　　P.196、P.199
瓦當　　　　　　　　P.198
瓦棒葺　　　　　　　P.219
石矼　　　　　　　　P.198
石棉瓦　　　　　　　P.219
石燈籠　　　　　　　P.181
立體柱式　　　　　　P.213
夯土　　　　　　　　P.74

【六劃】

交趾陶　　　　　　　P.203
仿假石　　　　　　　P.211
吊筒　　　　　　P.43、P.199
吊橋　　　　　　　　P.184
向拜　　　　　　　　P.218
多立克柱式（Doric order）P.213
尖拱窗　　　　　　　P.211
尖頂（Spire）　　　　P.210
托木（雀替）　　P.43、P.199
老虎窗（Dormer window）P.211

【七劃】

床之間　　　　　　　P.174
床脇　　　　　　　　P.175
床部　　　　　　　　P.178
扶壁　　　　　　　　P.125
束　　　　　　　　　P.199
束樋　　　　　　　　P.199
步口　　　　　　P.42、P.199
肘掛窗　　　　　　　P.179

【八劃】

兩坡頂　　　　　　　P.210
和小屋　　　　　　　P.220
官舍　　　　　　　　P.174
居間　　　　　　　　P.175
帕拉底歐（Palladio）　P.211
弧拱　　　　　　　　P.120
押入　　　　　　　　P.175
抱鼓石　　　　P.44、P.164
明間　　　　　　　　P.194
枋　　　　　　　　　P.199
板戶　　　　　　　　P.179
板瓦　　　　　　　　P.198
泥塑　　　　　　　　P.169
版築　　　　　　　　P.29
版橋　　　　　　　　P.184
花綵紋飾　　　　　　P.212
金屬瓦　　　　　　　P.219
門枕石　　　　P.44、P.198
雨戶　　　　　　　　P.179
雨淋板　　　　　　　P.221
青斗石　　　　　　　P.45

【九劃】

便所　　　　　　　　P.176
垂脊　　　　　　　　P.198
客室　　　　　　　　P.175
屋根　　　　　　　　P.178
拜占庭柱式（Byzantine order）
　　　　　　　　　　P.213
拱心石（Key Stone）　P.202
拱圈（Arch）　　　　P.120
拱筋穹窿　　　　　　P.125
拱橋　　　　　　　　P.185
柱　　　　　　　　　P.199
柱式　　　　　　　　P.213
柱礎（柱珠）　　P.44、P.198
枯山水　　　　　　　P.180
泉州白石　　　　　　P.45
洋小屋　　　　　　　P.220
洗石子　　　　　　　P.211
竿緣天井　　　　　　P.221
重簷歇山　　　　　　P.200
風呂　　　　　　　　P.176

飛石　　　　　　　　P.180
科林斯柱式（Corinthian order）
　　　　　　　　　　P.213

【十劃】

唐破風　　　　P.210、P.218
員光　　　　　P.43、P.199
座敷間　　　　　　　P.174
書院　　　　　　　　P.175
根太　　　　　　　　P.178
格子窗　　　　　　　P.179
格天井　　　　　　　P.221
桁架橋　　　　　　　P.185
真壁　　　　　　　　P.220
茶之間　　　　　　　P.175
馬背山牆　　　P.75、P.198

【十一劃】

假四垂　　　　　　　P.200
剪黏　　　　　　　　P.203
曼薩爾式屋頂（Mansard roof）
　　　　　　　　　　P.210
專賣事業　　　　　　P.162
捲棚　　　　　　　　P.200
排樓面　　　　　　　P.199
組砌　　　　　　　　P.203
貫材　　　　　　　　P.178
通（樑）　　　　　　P.199

【十二劃】

廊下　　　　　　　　P.176
棟架面　　　　　　　P.199
棧瓦葺　　　　　　　P.219
殖民式樣（Colonial style）P.206
發卷（拱卷）　　　　P.31
硬山　　　　　　　　P.200
筒瓦　　　　　　　　P.198
筋違　　　　　P.178、P.220
軸部　　　　　　　　P.178
進（落）　　　　　　P.194
開間　　　　　　　　P.194
間　　　　　　　　　P.172
隅石　　　　　　　　P.212
雁行平面　　　　　　P.172
順面　　　　　　　　P.74

【十三劃】

圓拱　　　　　　　　P.120
圓頂（Dome）　　　　P.210
塔斯干柱式（Tuscan order）
　　　　　　　　　　P.213
意匠窗　　　　　　　P.180
愛奧尼克柱式（Ionic order）
　　　　　　　　　　P.213
歇山　　　　　　　　P.200
照壁　　　　　　P.58、P.64
獅座（象座）　P.43、P.199
雉堞　　　　　　　　P.29

【十四劃】

壽樑　　　　　　　　P.199
榻榻米　　　　　　　P.172
滾接　　　　　　　　P.185
滴水　　　　　　　　P.198
漆喰　　　　　　　　P.221
管理人部屋或小使室　P.175
鉸接　　　　　　　　P.185
銑鐵　　　　　　　　P.166
障子門　　　　　　　P.179
對看堵　　　　　P.45、P.199

【十五劃】

墀頭　　　　　　　　P.199
廣緣　　　　　　　　P.176
樣式建築　　　　　　P.208
樑橋　　　　　　　　P.184
礎石　　　　　　　　P.198
緣側　　　　　　　　P.176
複合柱式（Composite order）
　　　　　　　　　　P.213
複折式屋頂（Gambrel roof）
　　　　　　　　　　P.210
踏込　　　　　　　　P.174
鋪面　　　　　　　　P.198

【十六劃】

勳章飾　　　　　　　P.212
壁堵　　　　　　P.45、P.199
橫帶裝飾（Band）　　P.212
橋台　　　　　　　　P.187
橋墩　　　　　　　　P.187

橋頭堡　　　　　　　P.186
燕尾　　　　　　　　P.198
磚雕　　　　　　　　P.203
興亞式屋頂　　　　　P.210

【十七劃】

應接室　　　　　　　P.174
螭虎　　　　　　　　P.43

【十八劃】

襖門　　　　　　　　P.179

【十九劃】

簷口飾帶（Cornice）　P.212

【二十劃】

寶形　　　　　　　　P.218
懸山　　　　　　　　P.200
藻井　　　　　　　　P.43

【二十一劃】

欄間　　　　　　　　P.180
護龍（護室）　　　　P.70

【二十二劃】

攢尖　　　　　　　　P.200
鰲魚　　　　　　　　P.43

【二十三劃】

變體柱式　　　　　　P.213

【後記一】

古建築的紀錄與評介書寫有悠久的歷史，中國宋代李誡的《營造法式》以說明建築細節構造之功能、尺寸與作法為主，作為設計者或匠師的指導手冊。而西洋最為人熟知的是二十世紀初英國佛萊徹（Banisater Fletcher）的《比較法的建築歷史》。對歐洲古建築的評介，以「影響因素」、「建築特徵」、「個案實例」、「比較分析」與「參考資料」等五項為綱。這種方法也影響了近百年的古建築論述。對於如何為喜愛古蹟的讀者提供一本入門的書，一直是我們多年來的願望。

古蹟是立體的三度空間人工造物，如果只用文字描述，總有無法完整表達之憾。因此，我們特別重視圖片的運用，甚至以圖為主，以文輔助說明。文字說明可能抵不過一幅精確的剖面透視圖。這本《古蹟入門》書籍的構想大概在1998年首先由遠流台灣館提出，長期以來，台灣館以製作出版與台灣文化相關書籍為其職志，編輯與我和俞怡萍討論後，將讀者群定位在中學生與一般社會人士。內容選擇最具代表性的古蹟，並且配合許多精美的透視圖、細部照片、歷史照片等，從構想、撰寫、繪圖、攝影、編排設計到印刷，經過無數次討論，耗費了年餘工夫才得以完成。其中彩色透視圖大多出自黃崑謀先生之手，他是一位極為傑出的博物繪圖師。

自從1999年初版發行以來，深受讀者喜愛，大部分的人都善用這本書成為古蹟入門之金鑰，十多年來我們也得到許多迴響與建議。利用2018年這次的修訂機會，遠流台灣館的黃靜宜、張詩薇兩位女士是從初版起便陸續參與內容方向規劃的資深編輯，建議應將近年增加的古蹟類型，包括產業設施、日式住宅及橋樑等列入，充實本書之內容，我亦增繪其三幅主圖，而各類古蹟基本資料之蒐集與簡要文字說明則仍由俞怡萍負責，她活用過去累積數十年的古建築研究經驗，與曾參與過的古蹟工程整修實務，為此次修訂內容，增色不少。

2018 年 4 月

【後記二】

文化資產保存法中有一條提及建造物興建完竣逾五十年者，應進行文化資產價值評估的觀念，如今我也到了該評估的年紀，好像更能體會古蹟的處境與心情。

我一直堅信參與《古蹟入門》是上帝賜的一份禮物，1997年因著好友丁榮生的引薦，遠流黃靜宜主編找上了我，不論如何招指算來，當年這樣一本傳遞古蹟基礎知識的書籍，怎樣也輪不到由我參與撰文，但基於對古蹟的熱誠加上一股衝勁，就慨然應允，頗有捨我其誰的壯志呢！沒想到過程甚為辛苦，不過受惠最大的卻是自己，編輯團隊以本身廣博的台灣知識作基礎，加上嚴謹及專業的工作態度，讓我跟著節奏，一步步認真整理多年來獲得的古蹟知識，釐清觀念並建立架構，這些訓練也為我接續的古蹟調查研究工作加分不少！

本書兩次出版都有特殊的時間意義，第一次的1999年是在九二一大地震之後，當時許多古蹟受損或塌毀，提醒我們關愛古蹟要即時。二十年來台灣古蹟歷經保存觀念的轉變，不僅數量大增，類型也豐富了起來，想要增加內容的想法一直盤旋，卻被諸事所擾而遲遲沒有動作，沒想到原書的大功臣主圖繪者黃崑謀逝世十週年，促成我們積極成就此事的決心，也令我想起當年團隊們一起走訪古蹟，不像工作卻如一群好友出遊的往事。某次從中部返回途經龍潭，我邀請大夥來家裡嚐嚐母親醃製的家鄉菜嗆蟹，喜歡海鮮的謀仔讚不絕口，令我覺得與他彷彿多了同鄉情誼！記上此事，也算是對他的感謝及紀念。

這次增訂版的撰寫正逢父親臥病，猶記得進入這個行業時，他擔心台灣古蹟那麼少，女兒大概只能工作三年就要失業了，後來他很欣慰的說，沒想到妳作了三十年！雖然利用陪伴照護之餘撰稿有些辛苦，但長期以來家人對我走古蹟這條窄路總是支持，令我感激不已。願以此書獻給愛我及我愛的每一位家人！

俞怡萍

2018年4月

【圖片來源】（數字為頁碼）

【繪圖】
- 20、26、34、50、56、64、68、86、96、100、104、112、116、122、128、132、138、142、146、152、156 跨頁彩圖；24、194、200、205 左上、205 左下、205 中四、205 右中、213 下右二／黃崑謀繪
- 160、170、182 跨頁彩圖；178、181、185 上、186、215、217、218、220（除左下外）、241／李乾朗繪
- 29、30 左、31 上、31 右、33 上、89、97／陳奕良、黃崑謀繪
- 全書地圖、平面圖（除特別註記外）、平面配置圖、28、198-199 中（底圖為李乾朗提供）、224 右下／陳春惠繪
- 36 下三圖、70、71、72、73、74、75、209 上／高鵬翔繪
- 31 左、120、121、124 下、209 中／俞怡萍、黃崑謀繪
- 36 上四圖、196 下、197 上、207 上／俞怡萍、高鵬翔繪
- 30 右、33 下、124 上、205 中上、205 中二、205 中下、205 左、205 右下、208 下、213（除右下二外）、237 上／徐偉斌繪
- 38 中、42、46 右、47 下、82 下、143 上、196 上、198、199、206 下、208 上、209 下、231、232 上、235 左／王智平繪
- 46 左下、149、197 下、206 上、216、229 下／江彬如繪
- 108、148、226 上、227、228 下、234／劉鎮豪繪
- 114 上、172、173、185 下、219、220 左下、221／俞怡萍繪
- 191、192、193／賴慧玲繪
- 207 中／林瑛瑛繪
- 82 上、224 左上、238 左／彭大維繪

【繪圖參考】
- 23 右、24、191、192、193 參考《山地建築文化之展示》，中研院民族所
- 37、196 上、231 參考《鹿港龍山寺之研究》，漢寶德主持
- 53 參考《金門縣古蹟瓊林蔡氏祠堂修復研究計畫》，漢寶德主持
- 72 平面圖參考《彰化縣永靖鄉餘三館之研究》，趙工杜主持
- 88、89 參考《板橋林本源園林研究與修復》，台大土木所都計室
- 97 參考《金門縣第一級古蹟邱良功之母節孝坊之調查研究》，閻亞寧主持
- 101 平面圖參考《第一級古蹟王得祿墓修護工程施工記錄報告書》，李政隆建築師事務所
- 106 右上、234 參考《二鯤身砲台（億載金城）之調查與修復計畫》，楊仁江主持
- 108 參考《第三級古蹟仙洞砲台修復計畫》，周宗賢、陳信樟主持，基隆市政府
- 114 上參考《澎湖漁翁島燈塔之研究與修復計劃》，閻亞寧主持
- 136 下參考《雅砌》月刊 1990 年 3 月號
- 148、216 參考《台南市日據時期歷史建築》，傅朝卿著
- 149 參考《台南高等工業學校鳥瞰圖》繪成
- 190 參考《臺灣歷史地圖（增訂版）》，國立台灣歷史博物館＆遠流出版公司
- 197 下參考《台南三山國王廟之調查研究與修復計畫》，楊仁江主持，台南市政府
- 206 上參考《台南市古蹟東興洋行修復規劃報告》，郭肇龍著，台南市政府
- 209 參考《台灣省立博物館之研究與修復計畫》，漢光建築師事務所
- 224 原圖為劉益昌提供
- 227 參考《赤嵌樓研究與修復計畫》，孫全文主持，台南市政府
- 228 下參考《第一級古蹟大天后宮（寧靖王府邸）之研究》，趙工杜主持
- 229 下參考《台南市第二級古蹟開元寺調查研究與修復計畫》，黃秋月主持，台南市政府
- 230 下，原圖引自《府城今昔》乾隆十二年（1747）台灣縣圖

【今景照片】
- 全書攝影（除特別註記外）／郭娟秋攝
- 20、22 上、22 下、23 上、25、39 上、49 下、52 上、81 右下、89 中、93 下、102 右下、110 左下、115 左、135 中、145 上、145 下、148 右下、154 右、155 右、163 上、165 右下、167 下、174 右、179 右、180 右上、184 右上、185 右、186、186 右上、195 右、197 上、197 下、203 右二、216 左上、217 右下、219 左三、220 上、220 右下、221 中二、221 中下、224 左下、224 右、225 左一、225 左二、234 左中、239 右下／李乾朗攝
- 32 上、94 上三、114、162、163 下、165（除右下外）、166 右、167 上、167 中、168 上、169 左上、169 右中、174 左、174 中、175、176、177、178、179（除右下外）、180（除右上外）、181、184 左、184 中下、184 右下、185（除右外）、187 上、203 中二、215、216 右、217 右上、217 右中、219（除左三外）、220（除左下、右下外）、221（除左中、中下外）、236 左下、240／俞怡萍攝
- 37、38、43 右中、48 下中、52 中、55、71 下、78、79、81 上、81 中下、82 下、95 中、98 下、118、202 左三、202 中三、202 右下、203 中下、210 左三、233、233 中／賴君勝攝
- 40 右下、41 中、75 左上二、233 右上／康鍇錫攝
- 44 左下、80 上、81 右中、81 右下、82 上、83、119 左上、120 上、130 中、132、154 左、210 中上、210 右三、211 中二、212 右上、227 上、234 右、235 下／王智平攝
- 44 右下／徐偉斌攝
- 76 左上、84 左下、115 右、212 中四、212 右下、224 上、225 中、231 右二、234 左上／莊展鵬攝
- 102 左二、201 中下、232 左／周怡伶攝
- 166 左／蔡明芬攝
- 169 右上、184 中上、186 右下、217 左／賴欣釧攝
- 240 左上／潘依凌攝

【老照片、明信片及古圖】
- 32 下、127、137 下、151 右下、225 右上、235 右上、239 左上／國家圖書館台灣分館提供
- 49 上、134 左、187／李乾朗提供
- 25 下、63、66 上（以上《日本地理大系 11 台灣篇》1930 年）；95 上《台灣懷舊》；95 下《台灣寫真帖》1908 年；121 下《台灣寫真帖第 11 集》1915 年；131 下《博物館繪葉書第一集》；141 下《台灣的風光》；155 下《台灣寫真帖第 9、10 集》1914 年；159《台灣寫真帖第 8 集》1915 年；227《日本地理風俗大系》；229 上《台灣史料集成》1931 年；22 中、23 左下、80、85、131 下、207 下、225 下、226 上、236、237 右（以上明信片）／意圖工作室提供
- 56／原圖引自《重修台郡各建築圖說》，國家圖書館提供
- 143、233 上、237 左、237 下、238 右／莊永明提供
- 164／專賣局檔案
- 168 下／台灣酒專賣史（下卷）
- 169 下／專賣通信

【致謝】本書的完成，特別感謝：（依姓名筆劃序）
丁榮生、吳淑英、陳杏秋、劉益昌、鄭雅玲、劉鎮豪、戴瑞春、蘇文魁、中山基督長老教會、內政部民政司史蹟維護科、各級縣市政府民政局、淡水淡江中學、國立台灣博物館、彰化永靖餘三館、濟南基督長老教會

國家圖書館出版品預行編目（CIP）資料

古蹟入門 / 李乾朗, 俞怡萍著. -- 二版. -- 臺北市：
　遠流, 2018.05,
　　288面 ; 23×16.2公分. --（觀察家）
　ISBN 978-957-32-8277-8（平裝）
　1.古蹟　2.臺灣

733.6　　　　　　　　　　　　107005625

古蹟入門 增訂版

作者／李乾朗、俞怡萍
繪者／黃崑謀、李乾朗等

編輯製作／台灣館
總編輯／黃靜宜
初版執行編輯／周怡伶
增訂版執行編輯／張詩薇
封面設計／雅堂設計工作室
內頁美術設計／陳春惠
攝影／郭娟秋
行銷企劃／叢昌瑜、沈嘉悅

發行人／王榮文
出版發行／遠流出版事業股份有限公司
地址／ 104005 台北市中山北路一段 11 號 13 樓
電話／（02）2571-0297　傳真／（02）2571-0197　劃撥帳號／ 0189456-1
著作權顧問／蕭雄淋律師
輸出印刷／中原造像股份有限公司
□ 2018 年 5 月 1 日新版一刷　□ 2023 年 7 月 15 日新版七刷

定價 580 元（缺頁或破損的書，請寄回更換）
ylib.com 遠流博識網 http://www.ylib.com　Email: ylib@ylib.com